KB090532

자기 주도 인생의 길

　　　　　사람들은 인간을 사회적 동물이라고 하면서 혼자는 살 수 없는 존재라는 것을 주장하기도 한다. 그러면서 공동의 생활과 협동정신의 중요성도 강조한다. 인간의 사회성에 익숙한 집단의 의식구조에 휩쓸리다 보면 자신도 모르는 사이에 세상이라는 너른 광장의 가운데에 서 있게 된다. 찬란한 햇빛의 낮 시간에는 그렇게도 모여 웅성거리던 사람들이 날이 저물자 어느새 자기 갈 길 구멍을 찾아 잘도 사라진다. 혼자 덩그러니 서 있는 자신의 존재, 어디로 가야 할지를 모른다. 왜냐하면 군중 속에 휩쓸려 옆의 사람만 보고 왔기에 돌아갈 길도 나아갈 방향도 모르기 때문이다.

　인간이 원래 독립된 존재로 우주에서 왔기 때문에 공동의 의식이나 행동에 익숙할 수가 없다. 철두철미 혼자서 세상의 모진 풍파를 헤쳐 나가야 한다. 그것이 자존이다. 천상천하 유아독존, 인간 존재의 위대성을 석가가 설파했다. 그런데 사람들은 혼자서는 살 수 없는 존재인 것처럼 누구와의 관계만을 추구한다. 그렇게 하여 도도히 흐르는 세상과 세월의 강물에 부대끼면서 흘러간다. 또한 그렇게 사는 것이 인생이라고 생각한다.

자존에 대한 결핍이다. 자신에 대한 성찰과 자기 스스로를 돌아보는 마음이 필요하다. 알몸으로 태어나 빈손으로 돌아가는 것이 인생이라고 사람들은 허공에다 대고 자탄한다. 알몸 태생의 위대성을 엉뚱하고 하찮은 관계 몰입으로 인간 존엄의 엄숙함을 모멸시킨다. 빈손으로 다시 돌아갈 것을 뭘 그리 아등바등 허우적거리느냐 하는 것이 엉뚱한 뚱딴지다. 그렇다. 알몸으로는 아무것도 할 수가 없다. 알몸에 옷을 입혀야 비로소 인간으로서의 날개를 다는 것이다. 알몸으로 태어나는 것이 자존이다. 자존을 스스로 느끼고 확인하는 작업이 자존감이다. 알몸에 옷을 입히면 자존심이 탄생한다. 자존심은 인간의 날개다.

인간은 자존심이라는 날개옷을 입어야 비로소 세상에 나온다. 알몸의 자존감에 옷을 걸치면 자존심이 된다. 세상 사람들의 눈에 비치는 모습이다. 옷이 날개라고 했듯이 사람들은 한 인간의 날개만 보게 된다. 날개들의 펄럭거림이 세상이지만 그 안에는 반드시 알몸이라는 자존감이 있다. 세상 사람들의 눈에 보이는 것은 자존심이지만 그것을 조절하는 기둥은 자존감이다. 인간 본연의 모습이 자존감이고 자존심은 외향성이고 관계 지향적이다.

인간의 육체는 우주에서 오지만 정신세계는 인간사회에서 주입된다. 정신세계를 지칭하는 말로 감정과 마음이 있다. 감정이 더 원초적 표현이고 마음은 감정에 인간성을 보태 더 순화시킨 말이다. 자존감은 오직 자기 자신의 몫이다. 자신의 감정을 외부로 향하거나 상대방에서 자기를 향해 오는 감정들을 담당하는 것은 자존심이다. 인간의 관계는 자존심의 관계다. 사람들 중에는 자기감정의 기둥이 되는 자존감을 느끼지 못하고 세상의 바다에 넘치는 관계 지향성의 자존심만 전가의 보도처럼 휘두르는 사람들이 많다.

자존감을 모르고 일생 동안 자존심에만 몰두하다가 망신을 당하는 유명인이 있는가 하면 자존심을 훨훨 벗어던지고 거지, 양아치 짓을 하더라도 자존감 하나만 믿고 세상을 향해서 박차고 나와 서서히 자존심을 회복하는 명사도 있기는 했었다. 인생에서 자존감은 자기 삶의 길을 개척하고 운명의 끈에 끌려가는 것이 아니라 자기 운명을 이끌어 가는 강력한 무기가 됨을 알 수 있다. '하늘은 스스로 돕는 자를 돕는다'고 할 때도 자존심이 아니라 어디까지나 자존감의 발로임을 알아야 한다.

이 책은 전적으로 자존감 규명에 진력했으나 미진한 점이 많을 것이다. 아무쪼록 어린이나 청소년 교육에 도움이 되었으면 하는 바람이다.

2022년 정초

목 차

서언 2

제1장 ··· 인간의 감정

인간은 소우주 10 | 인간의 중심 12 | 다양한 감정의 소유자 13 | 생각하는 갈대 16 | 인간 사회화의 본성 18 | 인간의 관계 19 | 자기 존재에 대한 각성 20 | 자존감의 등장 23 | 학습자의 인권에 대한 각성 26

제2장 ··· 자존감의 본질

자존감의 속성 30 | 자존감과 자존심 34 | 자존감의 범위 35 | 유사 자존감 38 | 유사 자존감의 변형 43 | 자존감을 키우는 방법 49 | 자존감이 잘 형성된 사람 49 | 자존감이 낮은 사람 52 | 지나치게 자존감이 높을 때 54 | 지나치게 자존감이 낮을 때 55 | 균형 잡힌 건강한 자존감 57 | 낮은 자존감을 높이는 방법 58

제3장 … 자존감 교육

자존감 교육 70 | 전인적 인간 교육 72 | 자성예언 74 | 공부 잘하기 75 | 동일시 학습 적용 77 | 칭찬해 주기 79 | 사랑의 교실 82 | 머리 쓰다듬어 주기 84 | 소속감과 인정감 갖게 하기 85

제4장 … 자존감 수업

자존감 수업 88 | 명상의 시간 89 | 품행방정 91 | 진로교육 94 | 경제교육 96 | 필통을 없애라 99 | 왕따 문제 102 | 도벽성의 감정 116 | 주의력 결핍 과잉 행동 장애(ADHD) 119 | 숙제 내기 120 | 결손가정 아동의 마음 어루만지기 121

제5장 … 잃어버린 자아

태생의 운명 126 | 종교에서의 태생 128 | 그리스 신화에서의 탄생과 운명 129 | 오이디푸스 콤플렉스 131 | 실낙원의 계절 133 | 잃어버린 고향 135 | 고향에 찾아와도 136 | 위대한 유산 138 | 절름발이 선비정신 140 | 역류하는 강물 141 | 샌드위치 세대 144 | 고난의 시대 탈출 146 | 유랑민의 시대 149 | 축지법 시대 151 | 나라님도 어찌 못하는 꽃눈 157 | 돌아서 보이는 길은 길이 아니다 159 | 혼돈의 시대 발자국 163 | 보이지 않는 길 167

제6장 ··· 자아를 찾아서

신립 장군의 문턱 172 ┃ 인간사에 인간심리 175 ┃ 팔려가는 당나귀 178 ┃ 햄릿형과 돈키호테형 181 ┃ 귀인을 기다리다 183 ┃ 나그넷길에도 방향은 있다 186 ┃ 사 방향의 시대 188 ┃ 사 방향의 문화와 공산주의의 태동 190 ┃ 사신도 192 ┃ 음양오행설 194 ┃ 오방색 196 ┃ 서양의 이동문화가 동양의 고정문화를 삼키다 198 ┃ 지구는 둥글다 200 ┃ 변하는 세상 예측하기 204 ┃ 뉴턴의 만유인력 206 ┃ 개천의 용 208 ┃ 사라진 큰 바위 얼굴 211

제7장 ··· 자존감의 실체

안 되면 말고 218 ┃ 손을 내밀어라 221 ┃ 무전여행 225 ┃ 인생관 속의 중심기둥 230

제8장 ··· 자존감의 다양성

자존감의 고정성 238 ┃ 자존감의 변동성 239 ┃ 자존감의 경직성 242 ┃ 경제력과 자존감 245 ┃ 자존감의 사회성 248 ┃ 자존감의 주체성 252 ┃ 자존감의 유연성 253 ┃ 자존감의 동반자 255

제9장 ⋯ 자존감의 훈련

자존감의 훈련 260 | 극기 훈련 262 | 웅변학원 264 | 태권도 훈련 266 | 친구 사귀기 268

제10장 ⋯ 자존감의 유형

생리적 자존감 272 | 소속감 273 | 상대적 자존감 274 | 명예의 전당 275 | 의지의 한국인 277 | 오기의 발동 278 | 자기 주도 인생의 길 280

제1장

인간의 감정

인간은 소우주

사람의 한 개체를 흔히들 소우주라 하기도 한다. 인체의 오묘한 신비가 자연을 닮았다고 하는 데서 나온 말이지만 그보다는 한 개인의 삶의 독자성을 강조하기 위함이다.

사람은 일생 동안 독립된 존재로 살아간다. 그 존재의 가치가 우주만큼 무한하다는 의미에서 소우주라 했을 것이다. 독립된 존재라고 해서 야생의 동물처럼 혼자서 살아간다는 것이 아니고 생각이나 마음이 자유스럽다는 것이다. 누구의 간섭이나 정해진 본능에 의하지 아니하고 독립된 삶의 방식으로 살아간다. 똑같은 의식주로 살아도 생각이나 감정이 다르기 때문에 서로 다른 삶의 방식이 될 수밖에 없으며 독립된 정신세계의 존재라는 것이다. 독립된 정신세계란 독립된 생각을 한다는 것이다. 어느 누구에게도 종속되고 간섭받지 않는 생각의 자유로움이야말로 인간으로서의 또 하나의 본성일 것이다.

부모에 의해서 아기가 태어난다는 것은 어디까지나 생물학적 의미이고 소우주라는 관점에서 보면 우주의 생성원리와 같은 신의 영역에서 태어나는 것이다. 당연히 태어날 입장에서 태어난 너무나도 고귀한 존재다. 부모나 환경에 의해서 양육된다지만 근본적으로는 스스로 발육되고 자라나는 것이다.

　인간을 생존 명멸하는 우주 만물의 하나로 본다면 신체라는 형틀 속에 내재한 정신을 갖춘 단순한 사물이다. 그러나 인체의 신비도 신의 창조물이지만 그보다도 정신세계의 깊고 넓고 다양한 범위가 가히 우주만큼이나 거대하고 거룩하다 할 수 있을 것이다. 사람의 신체는 자연의 원리로 세포분열이라는 과정을 통해서 성장이라는 이름으로 스스로 그 존재를 조율해 나간다. 그러나 정신세계는 그 인자만 자연에서 오고 성장 과정은 환경에 따라 달라지고 거의 인위적이고 의도적이며 편차가 매우 심하다. 신체의 성장은 거의 선천적이라고 할 수 있으나 인간의 심사는 후천적인 영향을 많이 받는 것으로 알려져 있다.

　천상천하 유아독존이라고 석가모니가 설파했다. 이 우주 안에서 내가 가장 높고 존귀하다는 뜻으로 사람은 누구나 다 높고 존귀하다는 것이다. 인간은 누구나 다 같은 본성을 지녔다. 나라는 것은 유심의 존재다. 유심이라고 하는 것은 깨친 마음과 우주의 근본을 의미한다. 인체의 생명구조가 하나의 우주로 너무나 신비하고 조화롭지만 그래도 그 육체보다는 마음이 더 존귀하다고 석가는 강조하고 있는 것이다.

건전한 신체에 건전한 정신이 깃든다는 격언이 있다. 몸과 마음을 분리할 수는 없지만 아무튼 인간은 신체적 능력보다는 정신세계를 지배하는 지적능력으로 삶을 살고 세상을 만든다. 분명히 몸체 안에 몸의 한 부장품으로 정신이 내장된 것 같은데 실제 행동에서는 정신이 신체를 조종하고 인간다운 생활의 전면에 걸쳐 정신이 지배하고 우선적이다.

이처럼 인간은 독립된 정신세계로 살아가는 사회적 동물이다. 무리 지어 집단생활을 하는 것 같지만 나름의 개성을 지닌, 누구에게도 예속되지 않는 유일한 이 세상의 주인공이다.

인간의 중심

인간의 존재가 생리적인 것에 의해 육체의 삶이 유지된다면 정신적 삶은 마음이다. 마음이라는 말은 지극히 인간적 표현이고 인간의 동물성에 더 가까운 말로서 신체에 대응하는 표현으로 감정이라는 말이 있다. 인간은 감정을 가졌다. 물론 동물들도 감정이 있다. 그러나 동물들의 감정은 본능으로 치부하고 특수한 경우 훈련으로 습관화시키는 것에 불과하다.

인간의 감정은 매우 다양하고 미묘하며 자유스럽다. 그러므로 우선 감정을 표현하는 유사어가 수없이 많다. 순우리말로서 마음, 넋, 얼, 생각, 믿음 등이 있고 한자어로는 정신, 혼, 영혼, 심정, 심사 등

자기 주도 인생의 길

수없이 많다. 언어의 8품사 중 명사, 대명사를 빼고는 거의 다 감정을 표현하는 말이다. 그만큼 감정이 말이고, 언어의 소통이 감정의 소통이며 말의 교류가 인간사회이다. 그러니까 감정의 교류로 사회는 이루어지고 유지되는 것이다. 그래도 인간의 감정을 말이나 행동으로 다 표현을 못 할 것이다.

인간이 만물을 지배하는 것도 본능을 넘어선 인간만의 특유의 감정이 있기 때문일 것이다. 기억하는 능력, 생각하는 것, 무엇을 느끼고 감상하는 것 등이다. 유아독존도 인간의 마음, 즉 감정을 두고 하는 말이다. 그러므로 인간의 삶은 감정의 삶이다. 인간의 본질은 감정이며 감정을 빼면 인간이 아니다. 그 중심에는 항상 감정이 있다.

▌ 다양한 감정의 소유자

하나의 소우주에 수많은 별들이 있듯이 한 인간의 개체 속에는 다양한 감정이 내재되어 있다. 인간의 감정이야말로 말로 표현되기 이전의 속마음에서부터 천태만상이다. 한 사람을 소우주라 하는 것도 사람의 감정 때문일 것이다. 모든 사람의 생김새가 다르듯이 사람마다 감정이 다르다. 그 무수히 많은 감정을 사람은 언행이나 글로 다 표현을 못 한다.

그 감정의 움직임 또한 변화무쌍하다. 인간세상 감정의 바다에서 노무라입깃해파리처럼 사방으로 감정이란 촉수를 드리우고 정처 없이 흘러가는 것이 인생길인지 모른다. 그래도 세상의 바다는 그 촉수들이 서로 얽히지 않고 모두가 제 갈 길 잘도 떠다닌다. 인생사 감정의 회오리요 감정의 요지경 속에서 자체 발광하는 작은 별들의 천국이다. 우주가 생성되기 위해서는 대혼란의 시기를 겪는다고 했다. 인간도 소우주인 만큼 이 세상에 우뚝 서기 위해서는 감정의 소용돌이를 헤쳐 나가야 한다.

인간의 감정은 푸른 초원의 잡초처럼 무성하다. 하나하나를 자세히 보면 종류와 생태가 다 다르지만 멀리서 보면 그냥 풀밭이라고 하는 것과 같다. 세세한 잡초들 중에는 유별나게 생명력을 지닌 종류가 있다. 뿌리의 생명력은 끈질기지만 잎파랑치의 색깔이나 매달려 버티는 지탱력은 환경에 매우 민감한 지표종도 있기 마련이다. 인간의 마음에도 심지가 있다. 수만 가지 마음이 관계와 여건에 따라 수시로 잘 변하기도 하고 상처도 받지만 언제나 꿋꿋한 마음도 있고 주변 환경에 민첩하게 잘 적응하는 마음도 있다. 사람의 언행은 거의 직접적인 마음을 나타내는 보조수단이라 할 수 있다.

인간세상 감정의 소용돌이에서 유별난 두 감정이 있다. 세상을 보는 마음이다. 내 쪽에서 보는 마음과 상대방 쪽에서 보는 마음이다. 몸과 마음 모두 나의 것인데 일단 세상에 나가면 분명히 분리된다. 몸은 타인의 것이 되고 마음만 자신의 것으로 남는다. 세상 사람들은 자신의 형체만 보게 되고 마음은 보지 못하기 때문이다. 물론 자신도 타인이라는 물체만 보게 되고 그들의 마음은 볼 수가 없다. 내가 타인을 보는 마음을 주관적 시선이나 관점이라고 한다면 타인이

나를 보는 마음을 객관적 관점이라 할 수 있을 것이다.

똑같은 나의 마음이나 감정을 표출하는 순간 수많은 타인의 객관적 관점에 노출되고 비교되기도 하며 공격을 받기도 한다. 나의 감정은 다른 사람들의 객관적 관점에 의해 냉정히 심판을 받는다. 다행히 우리 인간은 자기의 주관성을 타인의 객관성에 맞추려고 노력하는 심성도 있다. 타인의 객관성에 의해 자기감정의 억제와 절제력을 갖게 된다.

또 다른 두 감정이 있다. 인간은 오감을 가졌다. 오감을 대표하는 것이 시선이라 할 수 있을 것이다. 눈에 보이는 것만 보는 것과 눈에 보이지 않는 그 너머의 이면을 보는 눈이 있다. 보이는 것만 보는 것이 실상이라면 보이지 않는 실상 너머의 것을 보는 것을 안목이라 할 수 있을 것이다. 인간은 오감을 통하여 세상을 보되 보이지 않는 그 이상의 것을 보는 안목이 있는 것도 사실이다. 이 안목이나 비전, 예측, 짐작 등의 감정이 다른 만물에는 없는 인간만의 특유의 감정으로 인간사회의 역사발전과 문명, 인문 발전의 초석이 된다.

이와 같이 감정은 여러 관계나 주변의 환경에 의해서 다양하게 작동하고 민첩하게 반응하고 하면서 회오리가 몰아치지만 어느 것에도 휩쓸리지 않는 중심 잡는 감정이 있다.

인간은 분명히 독자적 존재이지만 수많은 사람들과 관계를 형성하고 여러 주변의 관점 속에서 살아간다. 주관적 입장에서의 관점 또는 객관적으로 그리고 실상과 허상을 보면서 살아간다. 그것이 여러 사람들과 감정 교류를 하면서 살아가는 세상이고 환경에 적응하는 과정이다. 세상 사람들과 감정교류를 하면서 살아갈 수밖에 없는 존재다. 언행을 통한 직접적인 교류도 있지만 혼자 있어도 보고 느끼고 생각하면서 수많은 감정 속에 휩싸인다.

감정은 분리되기도 하고 나아가기도 하며 날개를 달아 떠돌아다니기도 한다. 또한 감정은 감각기관의 작용으로 수집된 정보를 적당히 가공하여 저장하고 필요불가분의 상태에서 몸짓이나 언행으로 배출한다. 인지기능, 기억기능, 언행의 표현력, 예측력, 희로애락의 감정 등으로 감정이 뿌리를 내리고 자리를 잡아간다. 그중에서 신체적 생존에 관한 감정은 생리적 욕구로서의 감정이라기보다는 본능에서 오는 감각일 것이다.

생각하는 갈대

떠돌아다니던 감정이 뿌리를 내리고 자리를 잡아 터를 마련하는 감정이 생각이다. 사람이 만물의 영장이 될 수 있었던 것도 생각하며 살았기 때문일 것이다. 생각하여 도구를 만들고 그 도구로 만물을 지배한다. 도구를 사용하지 않고 생각이라는 것을 빼버리면 인간은 너무나 미약한 존재다. 선지자들은 인간존재의 중심을 생각한다는 것에 두고 있다. 육체보다 마음을 강조한 석가모니의 유아독존은 말할 것도 없고 파스칼의 '인간은 생각하는 갈대'라든지 데카르트가 "나는 생각한다. 고로 존재한다."라고 주장했던 것도 다 사람이 생각하며 산다는 것에 중점을 두고 있는 것이다. 살아 있다는 것이 생각하는 것이고 생각하는 것이 존재의 의미라는 것이다. 인간은 바람 앞에 형편없이 흔들리는 갈대와 같이 나약한 존재이나 생각하는 힘을 가졌다는 면에서는 실로 위대한 존재라는 것을 말하는 것이다. 생각한다는 것, 즉 사고가 인간의 근본이며 사람의 중심이라는 것이다.

생각은 인간의 감정 중에서 정제되고 냉철한 감정이다. 육체에서 분리된 감정은 생각이라는 더 절제되고 바른길로 접어든다. 그 길은 감정을 조절하는 이성적 사고의 길이다. 냉철한 생각의 힘인 이성의 사고는 주변 분위기나 감정에 충실하다 보면 적극적 사고가 되고 더 냉정하게 억제하고 뜸을 들이다 보면 소극적 사고가 된다. 인간은 사고하는 대로 행동을 하게 되고 모든 것은 사고의 산물이다.

한생의 삶을 흘러가는 강물이거나 부평초라 하고 사정없이 바람에 부대끼는 갈대라 하지만 인간의 개체 하나하나를 들여다보면 사고한다는 강한 줄기를 가지고 있다. 사고한다는 것이 쌓이면 믿음이 되고 믿음은 그렇게 행동하게 한다. 행동의 되풀이는 습관을 형성하고 습관은 모여서 성격이 되고 성격은 그 사람의 운명을 만든다고 한다.

생각은 수많은 감정 중의 한 갈래 길로서 그 길을 따라가다 보면 그 길의 끝에는 그 사람의 운명이 도사리고 있다. 이래도 저래도 인생의 가는 길은 외길 인생이다. 비록 가는 길의 곡선이 복잡할 수는 있을지언정 단 두 길도 동시에 갈 수는 없다. 시간이란 또 다른 차원 앞에 인간은 굴복할 수밖에 없으며 어차피 외길 인생이다. 이래저래 생각하며 살아야 하고 생각의 곡선을 따라가는 운명의 길이 인생길이다. 가는 길 마디마디가 순탄치 않다. 수많은 감정의 회오리가 몰려오기 때문이다.

인간 사회화의 본성

인간의 사회화는 인간 감정의 사회화이다. 동물처럼 혼자서 날뛰는 감정을 인간사회 속에서 인간의 감정으로 순화시키기 위한 것이다. 인간은 본래 사회적 동물이다. 결코 혼자서는 살아갈 수가 없다. 유아독존은 신체적 인간을 말하는 것이 아니고 건전한 정신으로 존재하는 인간의 존귀함을 강조하는 것이다. 그것은 결국 인간 감정의 존귀함이다.

공맹 사상의 성선설이나 순자의 성악설 그리고 제자백가들의 사상, 맹모삼천지교 등이 대표적 예로 인간 정신의 사회화를 도모하는 주장들이다. 인간사회가 문명화될수록 인간의 걷잡을 수 없는 감정들을 순화시키는 이데올로기들이 발달해 왔다. 그러니까 인간은 인간 속에 살면서 인간의 속성을 배우고 익히라는 것이다. 그렇지 않으면 짐승처럼 되고 짐승의 감정과 다를 게 있느냐는 것이다. 그것이 윤리, 도덕이라는 엄청난 굴레이다.

인도의 밀림에서 발견된 늑대 소년의 이야기가 있다. 늑대 무리 속에서 늑대의 젖을 먹고 자란 소년이 늑대의 감정으로 늑대의 흉내를 내며 살더라는 이야기다. 아무리 인간의 유전자라도 인간사회에서 자라지 않으면 인간의 감정을 가질 수가 없다는 것과 사람 행세를 하며 살 수가 없다는 것이 판명되었다는 이야기다.

윤리, 도덕이 사적 영역이라면 사회적, 공적 영역으로 권력이나 강제력이 동원된다. 이쯤 되면 한 인간의 실존은 사라진다. 인간 사회화의 본성은 감정의 인간화이고 그러다 보면 어느새 개인의 독자성이 무너져 버린다. 그것은 독자적 감정의 상실이고 유아독존의 훼방이다.

인간사회는 한 인간의 독자적 감정을 사회화하고 인간화하기 위해서 끊임없이 유인하고 각종 이데올로기를 덮어씩운다. 이때 대부분은 사회화의 그늘에서 살아야 하겠지만 가다가 생존과 직결되는 감정에 손상을 입어서는 안 될 것이다. 즉 세상은 자존의 감정을 가능한 인정하지 않으려는 틀을 만들고 조직한다는 것이다.

인간의 관계

인간사회는 사람들끼리의 감정의 관계이고 그 관계들은 연쇄 현상으로 엮인 사슬이다. 그 연쇄사슬은 감정의 놀이터다. 감정의 놀이터에서 뛰놀며 생존하고 세상을 만든다. 문명과 문화를 만들고 역사를 이어간다. 다양한 감정들이 얽히고설키어 무한하고 다양한 세상이 돌아간다. 그러니까 세상은 다양한 인간관계의 연속이며 감정의 사슬이다.

　자연의 생태계에는 약육강식의 먹이사슬이 있다. 여기에는 절대적인 힘의 강약이 존재한다. 먹이가 되는 약자는 무리 수의 우위로 균형을 유지한다. 그러므로 기초 먹이가 풍부한 곳에서 생태계는 건전하게 유지된다. 자연의 생태계는 힘의 강약과 무리 수의 우위로 균형을 유지하지만 인간관계의 감정의 사슬에서는 누구나 똑같은 인격 존엄의 평등관계로 공평의 연쇄사슬이 이루어지는 것이 원칙이다. 그러나 실생활에서는 절대 평등의 감정관계가 되지 않는다. 신기하게도 생태계의 먹이사슬 같은 관계가 인간의 감정관계 사슬에서도 존재한다.

　결국은 인간도 동물이고 먹어야 살며 그러다 보니까 감정의 연쇄사슬도 생태계의 연쇄사슬 같은 현상이 되는 것이다. 단지 인간은 동물들처럼 직접적인 먹이 관계보다는 직장이나 권력관계 연쇄 현상이 일어나는 것의 차이뿐이라고 할 수 있을 것이다.

자기 존재에 대한 각성

　황사 같은 회오리 속의 생각의 길을 따라가다 보면 사방에서 유혹하는 감정들 때문에 자칫 자기 갈 길을 잃게 된다. 자신을 돌아보는 마음이 필요하다. 자기가 어디쯤 어떻게 가고 있는 가를 돌아볼 필요가 있는 것이다. 감정의 안개 속을 헤매다 보면 자기가 왜 헤매고 있으며 왜 이런 감정으로 살아야 하는가에 대한 깊은 자각의 성찰을 하게 된다. 감정을 추스르지 않으면 안개 속에서 감정의 길을 잃기 십상이고 그것은 곧 자기 자신의 학살이다. 생각하기 위해서 존재하는 것이 아니고 존재하기 위해서 생각하는 것이다. 그리하여 자신을 돌아보는 자각의 감정을 갖게 된다. 그것은 또한 자존의 감정이다. 본래부터 있었던 자신의 존재에 대한 인식이다. 물론 생리적 감정도 포함된다.

자기 존재에 대한 각성과 믿음이 자존감이다. 인간은 모름지기 우주에서 온 유아독존의 존재다. 누가 감히 이래라저래라 하는 존재가 아니다. 단지 인간은 사회적 동물이니만큼 사회성에 부합해야 하는 것은 사실이다. 자칫 사회성의 남용으로 개인의 자존감에 상처를 입혀서는 안 될 것이다. 그러나 실생활에서는 유아독존은 온데간데없고 오직 사회성만 부각된다. 태어나서 어머니의 젖꼭지부터 시작해서 가족이라는 울타리를 넘어 직장, 지역, 민족, 심지어 인류라는 이름으로까지 사회적 껍질을 덮어씌운다. 사회성의 테두리를 벗어날 수가 없다. 이 중에서 진정한 것은 어머니라는 이름 하나 정도일까. 나머지는 모두 껍데기다. 껍데기들은 자존에 도움이 되기도 하지만 대부분은 자기 존재에 대한 도전이다. 그리고 껍데기들은 대체로 자기 존재를 덮어버리려 하며 자기 존재를 심히 유린한다. 생존경쟁이란 미명하에 가능한 한 자기 존재를 짓누른다. 이럴 때 자기를 곧게 세우며 자기 생존의 깃발을 높이 쳐드는 것이 자존감이다.

또 다른 자존감은 자기 존중의 감정이다. 자칫 이기심으로 비칠지 모르지만 심신에 대한 자기애를 버릴 수가 없다. 버려서도 안 된다. 사회적 울타리는 끊임없이 자기 헌신과 희생을 강요한다. 생존경쟁이라는 열차를 타고 쉼 없이 달리는 것이 인생이다.

역사적 계급사회는 말할 것도 없고 직장이라는 조직사회라든지 경제적 여건이나 환경적 영향으로 자기 사랑은커녕 자기 존재가 어디쯤 헤매고 있는지 모르고 있는 때가 허다하다. 언제 어디에 있어도 자기를 돌보고 돌아보는 마음은 자기밖에 없다는 것을 명심해야 할 것이다.

자존감은 어디서 왔는가? 인간의 본성으로 자기 속에 뿌리 박혀 있다. 태어날 때부터 있었으니까 우주에서 온 것이다. 대부분 사람들은 자존감을 발견하지 못한다. 그렇다면 무엇으로 사는가. 자존심으로 산다. 자존감과 자존심을 구별 못 하고 구별하지 않고 산다.

자존감은 인간세상 감정의 바다에서 자기를 지키는 수호신이다. 인생길 대항해에서 흔들리는 배의 중심을 잡아주는 무게 중심이다. 정신의 돛줄을 바로 잡고 마음의 중심 추를 낮출 때 풍랑의 인생길을 헤쳐 나갈 수 있다.

어린 아기가 배고파 우는 것도 자존감의 표출이다. 생리적 욕구나 본능을 포함하여 어릴 때는 자존감의 표출이 왕성하지만 성인이 되어서는 사회성의 발로로 인성의 중심이 낮아지고 깊숙이 내면화되면서 자존감의 표출이 매우 은근해진다.

신체적 생존의 본능에서 출발한 자존감은 점차 정신의 힘인 의지

　　　　　　　　　　　　　　　　자기 주도 인생의 길

력으로 바뀐다. 생존력의 본성이 신체적인 것과 정신력으로 양분되었을 때 정신 쪽으로 따라가는 힘이고 생명력 자체보다는 태어나면서부터 생명력의 주변에서 항상 생명을 지키고 감시하는 파수꾼이다. 또한 자존감은 다양한 감정 중에서 가장 저변에 깔린 기초감정으로 자리 잡고 깊숙이 뿌리박힌 감정으로서 표면에서 흔들리고 떠도는 감정을 중심 잡고 안착하게 하여 심정의 평온을 유지하는 역할을 하기도 한다.

이렇듯 다양한 감정의 불꽃들이 침잠하면서 자기의 존재와 맥을 같이 하고 뿌리를 내려 안정적이며 고요히 자리를 잡아 자신을 돌아보고 자기 존재의 확신을 갖게 된다.

▌자존감의 등장

인류의 유구한 역사라 하지만 인권에 관한 각성의 역사는 너무나 짧은 편이다. 고등 교육을 받은 서양의 선각자들에 의해 인권의 소중함이 인식되었고 동시에 선각자들을 배출한 교육의 중요성도 대두되었다. 인권은 인간의 본성에 의해 항상 잠재되어 있었지만 그것의 발견은 후천적 환경인 교육을 받은 사람들에 의해 이루어졌다. 이후로 교육은 근대사회의 필수요건으로 자리를 잡게 되며 국민교육으로 발전한다. 교육의 한 수단으로 심리학이 등장하게 되고 심리학에서 인간의 정신분석과 감정에 관한 고찰을 하게 되었다.

주로 심리 분석과 정신발달의 과정에 맞춰 어떻게 하면 개인의 학습과 국민교육을 잘할 수 있을까에 중점을 두게 되었다. 동시에 지식과 훈육을 중시하는 교육이었다. 여기에는 자칫 국민교육이라는 미명하에 학습자의 인권이 무시되는 경우가 허다했다.

지금까지 우리는 존 듀이의 실용주의 교육철학을 국민교육의 방향으로 정하고 심리학자들이 창안한 미성년자들의 정신발달단계에 맞춘 학습내용을 교육과정으로 편성하여 국민교육을 해 왔다. 이것만 해도 옛날 동양철학이 지나치게 현학적이고 비실용적인 것을 너무 강조한 것에 비하여 이런 교육은 실생활에 쓰이는 실용적인 학습을 한다고 하면서 국민교육의 근대화를 추진해 왔다. 학교교육의 일반화와 생활화는 현시대의 모든 국가들의 일상문화가 되었다.

학교교육의 발달은 학습방법의 발달을 의미한다. 학교교육을 통해서 국민생활과 문화수준이 향상되고 민주주의도 발전하지만 학습방법의 발달은 자칫 학습자의 인권을 침해하기 쉽다. 모르는 사이에 학습자의 인권이 침해되는 경로는 다양하다. 학습 성과의 향상과 경쟁으로 학생들을 혹사한다든지 바른 생활습관을 길들이기 위해서 체벌하는 것 등이다.

그 외에도 세뇌와 이데올로기의 주입이나 노력 동원 등 알게 모르게 아이들의 인권을 유린해 왔다. 그리고 어른 위주의 가치 기준을 정해놓고 아이들은 거기에 따라야 한다고 강요해 왔다. 이런 일련의 학습 현장의 사태들은 아이들의 인권에 치명적 손상을 입혔다.

최근년에 우리나라는 산업사회의 고속 성장을 위하여 산업현장이

치열했듯이 학교 교육현장도 치열하게 교육을 전개해 왔다. 그러는 동안 아이들의 인권이나 심리적 상처는 별로 보살피지 않았다. 아이들의 자존감에 관해서는 관심이 없었다. 자존심만 알았다. 교사들의 자존심 앞에서는 아이들의 자존심은 무시되는 것이 상례였다. 교사와 학생이 같은 자존심을 내세운다면 교육이 성립될 수 없다고 보았다. 그러나 자존감은 다르다. 아이들의 자존감을 살리면서 교육할 수 있다는 확신을 갖게 되었다. 물론 선진국들의 교육에서 찾을 수 있었다.

70년대부터 세기말까지 우리나라가 학습방법의 이론에 치우쳐 있을 때 서구국가들은 그 단계를 넘어서 학습자의 인격에 관심을 갖게 되었다. 아이들의 자존감을 살리는 교육이었다. 인권 없는 인격은 있을 수 없고 자존감에는 인권이 포함되어 있으며 아이들도 한 사람의 인격체로 대접을 받으면서 교육을 받을 권리가 있는 것이다.

서양의 국가들도 근년에 와서야 아이들의 자존감에 관심을 갖게 되었고 우리나라는 밀레니엄의 21세기가 되어서야 아이들의 학습권이나 인권에 관해서 관심을 갖게 되었다. 그동안은 국민교육을 국민훈련 수단으로 오인하여 학습방법의 향상에만 몰두하였다. 그러다 보니 자칫 학습자의 인권을 소홀히 한 감이 없지 않았다. 옛날 훈육방식의 회초리문화에서 유래한 학교체벌의 문제가 사회문제로 대두되어 그 개선의 방책을 강구했다.

그것이 바로 아이들의 자존감을 살리는 교육을 하여야 한다는 것이었다. 교사와 학생들의 자존심은 양립할 수 없어도 자존감은 공존이 가능하다고 보는 것이다. 그러므로 학습자의 인권을 중시하는 자존감을 살리는 교육의 시대가 도래한 것이다.

학습자의 인권에 대한 각성

동서양을 막론하고 아득한 옛날부터 학문이 있었고 그것을 배우는 대학도 있었다. 인문학은 주로 강론으로 학습하였고 기술계는 도제라는 제도였다. 인문학의 학습방법은 예나 지금이나 줄기찬 강론으로, 조금도 변화가 없다. 공자의 '학이시습지 불역열호'가 대표적 예로 지금도 한결같다. 근대 학교의 발전이라면 기술계의 도제에서 학생으로의 변화이다.

도제는 한 기술을 배우기 위해서 어릴 때부터 스승의 집에 기거하면서 온갖 허드렛일부터 시작해서 어른이 될 때까지 배운 후에 독립하는 학습방법이다. 물론 인문학에서도 학습자의 인권은 없었지만 도제제도에서는 학습자의 인권은 상상할 수가 없었다.

학문이나 기술을 배우기 위해서 어릴 때부터 학교에 다니는 것이 중요함은 동서양이 다 마찬가지였다. 인구 밀집의 도시가 생기고 학령기에 맞는 또래집단들을 교육하는 학교가 일반화되면서 학교문화라는 새로운 인문이 생겼다. 각 나라들은 국민교육이라는 미명하에 학교교육을 통하여 성장기의 아이들을 국민화하고 의식화하기 시작했다. 그러다 보니 아무래도 단체훈련이 필수불가결이었다. 단체훈련에서는 개인의 인권이나 인격이 무시될 수밖에 없다. 아이들의 성장기는 성년이 될 때까지의 과정으로 보고 아이들은 인격적 대접을 받지 못했다.

아이들을 인격체로 보고 사랑을 베풀어야 한다고 주장한 사람이 18세기 중엽에 스위스에서 태어나 일생 동안 교육자로서 삶을 산 페스탈로치였다. 우리나라는 일제 강점기 방정환 선생이 아이들을 칭할 때 어린이라는 말을 써야 한다고 최초로 주장했다. 당시는 일본인 교사들이 교실에서 칼을 차고 수업을 하는 그런 시대였다. 일본은 우리나라 어린이들에게 천황의 황국신민을 만들기 위해서 무단정치만 하는 것이 아니라 무단교육도 실시했다.

50년대 60년대만 해도 학교 환경이나 정부시책이라면서 아이들을 강제노역시키는 것을 예사로 여기는 학교 풍토가 있었다. 그 뒤에도 세기말까지 운동장 조례나 운동회 등을 하면서 인내나 고역을 강요해 개인의 인격적 대접에 대한 인식이 부족했다. 21세기가 되어 우리나라가 풍요의 시대에 접어들면서 서양의 자존감 교육의 물결이 밀려오고 동시에 우리들 스스로도 자성의 목소리가 높아졌다. 아이들을 단순한 가르침의 대상만이 아니라 엄연한 인격체로서의 존재라는 인식이었다.

근년에 학생 인권조례나 헌장 등에 관한 논란이 있는데 너무나 당연지사이고 바람직한 취지이기는 하나 학교라는 특수한 환경에서만 적용되는 사안이므로 신중을 기할 필요가 있다. 피교육자인 학생의 인권을 강조하다 보면 교육자인 교사의 인권이나 역할이 침해되고 무력화될 수가 있다. 대치되는 두 집단에 대한 균형 잡힌 시각이 필요하다. 이때 필요한 것이 자존감이다. 학생 개개인의 자존감을 살리는 교육정책이나 교육철학의 필요성이 요청된다. 교사들의 교육 앞에 학생들이 인권을 들이댄다면 교육현장이 황폐해지고 교육의 목적을 제대로 실천할 수가 없을 것이다.

자기 주도 인생의 길

제2장

자존감의 본질

자존감의 속성

　인간의 삶은 자존의 연속이며 자동 세포 분열하는 신체라는 자존의 형체와 그 안에 생각이라는 인간의 감정이 담긴다. 생존을 위한 본능에서부터 고차원의 희생정신까지 인간 자존의 감정은 폭넓게 작용한다. 생각에 힘이 주어지면 의지력이 되며 인간은 자존을 위하여 그 의지력을 다양하게 표출하게 된다. 그러나 자존감도 인간의 다양한 감정 중의 하나로서 확실하고 분명한 선을 그을 수는 없지만 대체적인 감정 특유의 속성을 잡을 수는 있을 것이다.

● 자존감의 독자성

　만약 인간이 어떤 연유로 인하여 막막한 사막에 홀로 버려졌다면 어떻게 할 것인가가 자존감의 독자성이다. 어떻게 하든 살길을 찾아야 할 것이다. 살기 위한 의지력도 있어야 할 것이고 가까운 오아시스도 찾아야 하고 그 외에 여러 가지 생존 방안을 모색해야 할 것이다. 살기 위한 방도를 누구와 의논할 수도 없고 누구에게 의지할 수도 없고 누구의 도움도 받을 수 없는, 오직 자신만이 자존의 길을 찾아야 하는 고독한 인생길, 독자적 결단과 결의가 없이는 이 세상에 존재할 수가 없는 것이 자존감이다.

가정, 사회, 국가라는 울타리 안에서 사는 것이 인간이라 하지만 그 근본을 거슬러 올라가 보면 혈혈단신으로 사는 것이 인생이다. 분명히 혼자서는 살 수 없다고 단정을 내린다. 그렇지 않은 것이 인생이다. 모든 인간은 사막에 떨어졌다면 백방으로 살길을 찾아 헤매게 된다. 처음부터 포기하고 모래 속에 파묻힐 인간은 아무도 없을 것이다. 마찬가지로 인간의 감정은 가능한 독자적 생존 쪽으로 작동한다. 그것이 인간사회에서는 개인주의와 자유주의로 나타나는 것이기도 하다.

● 자존감의 고유성

모든 생명체는 생존하기 위한 본성을 지녔다. 인간이 세상에 태어난다는 것이 우주에서 온 것이라고 했듯이 태어난 이상 자존의 본능도 우주에서 온 것이라고 할 수 있다.

인간의 사회화를 위해서 여러 가지 제도나 풍습, 관행들이 있지만 모두 다 자존의 고유성을 보완하는 보조수단이다. 가만히 내버려두어도 모두 다 자기 살길 찾아 떠난다. 자기 생명을 자기가 지키거나 관리하지 않으면 자기를 돌볼 이는 아무도 없다. 위험한 곳을 벗어나거나 도망가는 것도 모두 자기 몫이다. 살기 위해 발버둥 치는 것도 다 자기 몫이다.

자존감의 고유성은 생존의 본능으로 나타난다. 인간이 사회적 동물이라고 해서 사회 안에 가만히 있기만 해서는 존재할 수가 없다. 생존경쟁을 하여야 하는 것이다. 생존의 본능이 적나라하게 나타나는 현상이 생존경쟁이다. 인간은 묘하게도 생존과 무관한 것이어도 경쟁을 하는 본성이 있다. 명예욕이라는 욕구 충족을 위한 것이지만 자존감의 오류인 자존심에 대한 집착이 대단히 심한 존재가 인간이다.

● 자존감의 독립성

자존감 독립성의 좋은 예는 지난 시대 만주 벌판이나 해외로 떠돌던 독립투사들에게서 엿볼 수 있다. 결코 다른 민족이나 국민, 나라의 지배를 받고는 살 수 없다는 정신이다.

개인적으로는 남에게 예속되거나 지배를 받으면서 살 수 없다는 정신이다. 결국은 인간의 자유와 인권과 결부되겠지만 역사적으로 있었던 노예제도나 우리의 경우는 과거의 종살이 같은 것이다. 그 외에도 인간은 원천적으로 독립적으로 살려고 하는 본성이 있다.

사회적 동물이라고 하는 증표인 국가나 사회제도, 직장, 가족 등도 다 자신의 독립적 삶의 수단으로 만들어진 것이고 근본적으로 인간은 혼자 사는 존재고 혼자 살기 위해서 일생을 버둥거리는 존재임이 확실하다. 인간은 외롭고 쓸쓸해서 혼자서는 결코 살 수 없다는 존재로 인식되고 있으나 생존의 감정은 독립적이고 자유로운 것이다.

● 자존감의 유연성

대체로 자존감은 강직하고 올곧은 것이나 가다가 사정없이 곤두박질치고 허물어지기도 하며 때로는 비굴해지기도 하는 것이 자존감이다. 자존감은 근원적으로 생존의 감정이기 때문에 생명의 연장을 위해서는 그 환경에 사정없이 적용하는 속성이 있다. '모난 돌이 정 맞는다'고 인간은 형편이나 처한 환경에 적응하기 위해서 감정을 변형시키는 속성이 있다.

인간은 사회적 동물이고 사회는 감정의 무한대의 바다이기 때문에 곧기만 한 자존감으로는 생존할 재간이 없는 것이 세상이다. 금방 그 세상에 적응하고 변질시켜야만 할 때가 너무나 흔한 것이다. 감정의 유연성은 생존의 필수 덕목이라 할 수 있다.

● 자존감의 의연성

자존감의 유연성에 대치되는 말로 의연한 자존감을 말할 수 있다. 목에 칼이 들어와도 지조와 절개를 지키는 선비정신에서 자존감의 의연성이 보인다. 현대사회에서도 중인환시 속에서 비굴하게 사느니 목숨을 초개같이 버리는 위정자들이 있는데 그들이야말로 자존감의 의연성의 소유자들이라고 할 수 있겠으나 후세인들에게 귀감은 될 수가 없다.

임진왜란 때 논개의 헌신이라든지 의병장의 아내들에게서 자존감의 의연성이 있었다.

자존감과 자존심

인간 생존의 진실은 자존이다. 자존이야말로 모든 미덕의 초석이며 자신을 존중하고 사랑하는 마음이라고 존 러셀이 정의했다. 이 넓은 우주에서 하나의 생명으로 홀로 스스로 살아감을 의미한다. 인간 생명은 몸과 마음으로 되어 있다. 자존을 몸으로 느낀다면 자존감일 것이고 마음으로 느끼는 것을 자존심이라 할 수 있을 것이다. 몸과 마음이 근본적으로 일체라고 할 때 자존감과 자존심은 같은 말이다. 자존감과 자존심은 모두 자신을 좋게 평가하고 사랑하는 마음이다. 자신의 존재를 몸으로 느끼는 것과 마음으로 생각하는 것의 차이이다.

자신의 존재를 몸으로 느끼는 것이 자존감이라면 그것은 내부적 사고가 더 크게 작용하는 의식이며 자존심은 외부적 자극이 더 크게 부각되는 마음일 것이다. 자존감이란 자신에 대한 존엄성이 타인들의 외적인 인정이나 칭찬에 의한 감정과 자신 내부의 성숙된 사고와 가치에 의해 얻어지는 개인의식이다. 자존심은 외적인 인정이나 칭찬에 의한 것이나 타인과의 경쟁 속에서 얻어지는 긍정이다.

자존감은 자신의 있는 그대로를 받아들이는 긍정인 것에 비하여 자존심은 끝없이 타인과 경쟁해야 존재할 수 있으며 패배할 경우 무한정 곤두박질친다. 반면 자존감은 자신에 대한 확고한 사랑과 믿음이기에 경쟁상황에 따라 급격히 변화하지 않는다. 자존심과 자존감의 근본적 차이는 자신에 대한 확고한 신념의 차이가 아니고 타인과 비교했을 때에만 나타나는 일시적인 감정의 차이이다.

우리가 외부적 사회생활에서 접하는 자기 존재에 관한 감정들은 대부분 자존심이다. 내가 타인과 비교하고 타인이 나를 비교하는 주로 경쟁관계 속의 세상이라고 생각하기도 하고 착각하기도 하고 실제 상황이기도 하기 때문이다. 경쟁관계는 인간세상의 속성상 어쩔 수가 없다. 사회라는 울타리 안에서 같이 살기 위해서는 만사를 비교하고 바삐 뛰어야 한다.

그러나 자존감으로 접근하면 어떤 경우이든 만사형통이다. 흔히들 직접적인 경쟁의 상황에 임했을 때 최선을 다한다는 말이 있다. 바로 자존감의 발로이다. 최선을 다한 결과를 흔쾌히 받아들이는 것이다. 사회라는 넓은 곳에서나 매우 작은 공동의 집단에서나 의식적이거나 무의식적이거나 항상 경쟁의 상황은 발생하기 마련이고 또 그런 상황으로 세상은 움직이고 돌아간다. 자기 존재를 객관화하고 긍정의 마인드로 최선을 다하는 것이다. 진인사대천명으로 마음의 심지를 곧게 세우고 만사에 임할 수밖에 없다.

자존감의 범위

인간의 정신세계는 무궁무진하며 한계가 없다. 정신이란 말은 존엄한 인간성에 치우친 말이고 같은 정신세계이지만 인간의 본능이나 동물성에 치우친 표현으로 감정이 있다.

종교인들의 정신세계, 무도인들의 정신, 도인이나 도사들에게는 감정이란 말보다는 정신이란 말이 더 어울린다. 그러나 자존감은 인간의 본능에 접근된 감정의 표현으로 한계가 있을 수밖에 없다. 자존감은 중심이 되는 감정이며 감정의 틀 안에서 작동되어야 마땅하다. 그 틀을 벗어나면 인간성을 상실하게 되며 큰 병이 되기도 하고 위험한 동물성에 빠진다.

인간의 감정을 선으로 표현하여 가상도를 그리면 다음과 같다.

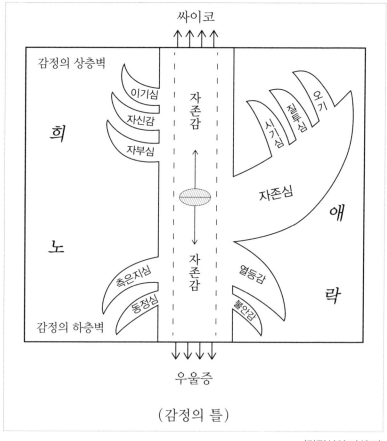

〈감정선의 가상도〉

자기 주도 인생의 길

위 그림에서 감정의 틀은 정상적 뇌의 작동이며 감정의 선은 실체가 없는 추상적 개념이다. 중심에 자존감이 항상 버티고 있으며 자존심 등 다른 감정들이 튀어나오는 것이 아니라 사실은 겹쳐서 작용한다. 겹치는 감정선의 개수에 따라 두께의 차이는 있을지 몰라도 다른 선으로 동시에 작동하지는 않는다. 그리고 감정선들은 고정된 것이 아니고 온도계나 기름통 위의 눈금처럼 항상 둥둥 떠 있어 감정의 수준에 따라 높낮이로 작용한다. 시간 개념인 세월의 흐름에 따라 수평으로 이동하면서 감정의 작동이나 기복에 따라 수직으로 움직인다.

감정의 틀의 또 다른 작용은 감정의 그릇을 벗어나지 못하게 하는 냉철한 이성의 작용이다. 넘치는 감정이나 가라앉는 감정을 생각이나 판단, 이해력 등을 이용하여 조절하고 흐름이나 수준을 조정하여 감정의 안정을 기한다. 냉철한 이성은 인간의 본능인 인간성이다.

인간의 사회는 감정의 틀 안에 억지로 가두려 하지 않아도 저절로 가두어지는 인간성으로 유지되며 가두어지지 않는 인간성은 대충 얼개를 만들어 가두려고 애를 쓴다. 그것이 사회 규범이다. 인간의 본능인 인간성으로 해결되지 않는 틀을 벗어나려는 지나친 감정들은 관습이나 규범들을 통하여 어떻게 하든 틀 안에 가두어야만 사회는 유지되고 세상은 돌아간다. 자존감은 생존의 기본 감정임과 동시에 거대한 사회를 이루는 초석의 감정이기도 하다.

유사 자존감

자존감이란 용어는 원래 있었으나 일상에서는 자존심을 대체 용어로 사용해 왔다. 그 외에도 마음의 심지와 중심이나 줏대를 세우는 말로서 자존감의 의미로 쓰이는 용어나 유사한 의미로 쓰이는 말들이 많이 있다.

● 주체성

자아실현을 위한 투철한 자아의식이다. 자기 정체성 위에서 독자적 목표를 설정하고 실현하는 자기 의지이다. 자기의 재질, 역량, 가능성 위에서 장래의 목표를 설정하고 이를 달성하기 위해서 착실한 삶을 영위해 나가는 모습을 자기 주체성이라 한다. 이는 결국 인격의 성숙성을 의미하며 자주적 인간 자아실현을 이룩한 사람의 의미와 일맥상통한다.

일상생활에서 주체성 있는 삶을 영위하기란 쉽지 않다. 왜냐하면 사회라는 공동의 이익에 맞춘 생활을 해야 하기 때문이다. 그렇다고 주변의 의지에 휩쓸리다 보면 자칫 '팔려가는 당나귀'가 되기 십상이다. 최대한의 가능성으로 주체성 있는 삶의 길을 찾아야 할 것이다. 주체성을 너무 강조하다 보면 자칫 이기심으로 비치게 되는 아집의 늪에 빠짐을 주의해야 할 것이다. 감정의 줏대를 세우란 말이지 사고의 고집과 독단을 의미하는 것은 아니다.

학습방법에서 주체성 있는 학습법을 적용하면 자기주도 학습법이 된다. 이것은 자존의 강력한 내부적 의지로 찾아가는 학습으로서 현존 최선의 학습방법으로 각광받고 있다. 주체성 있는 생각으로 무장하면 주체사상이 된다. 어떤 외부의 사조나 유행에 휩쓸리지 않고 오직 태양궁을 향하여만 주체사상을 발휘하라고 하는 것이 북한 사회의 주류사상이다. 보편타당성이 결여된 일방적이고 편협한 자존의 사상이며 오기의 자존심으로 결국은 국민의 자존감은 실종된다.

● 자긍심

사전적 의미는 스스로에게 긍지를 가지는 마음이다. 그보다는 자존감에 가장 가까운 용어로서 자기의 존재를 자랑스럽게 생각하는 마음이다. 일상생활에서보다는 어떤 어려운 환경이나 악조건의 상황에 빠졌을 때 구원의 손길을 내밀 수 있는 감정이다. 자기의 존재를 비관하고 업신여긴다면 아무도 돌보지 않는다. 대신 스스로 자기 존재를 아끼고 보살피다 보면 하늘은 스스로 돕는 자를 돕는다는 말이 있듯이 자기 긍정의 정신은 구원의 단초가 될 수 있다. 자꾸 주저앉고 움츠러드는 마음에 생기를 불어넣고 소생시키는 마음이 자긍심이며 마음의 심지를 곧게 세우는 활력이다.

● 자부심

자기 자신 또는 자기와 관련 있는 것에 대하여 스스로 그 가치나 능력을 믿고 당당히 여기는 마음으로 풀이되어 있다. 글 뜻을 그대로 풀이하면 스스로 부담스런 마음이 된다. 그 말은 곧 스스로 책임을 진다는 뜻으로 어떤 행동이나 성과에 대하여 떳떳하고 당당한 마음이다. 당당함은 풍선에 바람이 가득 들어 터지지 않는 마음이다. 그래서 마음이 붕 떠 있어도 날아가지 못하게 줄을 꽉 잡고 있는 쫌이다.

생활용어로 바꾸면 납득이 쉽다. '수석입학이라는 자부심', '부잣집 아들이라는 자부심' 등에서 알 수 있다. 그리고 보면 자긍심이나 자부심이 거의 같은 뜻으로 쓰이나 자긍심이 더 줏대 있는 마음이라면 자부심은 과시적인 것 같고 외향적으로 비교 대상에서 우위에 있는 마음이다. 자존감과 자존심의 차이 정도 될 것 같다.

● 주인의식

주체성과 거의 같은 뜻으로 쓰이는 말로 어떤 일을 할 때나 위치, 공간에서 주인으로서 도리를 다하고 마무리를 잘하거나 책임지는 마음이다. 애국심의 첫 출발이 나라의 주인의식이다. 애국심에서의 주인의식은 권리와 의무가 동시에 부여된다. 왕년의 새마을 운동에서 주 슬로건이 근면, 자주, 자조였다. 여기서 자주가 주인의식이다. 스스로 주인이 되어 알아서 일을 잘 처리하라는 뜻이었다. 주인 된 마음으로 생각의 중심축을 잡으라는 것이다.

어떤 일을 하거나 특히 공동의 일을 할 때 남의 일로 여기지 말고 내 일처럼 하라는 뜻이다. 주인의식은 철두철미 자기 책임의 원칙이다. 남을 의식하거나 눈치를 보는 등 어떤 외부의 영향에도 흔들림 없이 오직 자기 마음의 줏대를 세워 일을 처리하는 것이다.

자기 주도 인생의 길

양심의 가책이나 정직성, 적극성, 성실함 등이 주인의식과 연관된다. 법 없이도 사는 사람이야말로 주인의식의 소유자라 할 수 있다. 공동생활이나 개인생활에서 주인의식은 자존의 첫걸음이라 할 수 있다.

● 자신감

스스로를 믿는 마음인데 그보다는 어떤 일의 성취에 대한 용기나 의욕이 충만한 감정이다. 또한 어떤 결과를 이루는 데에 요구되는 행위를 성공적으로 수행할 수 있다는 확신이라고 말할 수 있다. 자신감은 개인이 가지고 있는 기능을 말하는 것이 아니고 개인들이 기능을 가지고 무엇을 할 수 있는가에 대한 판단을 뜻한다.

자신감은 자존감이 활성화된 상태의 감정이라고 할 수 있으며 이때는 자존감 상층의 겹치는 부분으로서 자존감의 발로가 외향적으로 강력하게 작동되는 감정이라 할 수 있다. 그러므로 기분이 고조되었을 때는 유사 자존감으로서도 가능하나 자신감은 용기와 의욕이 중간층 아래로 급강하할 때에는 슬그머니 꼬리를 감추고 사라져 버리며 이때는 오롯이 자존감만 남아 자존의 감정을 추스르게 된다.

● 자만심과 자만감

자신이나 자신과 관련 있는 것을 자랑하거나 뽐내고 싶어 하는 마음이나 감정이 자만심이며 자기만족의 뜻이 내포되어 있다. 자기만족의 정도가 상대방이나 외부로 향해 있어 그 마음이 노출되어 있는 상태면 자만심이 될 것이고 혼자 있어도 자기만족의 감정에 빠지면 자만감이다. 자만감에 빠져있는 것을 다른 사람이 알거나 느끼면 자만심이 될 것이다.

자만심은 자기만족의 정도가 다른 사람들에게는 거만하고 도도하게 느껴지기 때문에 결코 원만한 인간관계의 수단이 될 수는 없다. 그러나 인간의 삶 자체가 감정의 연속이므로 감정의 잣대를 남의 시선이나 감정에만 맡길 수는 없다. 거의 대부분은 자기만족으로 사는 것이 보통이다. 자기만족의 감정이 충만한 상태는 자기 존재의 존엄성에 대한 확고한 신념의 외곽 부분을 감싸고 있는 상태로서 상층의 감정이다. 그러니까 자만감은 자존감을 감싸고 있어 자존감이 오동통 살이 찐 상태나 부풀어 부어 있는 경지로 외관으로는 튼튼 충실해 보이나 실제로는 내부의 자존감이 허약해지기 쉽고 나약한 경우가 허다한 것이다. 그러므로 자만감이야말로 진정 일시적인 감정이지 연속적으로 존재한다면 자존감은 저절로 약해질 수밖에 없으며 지속적 자만감의 유지는 금기시되어야 할 것이다.

● 만족감

인간의 감정은 오감의 자극으로 인한 어떤 사상들이 뇌로 전달되며 뇌가 그 사상들을 적절히 판단하여 작용을 시킨 결과물이다. 작용된 사상들에 의해 뇌에 저장된 감정들의 상태는 수시로 제각각이다. 수시로 나름의 상태가 되는 감정을 기분이라고 한다. 기분은 감정의 떨림이라고 할 수 있다. 감정의 기복이 자존감의 상층 부분에 머물며 심한 떨림으로 무엇인가 가득 채워지는 느낌이 되는 상태의 감정이 만족감이라 할 수 있을 것이다.

만족감은 기분이 좋은 상태이며 자존감이 상층 부분에 누적되다가 넘치는 경우일 수 있다. 기분은 감정 떨림의 정도이며 감정의 떨림이 심하면 심장 박동 수의 변화를 가져온다.

사람은 기분에 따라 심장 박동 수에 변화가 생긴다. 그것은 만족감이 충만할 때이다.

한생의 삶이 만족감으로 충만한 삶이면 너무나 다행이겠지만 인간은 신이 아닌 이상 절대로 만족감이 넘치는 삶의 지속은 불가능하다. 그 이유는 감정의 가닥 수가 너무나 많기 때문이다. 어떤 사람도 그 많은 갈래의 감정들에게 만족감을 줄 수 없기 때문이다. 그러면 사람은 어떤 만족감으로 사는가? 감정의 흐름은 시간의 흐름이고 그것은 곧 삶의 세월이다.

한 줄로 가는 삶의 흐름에 한 가닥의 감정을 지속시킬 수밖에 없다. 그때그때의 감정의 기복, 즉 기분에 따라 만족감을 찾아 헤맨다. 그것이 감정의 취향이다. 사람은 감정의 취향에 따라 만족감의 정도가 달라지며 취향은 사람마다 다르다.

유사 자존감의 변형

● 열등감, 열등의식

열등감은 수많은 감정으로 이어지는 연결선에서 만나는 다른 사람과의 비교에서 뒤떨어지거나 못한다고 생각하는 마음이다. 그러므로 열등감이 없는 사람은 없다. 누구나 열등감은 다 있되 많고 적음의 차이이다. 열등감을 어떻게 극복하느냐의 차이이다. 아무래도 열등감이 많은 사람은 그 극복이 어렵거나 힘들 것이고 적은 사람은 쉽게 극복하여 그 감정선에서만큼은 다른 사람의 눈에는 열등의식이 없는 것처럼 보일 것이다.

열등감은 자존감이나 자존심의 반대 개념이 아니라 하위 개념이다. 상위 개념이 자긍심이나 자부심이라면 그 반대쪽의 하위 개념이 열등감이다. 열등감 속에도 자존감은 꿋꿋이 살아 있음을 강조하고 싶다. 열등의식은 자존감이 약해졌을 때의 변형일 뿐이다.

자존감은 자기 존재의 수호신으로서 저 우주에서 온 중심 감정이라고 했다. 상하의 중심점에서 자존감이 상층으로 이동하면 자존감이 부풀거나 변형하여 자긍심이나 자부심이 된다. 열등감이 득세하면 자존감이 하층으로 이동하면서 약해지거나 가늘어진다. 그렇지만 자존감 그 자체의 줏대는 둘러싼 열등의식 속에서 더 꿋꿋하고 오똑해진다. 자존감은 인간 존재의 마지막 보루이기 때문에 아무리 열등감이 활개를 쳐도 사라지거나 없어지지는 않는다.

자존감이 감정의 도가니 바닥 아래로 빠져서 사라지는 것이 우울증이다. 우울증은 또 다른 원인도 있겠지만 대체로 열등의식의 지속성에 의한 자존감의 상실이라고 보는 것이다.

인간 생명과 직결되는 감정이 자존감이고 자존감은 감정의 중심이며 그 외에 수많은 감정들은 자존감을 둘러싸고 자존감과 교감하며 둘락거린다. 자존감은 주변의 교감하는 감정들에 의해서 상하로 이동하면서 감정의 상태를 조절한다. 사람의 기분 상태가 수시로 변하는 것도 이 때문이다. 오감으로 반응한 뇌의 작동 때문에 열등감이 활개를 치면 자존감은 급격히 강하한다. 그러므로 열등감이나 자긍심, 자부심, 자존심 등은 다 자존감의 변형이다.

인간사회는 감정의 바다라고 했다. 온갖 것들과 부딪치고 비교하고 경쟁하면서 느끼고 생각하고 기억하면서 우월감보다는 주로 열등감에 휩싸이는 경우가 더 많을 것이다.

열등감에 의해서 그 열등을 극복하고자 하는 가운데 인간사회는 발전하고 문화도 향상된다고 한다. 인간은 나약한 존재이므로 환경 적응에 의한 열등의식, 경쟁의 패배, 비교우위에서 낙심 등 수많은 인자에 의해서 열등감이 상존하는 것이 인지상정이다.

강한 자존감의 충동으로 열등감을 극복할 수밖에 없는 것이 인간의 타고난 숙명이다.

● 양심

인간의 수많은 감정 즉 인간의 마음은 끝 간 데가 없다. 그중에서 착하고 선한 마음이 있다면 그것이 양심이다. 양심도 자존감의 일종이라 할 수 있을 것이다. 왜냐하면 수많은 감정들을 절제하고 지키는 수호신 같은 역할을 하기 때문이다. 냉정한 이성적 감정이다. 양심선언이나 양심고백은 비뚤어지거나 자존감의 범위를 벗어난 감정이나 벗어나려는 감정을 바로 잡기 위해서 하는 행위이다.

양심은 인간성의 가장 표본적 감정이다. 다른 동물에는 없는 인간의 본능에 속하는 감정이다. 감정에 색깔이 있다면 밝고 투명한 감정이 양심일 것이다. 어둡고 탁한 감정은 거짓의 마음일 것이다. 거짓의 감정은 자존감을 흔들리게 하고 자존감의 안정을 위태하게 한다. 자존감이 이기심이 되어 본성의 상층 부분을 뚫고 나가려고 하거나 열등감의 비대로 자존감이 쇠약해졌을 때 인간들은 양심의 가책으로 그것들을 극복한다.

● 염치

체면을 차릴 줄 알고 부끄러움을 아는 마음으로 사전적 풀이는 너무나 간단하다. 그러나 인간이 가진 감정의 하나라 할 때 그렇게 단순하지 않다. 자존감, 양심, 체면과 함께 인간 고유의 성스러운 감정에 속하기 때문이다. 양심이 신체 내부의 깊숙한 감정이라면 염치는 체면과 함께 신체 표피의 감정에 속한다고 할 수 있을 것이다. 양심이 자존감과 연관된다면 염치는 자존심과 관련될 수 있다. 염치는 외부의 어떤 상대를 의식하면서 자기 존재에 대한 의연성을 보임으로써 주체성을 확보한다. 인간도 동물인 고로 동물성에 의한 강한 욕구를 인간성의 본능으로 억제하고 절제하고 참고 견디는 감정이 염치이면서 어디까지나 외부의 누구를 의식한다. 넘치거나 지나치지 않고 부족하지 않은 적당한 간격이나 선을 유지하기 위해서 애쓰는 감정이며 인품의 척도가 되는 감정이기도 하다.

자기 주도 인생의 길

● 체면

체면을 차린다고 하는 것을 보면 전신 피부를 가리는 옷차림일 성싶고 그러다 보니까 이제는 아무것도 가리지 않는 신체 부위인 얼굴 면을 일컫게 되었다. 얼굴 면을 안면이라고 하는데 안면과 체면은 상당히 유사하기는 하지만 체면이 더 보편적 표현이다.

체면이야말로 진짜 겉 거죽의 감정이다. 체면을 보면 인간의 본래 모습의 감정이 보인다. 이중성의 감정 말이다. 인간은 어차피 이중성의 감정을 가지지 않고서는 살 수가 없다. 그 말은 인간은 체면 차리는 동물이라는 뜻이 된다. 그 이중성의 감정 중 하나가 자존감이다. 자존감이 속이고 체면이 겉에 있는 것으로서 같이 움직이면서 외부에 노출되는 것은 체면이 될 것이다. 그러나 감정이 궁극적 상황에 빠지면 체면을 죽이고 자존감을 살리는 쪽으로 선택할 수밖에 없는 경우도 허다한 것이다. 체면은 자존심의 눈금일 수 있다.

'체면을 차린다', '체면이 구겨졌다'. '체면이 상했다', '체면치레한다' 등의 말을 할 때 결국은 누군가에 의해서 자기 존재가 투영되는 것을 자기 얼굴 면이 의식하는 것이다. '안면 괄시를 못 한다', '낯이 화끈거린다', '낯가죽이 두껍다' 등의 말에서는 체면이 안면으로 바뀌었고 결코 혼자 있을 때는 나타날 수 없는 감정인 자존심의 계측기 역할이 된다.

양심, 염치, 체면은 다른 동물에는 전연 없는 인간만의 고유한 인간성으로서 제대로 발휘될 때 성스러운 인품이 몸에 배고 우러나오기도 한다. 강력한 자존감이 발현되는 것이다.

● 이기심, 억지, 고집

선의의 또 다른 이름의 자존감으로 양심, 염치, 체면이 있다면 악의의 또 다른 이름의 자존감으로 이기심과 억지와 고집이 있다. 선의의 자존감이 수천 년 인류 역사에서 산업사회가 발달하기 전 붙박이 산업의 시대에는 인격수양의 가장 중요한 덕목이었으나 현대 사회의 대도시문화의 시대에는 악의의 자존감인 이기심, 억지와 고집이 필요불가결의 개인이 갖춰야 할 정신적 덕목이 되었다. 현대사회는 특수한 경우를 제외하고는 일회성 시대다.

너무나 복잡하고 거대해서 한 번 만나고 헤어진 인연이나 일이나 사건 등이 두 번 다시 만날 일이 거의 없고 영원한 이별이나 헤어짐으로 끝나는 것이 다반사가 되었다. 그러다 보니까 구시대의 너무나 아름답던 인간성의 덕목인 양심, 염치, 체면이 아무 쓸모 없는 헌신짝이 되었거나 무용지물의 사치품이 되었다. 일회성이 가장 잘 적용되는 것이 시장경제다. 현대사회는 시장경제 시대다. 시장은 이익이 극대화되는 곳이다. 이익의 극대화를 위해서는 구시대의 인격수양의 덕목은 도움되지 않는다. 세상이 바뀌었다. 그러므로 이기심, 억지, 고집도 당당하게 자존감으로 자리를 잡았다. 일회성 시대에는 그 사람의 인격이 나타나지 않는다. 인간관계는 흥정과 거래만 있을 뿐이다. 흥정과 거래에서 이익의 극대화는 기본이다. 억지와 고집은 취미와 사생활의 비밀로 자리를 굳히면서 용어도 사라졌다.

자존감을 키우는 방법

자존감(Self-esteem)은 말 그대로 자기 존재에 대한 감정을 가지는 것이다. 단순한 자기 존재에 대한 인식이라기보다는 자신을 존중하고 사랑하는 마음이다.

자존감의 확실한 개념은 세 단계를 거쳐서 완성된다. 자아 찾기, 자기 존재, 자기 존중과 사랑이다. 먼저 자신의 존재를 확인하는 것이다. 이 세상에 태어날 때 그냥 막연하게 우연히 태어난 것이 아니라 무언가 의미 있는 존재로 태어났다는 것이다. 그다음은 그 존재가 매우 소중하고 귀하다는 것이다. 그러므로 자신을 아끼고 소중하게 여겨야 한다는 것이다. 아끼고 소중히 다루는 방법이 자신을 존중하고 사랑하는 마음이다. 자존감은 자신의 능력과 한계에 대해 어떻게 생각하는지에 대한 전반적인 의견이다. 우주에서 온 대단히 가치 있는 존재임을 인식하고 인생의 고난과 시련에도 맞서 이겨낼 수 있는 자신의 능력을 믿고 자신의 의지에 따라 삶에서 성취를 이뤄낼 수 있다는 일종의 자기 확신이다.

자존감이 잘 형성된 사람

자존감이 적당하게 잘 형성된 사람은 자신을 소중히 여기며 다른 사람과 긍정적인 관계를 유지할 수 있다. 인간의 생명 자체는 우주에서 온 귀한 것이지만 자존감이란 감정은 생명 유지의 본능 말고는 저절로 형성되는 것이 아니라 외부의 환경에서 주어지고 그 환경을 바탕으로 만들어지는 것이다. 대체로 부모의 영향이나 성장 환경이 중요함을 말하는 것이다.

자존감이 잘 형성된 사람은 학교나 직장, 그 외의 공동이나 집단 생활에서도 자신의 능력에 자신감을 보여 잘하는 경향이 있다. 자신을 지탱해 주는 감정의 심지가 굳건하기 때문에 다른 사람의 비난이나 어쩌다 생기는 실수에도 거뜬히 대처를 잘한다. 감정의 심지는 확실한 신념이 되어 바람 앞의 등잔불처럼 흔들리지 않는다. 험한 길 인생의 바다나 굴곡 앞에서도 유연히 대처를 잘할 수 있다. 사회 생활이 인간관계의 연속이고 그것은 감정관계 변화의 연속이다. 이때 자칫 자존심으로 수많은 관계를 대하는 오류를 범할 수가 있다. 자존심은 경쟁관계의 연속으로 이어지기 때문에 마음의 심지에 줏대를 세울 수가 없다. 만나는 상대에 따라 감정의 기복이 심하기 때문에 마음이 불안하고 흔들린다. 관계의 상대와 상관없이 줏대 있는 심지로 대할 때 마음은 안정되고 올바른 자존감의 성품을 가지게 되는 것이다.

● 안정되고 평화로운 마음

자존감이 적당히 형성된 사람은 불안한 기색이 없으며 마음의 심지가 굳기 때문에 경쟁의 성패나 상황의 변화에 흔들리지 아니하고 잘 대처하며 안정되고 평화롭다.

● 자신감과 용기

자존감이 충만한 사람은 부닥친 일에 실패를 두려워하지 아니하고 매사에 자신감을 가지고 소임에 충실하며 용기 있게 닥치는 일과 맞서 최선을 다하는 기질이 된다.

● 긍정적 마인드

항상 긍정적 마인드에 밝은 표정으로 생활하며 부정적이거나 미리 안 될 것을 염두에 둔다거나 근심 걱정을 하지 않는다. 해보지도 않고 부정하는 것은 자존감에 치명적이다.

● 두둑한 배짱과 포부

세상을 살면서 어깨나 목에 힘이 들어간 사람은 진정한 자존감의 소유자가 아니다. 그런 사람은 행동에 유연성이 떨어진다. 두둑한 배짱과 포부가 있는 사람은 아랫배 단전에 힘을 준다. 자존감이 잘 형성된 사람은 배포가 두둑하고 활력이 넘친다.

● 유아독존의 존재

진정한 자존감의 소유자는 타인과 자존심으로 경쟁하지 않는다. 독자적 가치 판단으로 자기 갈 길을 간다. 자칫 자기애에 빠져 나르시시즘의 망상을 경계해야 하는 면은 있다.

자존감이 낮은 사람

자존감이 낮은 사람은 자기의 본성과는 별개로 남의 시선을 의식해 가며 전전긍긍 살아간다. 자신감과 용기가 부족하기 때문에 심지의 줏대가 흔들려 빠른 판단을 못 해 표리부동의 행동을 보인다. 표리부동의 자세로 대인관계가 원만하지 않고 열등감이 심하다.

자존감이 부족한 사람의 특징이 열등감이 심하다는 것이다. 열등감이 발동하면 자존감의 대가 약해지고 가늘어지며 추의 눈금이 급격히 아래로 떨어져 하위 극점에서 강력하게 버틴다. 자존감은 천성으로 타고난 것이나 열등감이야말로 성장환경이 주요인이다.

열등감은 특히 어린 시절에 부모나 가족, 사회적 환경에 의해 주어진다. 자라면서 내부에서 생기는 자존감과 외부에서 주어지는 열등감이 서로 갈등하다가 열등의식이 약간 우세를 점한 경우가 열등감이 심한 사람이다. 열등감이 조금 우세한 경우이다. 그러므로 자존감이 강한 사람도 열등감이 조금 더 강하면 자존감이 약한 사람이 되는 것이다. 이 조금의 차이가 평생 엄청난 반전 드라마를 만들어 나가는 것이 인생행로이다.

● 심한 열등감

자존감이 약한 사람은 열등감이 심해 대인관계가 원만하지 못하다. 자기 생각의 줏대가 약하고 남의 시선에 전전긍긍한다. 가치판단의 기준을 남의 시선에 두기 때문에 마음의 심지에 줏대가 없어

한없이 흔들린다. 그러므로 대인관계나 사회생활에 허점이 생긴다.

● 자신감이나 용기 부족

자존감이 부족한 사람은 자신감이나 용기가 없어 어떤 일에 선뜻 나서지 못하고 주저주저한다거나 부끄럼을 타 제대로 일을 처리하지 못한다. 주위의 시선에 의해 자신감과 용기를 잃어버린다. '집안 똑똑이 나간 바보'라는 말이 있는데 이 말이 자존감이 부족한 사람을 일컫는 대표적 표현인 것 같다. 어릴 때 자존감 키워주는 일은 대단히 중요한 교육이다.

● 소극적 성격의 소유자

자존감의 대가 약한 사람은 어떤 일을 적극적이고 대담하게 처리하지 못하고 소극적으로 하다가 일을 그르치는 경향이 있다. 성격이 내성적이 되어 미적거리다가 기회를 놓쳐버릴 수 있다. 너무 남을 의식하거나 실수했을 때의 낭패를 너무 걱정하다가 일을 망치게 되는 것이다. 때로는 소극적인 것이 좋을 때도 있지만 약한 자존감 때문이라면 문제가 심한 것이 될 수 있다.

● 융통성 부족

자기 존재에 관한 확신은 타인이나 주변인들에게 여유를 주고 갖게 한다. 자존감이 부족한 사람은 남에게 신뢰 부족으로 보이기 때문에 다른 융통성을 발휘 못 한다. 재량권을 발휘할 경우 주변인들에게 불신을 받기 때문에 곧이곧대로 원칙을 고수한다. 전통의 원칙을 고수하는 것을 고지식한 것이라고 한다. 자기 존재감을 과시 못하기 때문에, 전통과 원칙에 기대어 겨우 현상 유지만 하기 때문에 타인들의 눈에는 고지식하고 답답하고 융통성이 부족해 보인다.

● 소심하고 의지력이 약함

자기 존재감을 드러내기를 두려워하는 사람은 소심하고 어떤 일의 추진력이 약하다. 세상살이를 하다 보면 중인환시 속에서 일을 대범하게 처리해야 할 때도 흔히 있기 마련이다. 이때 확실한 주관성을 갖지 못하거나 마음의 줏대가 약하면 일을 잘 추진하지 못한다.

지나치게 자존감이 높을 때

다른 사람보다 자신을 더 높이 평가하는 경우다. 주위 사람보다 자신이 더 뛰어나다고 느낀다. 건방지고 오만해지기 쉽다. 제멋대로고 특권을 받을 자격이 있다고 생각한다.

우리들 주변에서 흔히들 있는 갑을관계에서 지나친 갑의 행세라든지 간혹가다가 있는 재벌 후세들의 경제력 우위의 과시라든지 권력층 자제들의 특권 행세 등에서 지나치게 자존감이 높을 때의 경우를 볼 수 있다. 이런 경우는 총체적 자존감이 되어 인격적 품위와 관련 있겠으나 우리 보통 사람들도 때로는 자존감이 지나치는 경우가 있다. 수많은 관계와 수많은 감정선의 교감에서 수시로 느끼게 되는 것이다. 각종 재능, 솜씨, 능력 등에서 자기 자랑에 열 올리는 사람이 한둘이던가? 자존감은 자존심이 되어 많은 심적 갈등을 일으킨다.

물론 인생을 살면서 어느 정도의 자존감과 자신감은 중요하다. 그러나 지나치면 자만심으로 발전해 남을 배려하는 마음이 결여되고 남들과 자신을 비교해 우월감을 느끼게 된다. 문제는 자존감이 지나치게 높다는 것을 본인이 감지하거나 인정하지 못하고 당연하게 여기거나 자신감으로 생각하는 경우가 많다는 것이다. 과잉 자존감이 지속되거나 생리적 욕구와 결합될 때 자칫 심리적 병적 요인이 될 수가 있다. 이런 경우는 총체적 자존감보다는 작은 감정선의 끝자락이 감정의 틀인 상층 범위를 뚫고 나간 경우로 더 위험하고 병적인 감정이 될 수가 있다. 사이코라는 심리다. 결코 바람직한 심리일 수는 없다.

지나치게 자존감이 낮을 때

자존감이 높은 사람도 인간끼리의 어떤 관계에서 상대방에 대해서 자신을 조금 낮추어 표현하는 것이 인지상정이다. 겸양지덕이니 겸손의 미덕이니 한다. 동양사회의 전통윤리로서 인품의 가장 중요한 덕목이었다. 겸양이나 겸손은 일시적이고 적당해야지 지나치거나 오래 지속되면 천박해지고 상대방에게 무시를 당하는 수도 있다.

그 이유는 사람 감정의 이중성에서 내부의 낮은 자존감이 드러났기 때문이다.

지나치게 낮은 자존감은 강한 열등의식으로 나타나기 마련이다. 또한 자신의 업적, 아이디어 등을 낮게 평가하는 경향이 있다. 자신의 장점보다 약점이나 결함에 초점을 맞추기 때문에 자신보다 남들이 더 능력이 뛰어나다고 생각한다.

자존감이 낮은 사람은 다른 사람들이 자신에 대해 어떻게 느끼는지를 기준으로 하여 자신의 현재 행동들을 결정한다. 칭찬이나 긍정적인 반응을 받아들이지 못하는 경우도 있다.

직장이나 학교에서 실패를 두려워해 성공하지 못한다. 자신감과 용기, 남들보다 무조건 잘났다고 생각하는 마음이 없으면 중인환시 속에서는 아무것도 못 한다. 열등한 자기 모습을 감추려고만 하게 된다. 시험 점수를 잘 받았거나 칭찬을 받는 것과 같은 좋은 감정도 오래 지속되지 못하고 잠깐에 그치는 경우가 많다.

자존감이 지나치게 낮은 경우가 이 시대에 일생 살아온 대부분 사람들의 일반적인 감정이다. 헐벗고 굶주린 시대에 자존감 같은 것은 꿈도 꾸지 못했다. 염치불고, 안면몰수, 파렴치, 오기발동 등으로 닥치는 위기를 모면하면서 지내왔다. 인간다운 심성은 나쁜 짓 하지 않는 것을 위안으로 삼으면서 살았다. 특히 오기는 극한 상황에 몰릴 때마다 꺼내 드는 전가의 보도였다. 제대로의 형식과 절차로서는 따라갈 수가 없고 함께 어울릴 수가 없었다. 뱁새가 황새 따라가다 가랑이 찢어진 꼴이 대부분 사람들의 자존심이었다.

자기 주도 인생의 길

균형 잡힌 건강한 자존감

앞의 자존감의 범위나 한계에서 감정선의 가상적 틀을 구상해 보았다. 자존감은 항상 틀의 중심에서 흔들리지 않는 상태를 유지하면서 그 폭이나 두께가 굵어지거나 얇아지거나 하면서 상하로 이동한다. 건강하고 바람직한 자존감은 두 극단 사이에 자리 잡고 있으면서 가능한 중심에 머무는 것이다. 자존감이 건강하다는 뜻은 자신을 공정하고 정확하게 볼 수 있다는 것을 의미한다. 자신을 제3자의 입장에서 객관적으로 판단하는 눈이 생긴 상태다. 예를 들자면 자신의 가치를 잘 알고 자신을 좋게 평가하는 경향을 가지고 있지만 동시에 부족한 점도 잘 알고 있다는 것이다.

인간의 감정은 생명과 함께 우주에서 온 선천성이지만 건강하고 바람직한 자존감의 형성은 지극히 후천적인 것으로 성장 환경의 영향을 매우 많이 받는 것으로 알려져 있다. 특히 자존감은 가까운 사람이나 타인과의 관계, 경험, 생각 등에 의해서 형성된다. 어릴 때나 성장기에는 부모, 형제자매, 인척이나 선생님, 종교인 등과 같이 가까운 사람들과의 관계가 자존감 형성에 큰 영향을 준다. 가까운 사람 중에서도 부모의 영향력은 절대적이다.

인간의 성장은 너무나 변수가 많아서 모든 부모들이 다 그렇고 모든 자녀들이 다 그렇게 되는 것은 아니지만 부모가 가장 큰 영향력의 환경일 것이다. 자존감 형성과 성격의 형성은 별개일 것이다. 사람의 성격 형성은 부모 성격의 유전적인 면도 있다. 그러나 자존감은 성격 형성보다 더 환경적 영향을 많이 받는 것으로 거의 인위적이고 의도적일 수 있다.

가까운 관계의 사람들로부터 긍정적인 피드백을 받을 경우 자신에 대한 믿음이 높아지고 자신이 지니고 있는 가치를 적절하게 평가할 수 있는 건강한 자존감을 지닌 사람으로 형성될 가능성이 높다. 반대로 애정이 결여된 냉혹한 비판, 습관적인 비난, 조롱 등의 부정적인 피드백을 받고 자란 경우 자존감이 결여된 사람으로 성장할 가능성이 높다.

낮은 자존감을 높이는 방법

낮은 자존감의 소유자는 매사에 소심하고 소극적이 되어 자신감 결여로 부닥친 일에 대하여 전전긍긍 쩔쩔매는 경향이 있다. 또한 자신의 존재에 대하여 확고한 신념 부족으로, 존중받아야 할 충분한 가치가 있음에도 점수를 낮게 매겨 저평가하려고 한다.

비록 어릴 때부터 형성된 성격이어도 자부심이나 자긍심은 자신의 태도와 의지에 따라 얼마든지 건강하게 가꾸고 바꿀 수 있다. 자존감은 인생의 모든 면에 영향을 주기 때문에 지나치게 자존감이 낮다면 끌어 올릴 필요가 있다. 자존감은 타고난 천부적 감정 중의 중심이 되는 감정으로 후천적 성장 환경의 영향을 가장 많이 받는 것으로 알려져 있다. 그 말은 곧 후천성의 의지에 의해 바꾸고 끌어 올릴 수 있다는 말도 되는 것이다.

● 자신을 용서하기

자존감이 낮은 사람은 실수를 저지르면 자신을 질타하거나 창피해하며 이를 극복하는 데 어려움을 겪는다. 실수에 대한 상념을 계속 간직하며 자신을 용납 못 한다. 실수를 받아들이기 어려운 게 인지상정이지만 실수는 인간이라면 누구나 저지르는 행동이므로 크게 상심할 필요가 없다. 심기일전이 필요하다.

순간의 잘못이 인생 전체를 좌지우지하지 않는다는 신념도 필요하다. 다시는 실수를 하지 않도록 노력하는 것이 중요하다. 항상 자신을 용서하고 위안을 줄 필요가 있다. 자신이 한 일을 너무 질타하거나 나무라지 말고 그럴 수도 있지 않으냐며 너그러이 용서를 해주고 다음에는 잘할 수 있다고 결심을 다짐하는 자세가 필요하다.

● 긍정적으로 생각하기

'입 보살'이라는 말이 있다. 말로 부처님께 공양을 드린다는 의미인데 함부로 어떤 일에 대하여 단정 짓지 말고 좋은 쪽으로 입으로 기도하라는 뜻도 있다. 특히 부정적인 쪽으로 말하지 말라는 의미가 더 강하다. 미리 '입방정' 떨지 말라는 뜻도 있다.

비관적으로 생각하거나 말하면 그대로 실현될 가능성이 높다. 가령 남들 앞에서 연설하거나 발표를 할 때 잘할 것이라고 생각하는 것과 잘 해내지 못할 것이라고 생각하는 것의 차이는 크다. 부정적인 생각을 가지면 실제로도 이를 망칠 가능성이 높다. 반대로 잘해낼 수 있다는 자신감을 가지면 힘들고 어려운 상황이라도 긍정적으로 맞닥뜨릴 수 있다.

만약 실패했더라도 좌절하지 말고 그간의 노력과 목표를 달성했다는 데 의의를 두는 것이 좋다. 나쁜 생각이나 나쁜 일을 하지 않는 이상 남들의 시선이나 의견에 그렇게 일희일비할 일이 아니다. 자존감이라고 하는 것은 자기 존재에 대한 의견이기 때문에 남들에게 또는 모든 사람들에게 좋게 보이거나 평가 받을 수만은 없다. 지나간 것은 지나간 대로 의미가 있을 것이다. 다가올 일이나 미래에 항상 긍정적인 마인드를 가지는 것은 성공적인 삶의 첫 단추를 끼우는 일이라고 할 수 있다. 그것은 곧 자존감을 키우는 첫 단계이기도 하다.

● 자기 격려하기

자존감이 낮은 사람은 남들에게 인정을 받거나 위안에 항상 목말라 한다. 이럴 때 자기 격려가 절대 필요하다. 세상의 모든 사람들은 모두가 다 자기 자존에 심취해 있다. 부모 형제도 마찬가지다. 누가 남을 쳐다보는가? 자존감이 낮은 사람만 남을 의식하고 남의 눈치를 살핀다. 자기 삶은 자기 책임하에서 이루어지기 때문에 남에게 손 내밀 계제가 못 된다.

자존감이 낮고 비관적인 사람은 가령 시험을 잘 보고도 그것은 문제가 쉬웠기 때문이라며 자신의 성과를 인정하지 못하는 경향이 있다. 자신의 능력이 충분하고 노력했는데도 불구하고 부정적인 결론에 도달하는 것이다. 자신을 과소평가하고 실수에 예민하기 때문에 항상 자신을 격려하고 용기를 북돋아 주는 자세가 필요하다. 나를 격려하고 칭찬하면 긍정적인 에너지를 받아 힘을 낼 수 있다.

자기 격려하는 것도 연습과 습관이 필요하다. 동양의 전통사상이나 예법에는 자기 격려라든지 자존감 키우는 사상이나 방법이 들어 있지 않다. 매일 일기 쓰면서 자기 반성하라는 훈육만 열심히 한다. 잘못하는 일이 있을 때는 반성하고 격려를 해야 하겠지만 그렇지 않고 일반 통상적일 때는 자기 격려나 칭찬을 하고 하루를 마감하는 습관이 필요하다.

● 담력 기르기

위험하고 무서운 일을 함부로 할 때 "간이 크다." 또는 "간덩이가 부었다."라는 말을 쓰고 무섭고 두려움 앞에서 "간이 콩알만 해졌다."라는 말을 하기도 한다. 실제로 생체적 간이 커졌다, 작아졌다 하는 것은 아닐 것이다. 어떤 사람을 얕보고 깔볼 때 "사람을 간 본다."라는 말을 쓴다. 이처럼 사람의 오장 중의 하나인 간으로 표현하는 말들이 많다. 여기서 생체적 간 자체는 아무런 힘을 내지 못하겠지만 간이라는 장기는 사람이 힘을 내는 데 도움을 주거나 의지력을 나타내는 데 큰 역할을 하는 것임에 틀림없는 것 같다.

무섭고 두렵고 부끄러움이 심하다는 것은 담력이 약하다는 의미일 것이다. 동시에 담력은 의지력이고 의지력은 자존감과 직접적인 관계가 있다고 할 수 있다. 그렇다면 담력을 기르는 방법으로 무서움과 두려움과 부끄러움을 극기할 수 있는 수련이 필요할 것이다.

무두부(무서움, 두려움, 부끄러움)가 전혀 없는 사람은 있을 수 없다. 그러나 그것이 심한 사람은 적당할 정도의 의지력을 가질 필요가 있다. 무두부가 심하면 자존감에 치명적일 수밖에 없고 그것은 곧 의지력의 약화로 의타심에 의존할 수밖에 없게 된다.

의타심은 자존감의 적이다. 인간은 본래 유아독존의 존재다. 담력이 약하면 유아독존이 위협을 받는다. 인생은 언젠가는 홀로서기를 해야 하고 그것의 밑천은 두둑한 자존감이다.

담력을 키우는 방법으로 왕년의 세상 추이에서 엿볼 수 있다. 약관(弱冠, 젊은 나이)의 젊은 날의 무전여행이라든지 신입 회사원들의 지하철 연설 등이 있었다. 웅변학원에 보내서 여러 사람들 앞에서 웅변하게 하고 수련원의 프로그램으로 밤에 공동묘지 길을 지나는 경험을 하게 하는 등의 것들도 모두 담력을 기르기 위한 수단이었다. 음지의 사람들 중에는 아이들에게 물건을 팔아 오라고 하는 담력 키우기의 나쁜 선례도 있었다. 그 외에도 용기와 격려로 강한 의지력을 갖게 하고 '칭찬은 고래도 춤추게 한다'는 말이 있듯이 칭찬으로 담력을 키울 수도 있다.

● 주체성 확보하기

유사 자존감으로 주체성이 있다. 주체성이란 자아실현을 위한 자기 정체성을 확보하여 삶의 목표를 실현하는 일이다. 이때 자기 정체성을 어떻게 확보할 것인가가 관건이다. 자기 정체성을 너무 어렵게 생각할 것 없다. 어떤 일이나 사물에 대하여 자기 나름의 주관성을 확립하는 것이다. 이 세상에는 분명히 진리가 있을 것 같은데 현실에는 진리란 없다. 그러니까 진리 비슷하게 포장하는 것이다. 자기 나름대로 옳다고 생각하고 믿는 것이다. 그것이 주관성이다. 주관성이란 자기 나름의 가치 기준을 정하여 믿는 것이다. 가치 기준을 정할 때 선택하거나 방향을 정할 때가 많을 것이다. 무모하고 막연한 것이 아니라 나름의 인생관을 내포하는 것이다. 선택과 방향에서 인간애 쪽으로 기우는 것이다. 가능한 인지상정이나 인간애가 발휘되는 쪽으로 처신하는 것이다. 매우 긴박하고 절실하지 않은 이상 인간애를 발휘하는 쪽으로 선택하는 것이 진리라고 믿으면 될 것이다.

인간사회에서는 인간을 최우선시하는 것이 진리일 것이다. 자칫 사물이나 물질적 이익을 위하여 또는 종교나 이념을 쫓아 주관성을 확보하는 게 일시적이거나 임시방편적으로는 원만할지 몰라도 언젠가는 인간애에 대한 소홀함이 큰 화근의 여파로 몰려올지도 모르는 경우가 허다하기 때문이다.

마마보이나 엄친아로 자란 사람들은 주관성 결여로 주체성이 확립되어 있지 않고 의존적이거나 의타심이 많아 독립된 삶을 사는 데 어려움을 겪는다. 즉 자존감이 낮아 험한 세상의 파고를 헤쳐 나가는 데 애로가 많은 것이다.

주관이나 신념이 확실하지 않으면 '팔려가는 당나귀'가 되어 주변 사람들에게 휘둘린다. 때로는 설령 옹고집이 될지언정 이 사람 저 사람에게 휘둘리는 것보다는 낫다. 사막 한가운데 갖다 놓아도 살아

돌아올 수 있는 능력을 가진 사람이 주체성 있는 사람이며 자존감이 높은 사람이다.

● 체력 단련하기

'건전한 신체에 건전한 정신'이란 격언이 있다. 이때의 건전한 정신이 자존감이다. 건강이 인간 삶의 가장 최상위 질적 이념이기도 한데다 인간사회는 무한정의 생존경쟁이다. 무한정 경쟁의 세상에는 단련된 체력도 한몫한다고 할 수 있을 것이다.

자존감은 독자적 삶의 생존의식이지만 홀로 있을 때 생기는 감정이 아니다. 어디까지나 인간관계에서 피어나는 감정이며 그 관계의 집합체가 세상이다. 은연중 인간세상에는 자존감의 경쟁관계가 생길 수밖에 없다. 신체는 정신의 산실이다. 정신적 경쟁에는 버티기라든지 인내심 등이 한몫할 것이다. 자존감을 세우기 위해서는 감정의 산실인 체력이 뒷받침되어야 할 것이다. 젊은 날 자존감을 자존심으로 오해하여 인내심 부족으로 큰 낭패를 보는 수가 있으니 각별히 유의해야 할 것이다. 물리적 체력의 관계도 자존감을 높이는 한 방편이긴 하겠지만 체력은 내부적 자신감을 높이는 데 큰 도움이 될 것이다.

● 마음 비우기

자존감 키우는 방법으로 마음 비우기란 조금은 생소할 것이다. 그러나 인간의 위대한 정신적 힘의 근원은 마음 비우기에서부터 비롯된다. 인류의 구원을 위해 성인이 된 종교의 창시자들에게서 마음 비우기의 실로 위대한 힘을 읽을 수 있다. 그 외에 구도자, 영웅, 종교인 등에게서 정신의 위대한 힘을 볼 수가 있다. 그들의 공통점은 목숨을 뛰어넘는 마음 비우기이다. 마음 비우기의 극한적 도량은 유한한 생명을 넘어 영원으로 연결된다.

우리 범부들은 그런 절대자의 경지에는 절대로 오를 수 없고 그럴 필요도 없지만 인생에서 마음 비우기를 함으로서 성공의 삶을 사는 사람들이 많다. 그 방법이 지나친 욕심을 버리는 것이다. 인생에서 욕구는 삶의 원천이며 희망의 촉매제로 일생을 통하여 수시로 또는 여러 면에서 삶의 길목을 막고 파고든다. 다양한 욕망의 강은 여러 갈래로 흐른다.

기본적 생리적 욕구에서부터 명예욕, 성공의 욕망, 경쟁에서 이기려는 집념 등 인생길은 욕망의 바다다. 더군다나 현대사회는 비탈의 피라미드가 되어 조금만 방심하고 느슨해지면 저절로 미끄러져 최저의 밑바닥으로 곤두박질친다. 욕망의 바다는 너무나도 깊고 넓다. 그 험난한 바다 위에 빈 배를 띄우는 것이다. 빈 배를 타고 가볍게 노를 젓는 것이다.

실제로 어떤 일을 할 때 가볍게 시작하라느니 쉽게 처리하라느니 힘닿는 데까지 최선을 다하라느니 하는 것 등이 마음을 비우고 최선을 다하라는 격려의 말들일 것이다. 특히 운동 시합을 할 때나 어떤 일을 완성할 때 마음의 부담감을 없애고 가벼운 마음으로 최선을 다할 때 의외의 좋은 성과를 얻는 경우가 허다하다. 잘되면 다행이고 안되면 말고 식의 정신도 마음 비우기를 통한 생활의 한 지혜가 될 것이다.

일상에서 자존심은 욕망의 상징이다. 인간사회는 사람 관계의 연쇄이고 그 연쇄의 마디마디에는 경쟁구도가 형성되며 그 구도 속에는 자존심의 광장이 마련된다. 광장의 곳곳에는 욕망의 연기가 모락모락 피어나 욕망의 안개로 가득 찬다. 안갯속에서는 갈 길이 보이지 않는다. 신기하게도 자존심으로 보이지 않던 길이 자존감으로 환히 보인다. 자존심의 욕망에서 마음 비우기를 통하여 자존감을 얻는 것이다.

● 표리부동의 감정 갖기

인간의 감정은 언행이나 안면 표정으로 나타나며 나타내기도 한다. 그러나 언행도 없고 무표정일 때도 잠자지 않는 이상 내부의 감정은 작동한다. 사회생활의 인간관계에서 서로의 신뢰를 위해서는 표리부동의 자세는 좋지 않다. 표리부동은 정직성과 반대되는 감정으로 흔히들 포커페이스라고 한다. 감정표현의 이중성이다. 성숙한 성인이나 신사 또는 어른으로서의 도리를 다하기 위해서는 이 포커페이스가 절대 필요하다. 옛날 우리나라 전통에서 양반의 감정이다. 배고프거나 마음이 급한 것을 표정으로 잘 나타나지 않게 함으로써 양반이나 어른의 품격을 지켰던 것이다. 이런 이중성의 감정이 생각보다 잘 지켜지지 않는 것이 인지상정이다. 이것은 현대사회에서는 자존감의 결여로 귀결된다. 자존감이 낮은 사람일수록 이 이중성의 감정이 잘 조절되지 않는 것이 사실이다. 이런 감정 조절에 관한 것을 본인이 의식함으로써 그 결함을 치유할 수 있을 것이다. 자존감이야말로 후천성의 표본으로 당사자가 인식하고 자존감을 끌어올리겠다고 마음으로 다짐하고 실천만 한다면 얼마든지 변화를 일으킬 수 있는 가변성의 성격에 속한다고 할 수 있을 것이다.

제3장

자존감 교육

자존감 교육

인간을 대상으로 바람직한 방향의 변화를 위한 가르침이 교육이다. 자존감의 바람직한 변화란 어떤 것일까? 지금까지 학교교육에서 없던 개념의 교육이다. 그렇다고 지금까지 학교 현장이나 교육과정에서 자존감 교육을 하지 않은 것은 아닐 것이다. 우선 자존감이란 어휘 자체도 일상에서 흔히 쓰고 낱말 사전에도 분명히 있지만 그 개념이 확실하지 않았고 아마 자존감과 자존심이 혼동된 개념으로 교육하였을 것으로 사료된다.

자존심이란 말은 입에 달고 살다시피 했으므로 선의의 자존심이 아마 자존감일 것이다. 굳이 자존심까지 거론할 것 없고 아이들 기를 살리기 위해서 또는 용기와 희망을 주기 위해서 힘을 기울였다면 그것이 자존감 교육이었을 것이다. 이것은 특정 영역에 속한 분야가 아니고 전 교과나 학교생활의 전반에 걸쳐 실시되고 아이들의 활동 영역에서 수시로 또는 의도적으로 실시되는 교육과정의 일환이라고 할 수 있다.

그동안 자존감은 개인 내부의 심리상태로 우리나라 보통교육의 목적인 전인적 인간 육성을 하는 과정에 저절로 형성되는 심리발달단계의 한 인자로 보았다. 또한 사람마다 다른 개성의 일환으로 치부했다. 주로 자존심으로 예단하여 개성의 한 축이었다.

시대가 변하고 교육 트렌드의 흐름에 따라 전인적 인간 속에 자존감이란 인간의 심리가 큰 비중으로 자리 잡게 되고 특히 성장하는 어린이들에게 자존감 키우기의 필요성이 대두되었다. 자존감 교육이란 자존감의 바람직한 변화를 일으키는 것이고 그것은 곧 자존감이 알맞게 형성된 인간으로 키우는 것이다.

지금까지 우리나라는 전통사상이나 저소득 국민의 굴레, 조직체계의 수직문화 등으로 인하여 국민의 자존감에 관한 인식이 매우 부족했다. 특히 전근대의 식민지배로 인해 민족의 자존감은 송두리째 곤두박질쳤다. 국제무대란 국가 자존심의 대결장이다. 경제개발과 건설은 기죽은 국민의 자존심 회복에서부터 출발한다. 학교에서도 교육과정을 펼치는 과정에 학교장을 중심으로 아이들 기를 살리기 위한 교육을 강조하기도 했다.

예를 들면 자성예언이라든지 영웅이나 위인들의 전기 전을 읽고 본받고 동일시 사상 갖기, 매일 한 번씩 칭찬해 주기, 머리 쓰다듬어 주기, 여교사들의 경우에는 아이들 한 번씩 안아주기 등 그 외에도 용기와 격려를 주는 방안들을 창안하여 실천하기도 했다. 이런 일련의 교육들이 지나고 보니까 모두 자존감 키우기의 교육이었음을 알게 되었다.

전인적 인간 교육

우리나라 보통교육의 목적은 전인적 인간 육성이다. 보통교육은 초등교육기관의 초등학교와 중등교육기관의 중학교와 고등학교이다. 고등교육은 대학교육을 말한다.

교육기관 분류는 초등교육, 중등교육, 고등교육으로 하며 교육 목적 분류는 보통교육과 전문교육으로 대별된다. 그러니까 초등학교, 중학교, 고등학교까지가 보통교육으로 전인적 인간교육을 하여야 한다는 것이고 대학에 가서야 전문지식이나 기능을 목적으로 교육할 수 있다는 말이 된다. 실상은 초등학교, 중학교는 의무교육기간으로 전인적 인간교육의 목적이 확고하나 고등학교는 전문교육을 위한 과도기로 전인적 인간교육을 강조하기에는 무리가 따르는 것이 현실정이다. 그러므로 실업계 고등학교를 두고 장래 특수 직업을 위한 전문교육을 하는 교육기관의 역할도 하는 것이다. 그래도 고등학교까지가 전인적 인간 교육 기간이다. 전인적 인간의 교육목적은 어디까지나 당국이나 국가의 목적이나 취지이지 피교육자인 어린이나 청소년들이 전인적 인간이 되기 위한 목적은 아닌 것이다.

전인적 인간이란 전천후 인격체의 인간을 말한다. 인간이란 존재는 건전한 신체에 건전한 정신이지만 국민교육에서만큼은 신체보다는 정신이 우선이다. 바른 정신을 가진 사람을 육성하기 위한 전인적 인간 교육에서는 신체적 장애는 문제가 되지 않는다. 바른 정신이란 특수한 이데올로기나 종교 등의 정신이나 교리에 매몰되지 않고 상식으로 살아가는 일반 사람들의 삶의 방식을 지향하는 정신이다. 미래의 보다 나은 삶을 위하여 지식을 습득하고 실천하고 노력하며 협동하여 사회를 구성하는 일원으로서 구실을 다하는 것이다.

전천후 인격체란 인생의 전반에 걸쳐 적응할 수 있는 인격을 가진 사람이다. 보통교육에서는 전문지식을 목적으로 하지 않기 때문에 다양한 지식과 교양이 풍부한 인간 육성이 목적이다. 그러므로 가능한 한 다양한 과목의 교과를 가르치고 배운다. 전천후란 날씨의 변화에 구애받지 않는다는 뜻이므로 전천후 인격체란 언제 어디서나 항상 변화에 적응하고 준비된 인격의 소유자다.

전인적 인간이란 심신이 건전하고 상식을 지닌 사람으로서 미래를 설계하고 사회구성원으로서 도리를 다하는 국민이다. 세상 속에서 마음껏 살아갈 수 있는 바른 정신의 사람이다. 전인적 인간 육성을 위하여 보통교육의 교육기관인 학교에서는 한 가지 과목이나 한 가지 기능을 키우기 위한 교육은 할 수가 없다. 그런 면에서 학교와 사설 학원과는 차이가 있다.

인간사회의 전반적인 면에 적응할 수 있는 기본지식과 교양 및 품성을 지닌 인간을 육성하기 위해서는 여러 교과목과 교육과정이 필요하다. 그러기 위해서는 학교라는 교육기관이 필요하고 학교문화라는 새로운 인문이 펼쳐지게 되었다. 어린이나 청소년들이 학교생활을 통해서 학창시절을 보낸다는 것은 교육기관인 학교나 국가 당국에서 보면 전인적 인간 교육을 하는 것이지만 학생 개개인으로 볼 때는 일생을 살기 위한 든든한 자산인 자존감 키우기의 한 방편이라고 할 수 있을 것이다.

자성예언

우리 전통문화에서는 '세 살 버릇 여든까지 간다'는 말이 거의 풍습화된 진리처럼 되어 있었기 때문에 자성예언 같은 것은 상상도 못 했고 아이들 키우는 데는 꾸지람이 오직 대세였다. 세간에서는 '말이 씨가 된다'고 해서 말조심하고 막말을 함부로 하지 말라는 주로 나쁜 방향의 교훈 같은 말은 있었다. 말이 씨가 되는 것의 좋은 방향이 자성예언이다.

아이들 성장기에서 감수성이 가장 예민한 시기가 초등학교 시절이다. 이 시기에 교실에서 담임교사와의 훈훈한 교감은 그 아이의 일생에 큰 방점이 된다. 그러므로 교장들 중에는 교사들에게 자성예언을 크게 강조한 분들도 있었다. 대부분의 교장들은 교사들의 관리에만 주력하지만 자성예언을 권유한 교장은 대체로 뜻있고 덕망 있는 성품의 교장이었다.

어떤 행동이나 학습을 함에 있어 학생이 보이는 학습수준이 주변의 부모나 교사의 기대 수준에 맞추어 변화가 일어나는 현상이 자성예언이다. 그러니까 어떤 아이에게 "너는 머리의 지능지수가 높으니까 공부를 잘할 것"이라고 말을 하면 실제로 그 아이의 지능이 높지 않더라도 공부를 잘하게 된다는 이론이다.

자성예언의 첫 주입은 어느 교장의 교무실 훈화에서 나온 유명한 피아니스트였다. 그 피아니스트가 명성이 높은 음악가가 된 계기가 학교에서 선생님의 "유명한 피아니스트가 될 것"이라는 칭찬 때문이었다고 했다. 교사의 영향력이 그만큼 큰 만큼 아이들의 소질이나 장점을 발견해서 칭찬을 많이 해 주라는 것이었다. 그럴듯한 지론이라 받아들이고 가능한 교실이나 학교 현장에서 자성예언을 실천하는 데 힘을 썼다. 그중에서 가장 많이 했던 자성예언이 "공부를 잘하면 잘 살 것"이라는 말이었다. 사실은 자성예언의 확신보다는 아이들의 생활지도나 학습 유인책으로 했던 말이었지만 지나고 보니까 너무나 좋은 자성예언이었음을 알게 되었다. 주로 의사나 변호사를 염두에 두고 한 말이었으나 그보다는 학습의 적령기에 최선을 다해 노력해 봄으로써 얻는 성취도나 성공의 기쁨을 느껴보라는 것과 훗날 넓은 세상의 바다에서 부딪힐 난관의 극복을 위한 훈련의 자세도 배우라는 뜻도 포함되었다.

공부 잘하기

전인적 인간은 국가의 교육목적이고 공부 잘하기는 국가와 국가의 교육목적을 실현하는 학교의 교육목표다. 학교는 국가의 교육목적과 교육목표를 달성하기 위해서 아동이나 학생들에게 교육하는 공공기관이다. 그러므로 학교는 피교육자들이 공부하는 곳이다.

피교육자들이 교육의 목적과 목표를 위해서 학교에 다니는 것이 아니라 그들은 그들 미래의 삶을 위해서 학교에 다니고 공부한다. 무엇을 배우고 공부할 것인가 하는 것이 교육과정이다. 어쩌면 교육과정을 충실히 이행하기 위해서 열심히 학교에 다니고 공부하는 것일 수는 있다. 교육과정은 교육의 목적과 목표를 실현하기 위한 교육기관의 수단이나 방법이다.

학생들이 교육과정을 충실히 이행하고 실천하면 공부를 잘하게 되고 또한 그들의 미래가 보장되는가 하는 것은 전연 별개의 문제다. 그 말은 국가나 학교 당국의 교육목적이나 교육목표는 달성되었을지는 몰라도 개인의 미래나 삶의 목표와는 상관관계가 멀다는 것이다.

학생들이 학교에 열심히 다니고 공부를 하다 보면 경쟁구도가 형성된다. 경쟁이란 모든 생명체의 속성이다. 인간의 삶 자체가 경쟁의 연속인지 모른다. 나이 들어 건강까지도 경쟁심이 있어야 유지된다. 몸을 지탱하는 유기체 자체도 경쟁하면서 생명을 유지한다. 하물며 학생들의 공부 경쟁은 말할 필요가 없을 것이다. 어쩌면 학교라는 사회제도가 학생들의 공부 경쟁심으로 유지되는 것인지도 모를 일이다.

그러면 학생들은 왜 경쟁을 하는가? 공부 잘하기의 경쟁에서 우위를 점한다는 것은 그만한 기대치가 있기 때문일 것이다. 그 기대치는 훗날의 취직, 성공 등 사람마다 다를 것이기 때문에 무어라 단정 지을 수는 없다. 그러나 한 가지 확실히 주장할 수 있는 것은 자존감의 문제다. 물론 경쟁구도에서 자존심이나 자신감으로 나타나겠지만 아무리 많은 돈으로도 살 수 없는 자존감을 얻을 수 있다. 어린 날이나 학창 시절에 알맞게 형성된 자존감은 필생의 자산이 될 수 있다. 공자의 '학이시습지 불역열호'의 숨은 의도도 공부를 통한 자존감 얻기일 것이다.

동일시 학습 적용

한때 초등학교 교실에는 '학급문고'라는 것이 있었다. 교실환경정리로서 아이들 저축 그래프 등 별별 형식적인 내용의 전시물이 사방의 벽면을 장식했지만 그중에서 가장 실질적이고 알뜰한 환경물이 있었다면 그것이 '학급문고'였을 것이다. 학급문고에는 위인전이 가장 많았다. 위인들의 전기를 읽고 그들의 생각이나 행동, 삶의 방식등 훌륭한 점을 본받자는 의도였다.

위인들의 전기를 읽는다는 것은 아이들 스스로 위인들에게 감화되어 그들의 내면으로 들어가 본받고 동일시함으로써 훌륭한 어린이로 성장할 수 있다는 거의 확신에 가까운 학습이론을 실천하는 한 방법일 것이다. 교사가 아무리 가르치고 훈화하고 해도 아이들 스스로 동일시 감정에 빠져드는 것만 못할 것이기 때문이다. 동일시 학습 인지이론은 학습이론의 선구자들이라고 할 수 있는 아동 발달심리의 프로이트와 피아제, 스키너 등의 학자들이 길을 열어놓았다.

동일시는 아이들이 특정 영웅이나 위인에게 매료되어 그들과 동일시한다는 의미인데 그들의 성장이나 생각을 감정이입하여 직접 영웅이나 위인이 되어 보는 것이다. 정의의 사도가 되어 칼싸움하거나 타잔이 되어 괴성을 지르고 슈퍼맨이 되어 망토를 걸치고 하늘을 날아보고자 하는 것도 다 아이들이 자라면서 겪는 동일시의 성장 통이다. 아이들이 인간사회에서 자라야 인간이 되듯이 어쩌면 아이들은 알게 모르게 주변 환경에서 동일시의 연속으로 성장하고 동시에 그만큼 사고력도 커지고 변화되어 가는 것일 것이다.

학급문고의 위인들 중에는 에디슨이 단연 으뜸이었다. 당시 과학입국의 바람을 타고 훗날 과학자가 되는 것이 꿈인 아이들이 많았다. 과학자의 꿈을 꾼 아이들이 모두 다 과학자가 되지는 않았겠지만 그래도 과학입국의 꿈은 실현되었다.

그 외에도 아이들은 동일시가 미래 희망의 동기부여의 큰 전환점이 된다. 예를 들자면 운동 과외를 하는 어린이가 있다면 그 어린이는 벌써 국가대표가 된 기분으로 그 운동을 하게 되고 또 열심히 한다. 이런 경우는 그 어린이의 착각이나 오만이 아니고 대단히 자연스러운 감정이고 성장 과정이다. 국가대표와 동일시하지 않는다면 그 운동을 할 동기부여가 전연 되지 않으며 결국은 그 운동 과외를 포기하고 말 것이다.

영웅이나 위인들, 과학자, 국가대표 등 그 외에도 자기가 선망하는 사람과 동일시하는 감정이야말로 자존감 세우기의 극치일 수 있다. 왜냐하면 자기의 존재감을 필생의 삶을 성공한 위인들에게 목표를 두고 노력하고 전진한다는 것은 그 자체가 이미 성공한 삶을 사는 것인지 모르는 일이기 때문일 것이다. 여기서 주의해야 할 점은 단 한 순간이라도 주변의 누구와 비교하는 감정을 가진다면 그 순간부터 자존심으로 전락하고 만다는 사실이다.

자존심은 오만과 교만을 수반하기 때문에 자신의 존재감이 추락할 염려가 있고 그보다도 중심 감정을 자신에게서 타인으로 옮긴 결과이기 때문에 자존감의 추락은 필연적이 된다.

칭찬해 주기

'칭찬은 고래도 춤추게 한다'는 속담이 있다. 그만큼 칭찬의 위력을 실감케 하는 말이지만 칭찬이 우리들의 생활 속에 자리 잡고 서로의 관계에 윤활유 같은 역할을 하고 그것을 빌미로 서로의 관계를 지속하는 동기유발의 주 포인트가 된 지는 너무나 일천하다. 특히 가정에서 아이들을 칭찬하면서 키운다는 것은 상상도 못 하는 방식이었다.

우리나라의 역사적 환경 때문에 사람들 마음에는 식민지 근성이라는 아주 못된 사고방식이 깊게 자리 잡고 있었다. 식민지 근성은 일본인들이 식민지인 우리 국민을 무시하고 얕보듯이 해방된 조국의 동족끼리 서로 헐뜯고 야비한 언행을 예사로 하는 것을 말한다. 여기에는 칭찬이란 눈 씻고 찾아봐도 없다. 오직 험담이나 비난만 난무할 뿐이었다. 전통의 관습, 생활습관, 역사적 맥락 등으로 인하여서인지는 몰라도 우리나라 사람들이 칭찬에 참 인색한 것은 사실이었다. 반대로 자기 자랑에 열 올리는 사람들이 많았다.

우리나라의 공적 집단문화의 출발은 식민지 해방에서부터 출발한다. 해방되면서 미군이 들어오고 6 · 25전쟁 시 공산군이 들어오고 5 · 16군사정변이 일어나면서 공적 생활문화의 표본은 군대문화가 되었다. 상하 계급에 따른 명령하달식의 집단문화, 이것은 우리나라 전통의 사회생활문화와 잘 맞아 떨어졌다. 전통문화와 군대문화의 궁합이 잘 맞았다. 군대의 계급과 사회의 장유유서가 잘 맞아 돌아갔다. 여기에는 훈훈한 인간애란 찾기 어려웠고 딱딱한 명령식의 삭막한 사막의 심성들이 세상살이를 주름잡고 주를 이루었다.

따뜻한 인간애의 표본이 되어야 할 학교문화도 세상의 흐름에 발맞추지 않을 수 없었고 동시에 명령식의 조직문화로 자리를 굳혔다. 학교문화는 참으로 애매한 조직일 수밖에 없다. 그렇다고 대놓고 군대식일 수도 없고 마구 풀어놓으면 단체생활이 되지 않는다. 교사들 조직이나 교육행정조직은 그렇다 쳐도 교사와 학생 간의 관계는 군대나 행정조직과 같을 수는 없다. 예부터 군사부일체라는 말이 있다.

스승을 임금이나 부모의 반열에 올려놓는다는 것은 말도 되지 않는다. 그만큼 스승과 제자의 관계가 부모와 자식의 관계만큼이나 엄중하다는 의미일 것이다. 특히 스승의 인격적 수양이나 교육자로서의 책임성의 엄격함을 강조하는 말일 것이다. 교사라는 직업은 업무상의 분류로 하찮은 직제에 속하지만 제자들 앞에 서는 순간만큼은 스승의 거룩한 정신을 갖추지 않을 수 없다. 학교에서의 교사는 시중의 강사들과는 그런 면에서 근본적으로 다르다고 할 수 있다. 일생의 정신적 기틀이 잡히는 감수성이 예민한 초등학교 시절의 학교 담임교사의 스승정신은 그 무게를 가늠할 수 없을 만큼 크다고 할 수 있을 것이다.

그런데 한때 우리나라는 지금 현재도 북한이 그러듯이 전 국민을 국가의 관리 대상으로만 취급한 일이 있었다. 그런 일환으로 학교에서는 담임교사가 그 반 아이들의 관리 책임자가 되는 셈이었다. 교사가 스승이 되는 것이 아니라 관리 책임자로 전락하고 만 것이다.

교사의 자존감 문제는 거론할 필요가 없지만 그런 환경에서 자라는 아이들의 자존감 문제는 심각하게 고려하지 않을 수가 없었다. 훈계와 훈시만 있는 교실, 그 연관선상에 아이들은 항상 기를 펴지 못했다. 아이들은 아이들다워야 하고 교실은 언제나 아이들 생기로 가득 넘쳐나야 한다. 즐거운 학교생활이 되어야 하는 것이다.

자성예언은 특출한 재능에 부여하는 칭찬이지만 즐거운 학교생활이 되기 위해서는 아이들은 자기의 존재감을 나타내고 인정받는 느낌이 들어야 한다. 그 방법이 칭찬이었다.

아이들은 학교생활에서 하루에 한 번씩은 칭찬을 받아야 마땅하다. 그러기 위해서는 교사들은 열심히 아이들을 관찰하고 살펴서 칭찬거리를 찾아야 했다. 수시로 때와 장소를 가리지 않고 학교생활

전반에서 칭찬거리를 찾고 누구에게나 한 번의 기회가 있게 한다는 것은 결코 쉬운 일이 아니었다. 그래서 학교장은 줄기차게 칭찬을 강조했으나 교사들은 교장만큼 공감하지를 못했다. 왜냐하면 칭찬의 지나친 남용은 아이들 생활지도와 상극이 되기 때문이었다. 사람 많은 교실에서 아이들 기의 충천은 자칫 벌집을 건드린 것과 같을 수 있으므로 신중을 기할 수밖에 없었다. 학교에서 교사들이 아이들 자존감을 키운다는 것은 영원한 과제일지 모른다. 자존감은 역시 부모에 의한 영향력이 크고 가정에서 개별적이고 의도적으로 시행해야 그 효과가 나타날 것이다.

사랑의 교실

옛날 서당에서는 훈장의 매라는 것이 있었고 개화의 과정에서 일본에 의해서 근대식 교실로 바뀌면서 교사가 훈도의 칼을 차고 수업을 했다. 해방 이후 경제발전 과정에서 서양식의 교실 환경으로 변모되긴 했으나 여전히 교편이라는 것이 있었고 체벌도 예사였다. 매나 편은 채찍인데 채찍은 동물을 부리거나 몰이할 때 쓰는 물건이고 칼을 차고 수업하는 일본 교사를 상상하면 섬뜩하다. 우리의 출발이 무지막지했음을 강조함이다.

방정환 선생에 의해 어린이라는 말이 생긴 것은 근세의 일이지만 지금은 아이들의 인권이 어른들보다 더 귀중한 시대가 되었다. 교실에서 사랑의 매는 감히 상상도 못 한다. 한때 나라는 온통 질서로 가득 찼었다. 거리 교통질서의 시급함 때문이긴 했지만 사회에는 법질서, 학교에는 규칙, 교실에는 질서가 정연한 모습이라야 했다. 질서만 있고 인간이 없는 교실, 아마 식민지 시대의 잔재에서 벗어나지 못한 전근대적 사회현상의 소산일 것이다.

문제는 교사와 아이들 간의 관계에서 교사 역할의 한계나 범위이다. 지식전달자로서의 선지자, 인간성이나 인격 면에서 스승이라야 하고 생활지도나 안전생활의 관리자, 아동 심리발달 면에서 상담사, 때로는 아이들을 웃고 울리는 배우 역할도 해야 한다.

그 외에도 아이들 생활 전반에 걸쳐 간여하기도 하고 관계가 이루어지지만 가장 중요한 교사의 소양이 무엇일까. 바로 페스탈로치의 교육자 정신이다. 근대 교육의 아버지라 불리는 페스탈로치는 교사는 교육자이며 교육자는 모름지기 아이들을 사랑으로 대하여야 함을 강조했다. 사랑의 표시가 수없이 많겠지만 부모 같은 마음으로 아이들을 따뜻한 눈으로 아끼고 편안한 마음이 되도록 하는 것도 한 방법일 것이다.

시쳇말로 칭찬하되 '영혼 있게 칭찬하라'는 말일 것이다. 사랑의 마음이 없는 교사는 없을 것이다. 그러나 그 마음이 아이들에게 골고루 얼마나 투영되는가 하는 것은 전연 별개의 문제다. 정말 어려운 문제다. 이 부분에서 학교장이야말로 진정한 교육자임이 확연히 드러난다. 왜냐하면 교사들에게 끊임없이 사랑의 마음으로 아이들을 대하라고 강조하기 때문이다. 교육자 정신이니 사랑의 마음이니

하는 것도 다 아이들 자존감 기르기임을 알게 되었다.

머리 쓰다듬어 주기

하교 시간이 되면 교문 앞이 붐빈다. 각 반에서 나온 아이들이 운동장에 모여서 줄을 섰다가 담임교사의 인솔 하에 교문을 나서기 위함이다. 하루의 일과를 마치고 담임교사와 마지막 작별을 하는 시간이다. 교사들 중에는 줄을 서서 나가는 아이들 머리를 일일이 쓰다듬어 주는 이도 있다. 아이들에게 위안과 편안을 주기 위한 마무리 교감인 것이다.

사실은 교실생활에서 수시로 아이들에게 칭찬과 위안의 수단으로 머리를 쓰다듬어 주는 것인데 집에 갈 때 융단폭격으로 한다는 것은 안 하는 것보다는 나을지 몰라도 그렇게 영혼 있는 행위로 보이지는 않았다. 진정한 것이라면 형식이야 어떻든 상관없을 것이다.

아이들이 교사에게서 보살핌을 받는다는 느낌을 가진다는 것은 매우 중요한 일이다. 솔직히 아이들은 하루 종일 교실에서 단체생활에 시달리고 교사에게서 개별적이든 집단적이든 꾸지람만 듣고 집에 돌아가는 것일 수도 있는 날이 있기 마련이다. 평온한 날도 있지만 매일 교사들은 아이들과 전쟁 같은 대결 구도로 버티다가 아이들을 집으로 돌려보내는 때도 흔하다. 즐거움으로 가득 찬 교실이면 너무나 좋겠지만 그렇지 못한 날도 흔하다. 아마 이런 날의 서로의 우울을 해소하기 위해서 나온 방법이 하교지도 할 때 머리 쓰다듬어 주기가 아니었을까 싶다.

소속감과 인정감 갖게 하기

자존감이 존재감이고 존재감에 상처를 입을 때가 어느 상황에서 어느 누구에게 인정을 받지 못할 때이다. 아이들은 미성년자이고 성년이 되지 못했다고 하는 것은 아직 독립된 존재로서 미숙하다는 의미일 것이다. 그러므로 아이들은 보호자가 필요하며 집에서는 가정이라는 온실에서 자라며 학교서는 교실이라는 작은 사회에서 살며 자란다. 독립된 존재가 못 된다는 것은 아직 혼자서는 아무것도 할 수 없으며 반드시 어디에 소속되거나 누구의 보호를 받아야 한다는 의미도 있다. 아이들은 전적으로 혼자 있기를 거부하고 싫어하며 심지어 혼자 있으면 두렵거나 공포감까지 느낀다. 그러나 실제적으로는 혼자서 공부하고 혼자서 모든 것을 처리하는 때가 많다. 독립된 존재로서 혼자서 살지만 혼자서는 살 수 없는 것이 어린이고 새들의 새끼가 둥지에서 자라듯 자기가 속한 둥지가 있어야만 하는 것이다.

어린이의 둥지는 소속감과 보살핌이다. 끝없이 보살핌을 받아야 한다. 그 보살핌이 인정해 주는 것이다. 그 인정의 중심 주체는 부모이긴 하겠지만 교사와 또래 집단의 관계도 무시할 수 없다. 특히 또래 친구와의 관계가 학교생활에서는 매우 중요한 위치에 있다고 할 수 있다. 아이들 입장에서 볼 때 부모와 학교라는 자연적 운명체를 빼고는 가장 오랜 시간 어울리고 부대끼면서 자라는 곳이 또래 친구들 속이다. 아이들은 아이들 속에서 자라고 크는 것이 원칙이다. 또래 친구들과 신나게 어울려 놀거나 공부하는 아이들은 별문제가 없다. 또래 집단에 어울리지 못하고 겉도는 아이가 있기 마련이다. 교사의 시선은 그런 아이에게서 떠나 있어서는 아니 되며 항상 대책과 고민이 있어야 할 것이다.

제4장

자존감 수업

자존감 수업

아이들의 학령기는 지식을 배운다는 의미의 시기이기도 하지만 동시에 신체적으로 성장기이기도 하다. 인지적 능력은 신체적 성장과 함께 성장한다고 할 수 없다. 그러나 인간의 심리는 신체적 성장과 함께 발달하지 않으면 아주 부조화적인 성격 형성의 모습으로 남들에게 비칠 수 있다. 발달 연령에 따른 심리의 발달 즉 성장의 시기에 맞는 감정의 주입이 요청되는 것이다. 대부분의 감정들은 거의 본능적으로 작용하지만 의도적으로 노력하고 애를 써야만 발달하는 후천성의 감정들도 많다. 자존감은 후천성 감정의 표본이라고 했다.

아이들의 학령기는 학교생활이고 학교생활의 대부분은 수업시간이다. 자존감 키우기의 시간표나 프로그램이 따로 있는 것은 아니고 또 자존감이 학교에서 길러지는 것만은 아니다. 하지만 수업을 위시한 학교생활 전반에 걸쳐 의도적이고 계획적으로 자존감을 키워주지 않으면 자존감이라는 심리 발달에 지장을 초래할 것이라고 보는 것이다. 자존감 형성에서 가정이나 부모가 가장 많이 영향을 준다고 하지만 그렇지 못한 아이들도 많다. 학교에서 교사의 자존감 수업으로 큰 성과를 거둘 아이들도 많을 것이다.

명상의 시간

감정은 생각을 낳고 생각은 행동을 이끈다. 날뛰는 감정과 행동을 통제하고 조절하는 기능이 생각이다. 생각의 주 무대는 뇌의 활동이며 두뇌는 신체의 일부로 이완 수축하는 근육과 마찬가지로 활동하며 휴식도 필요하다. 신체의 건강을 지키는 절대적 휴식은 잠이라 할 수 있을 것이다. 뇌의 생리적 휴식은 잠이지만 생각하는 두뇌는 정신이라 하고 활동하는 정신은 명상을 필요로 한다. 그러므로 명상은 활동하는 정신의 잠이라 할 수 있다. 정신건강을 도야하는 방법의 으뜸이 명상이라 할 수 있고 그것은 곧 건전한 정신을 갖는 것이다. 건전한 정신을 유지하기 위해서 생각하는 힘 즉 사고력에 휴식이 필요하며 그 방법이 명상이다. 또한 정신수련이나 정신휴양을 위하여 명상하기도 한다.

인간은 원천적으로 불안한 존재다. 불안한 마음을 다스리기 위해서 절대자에게 마음을 의탁한다. 그것이 종교다. 종교의 믿음도 명상의 방법으로 단련한다. 기도하거나 불공을 드리거나 정화수를 떠다 놓고 비는 것도 명상의 일종이다. 주로 교리의 주입이나 내면화를 위하여 명상을 필요불가결의 요소로 하여 생활화하고 일상의 신념으로 의식화한다.

학교나 단체훈련기관에서 애국심 등 정신교육이 필요할 때 명상을 통하여 자각심을 고취한다. 민족의 영웅이나 선열들의 업적을 기리면서 외경심과 동일시를 통하여 스스로 정신이 빠져들도록 한다. 간혹 아이들의 충천된 감정 침잠을 위하여 명상이 필요할 때도 있다.

인간 활동의 재충전을 위하여 잠을 자야 하듯이 두뇌활동의 재충전을 위해서는 생각의 휴식이 필요하다. 연속으로 생각하고 깊이 몰두만 한다면 그만큼 정신건강에는 적신호가 될 수 있다. 굳이 명상이 아니더라도 멍때리는 시간이라도 필요한 것이 두뇌활동이다.

문제는 명상의 방법에 대한 고찰이 필요하다는 점이다. 대부분의 단체나 기관에서는 명상을 세뇌나 의식화에 활용한다. 종교에서는 교리를 주입하고 학교나 국가기관에서는 애국심을 고취하기 위해서, 특정 단체나 국가에서는 이념이나 사상을 세뇌하기 위해서 명상을 한다.

아니 될 일이다. 명상 때는 모름지기 무념무상 해야 한다. 머리의 휴식을 위해서 하는 것이 명상이니만큼 어떠한 영상을 보거나 상상을 한다면 그것은 명상이 아닌 것이 된다. 사이비 종교의 교리나 불건전 사상이나 이념이 명상으로 인하여 내재된다면 그만큼 한 인간의 인성이나 자존감에는 치명적일 수밖에 없다.

자기 주도 인생의 길

품행방정

'품행방정 학업우수'는 왕년의 어느 시절 초등학교 우등상장에 기록된 문구다. 우등상장은 학업성적을 우선으로 상을 주는 것으로 되어 있다. 문맥상으로 보면 품행이 학업성적보다 더 먼저임이 드러난다. 그러했다. 모든 분야에서 뛰어난 인물이거나 명사들도 혹은 일반 사람들도 그 사람의 품행이나 행실을 먼저 보고 그 사람의 인격을 판단하는 경향이 있었다.

인격 면에서는 지금도 그럴 것이나 품행이나 바른 행실의 기준이 달라졌을 뿐이라고 보고 또 인격이라는 말 자체가 별 의미를 갖지 못하는 시대가 되었다. 품행의 우선이 왕년의 우등상장 문구상에만 있었지 생활기록부에는 왕년이나 지금이나 학습의 성취도가 항상 우선이고 또 성적이 학교생활의 기준점이 되고 있다. 그러나 짧은 학창시절을 마치면 긴 일생 동안은 그 사람의 행동 품성이 더 큰 영향력을 미친다고 할 수 있다. 그런 면에서 어린 시절은 공부보다 행동의 성향이 중요함을 일깨우고 있다.

행동의 성향은 내면화된 감정과 동화되어 성격이 되고 그것은 수많은 사람과의 관계의 복합체인 사회생활에서 인성으로 표출된다. '세 살 버릇 여든까지 간다'는 속담은 어릴 때 형성된 인성은 좀처럼 바뀌기 어렵고 그만큼 일생을 지배한다는 말도 된다.

이처럼 중요한 인성을 학교에서는 가르치거나 교육과정 속에 넣고 있지 않다. 들어 있어도 각 교과목 속에 은연중 들어 있을 것이다.

그러고는 평가만 한다. 책임감, 협동성, 준법성, 근면성, 자주성 등 몇 가지 항목으로 나누어 평가한다. 왕년에는 정직성, 명랑성 등도 들어 있었고 요즘은 배려니 나눔, 관계 지향성 등도 있다. 시대에 따라 항목의 용어만 달라졌을 뿐이지 근본적 행동의 평가는 같다고 할 수 있다. 학교도 교실 안도 또래 집단의 작은 사회라고 하는 관점에서 교사는 끊임없이 아이들의 개별적 성향에 대해서 관찰하고 보살피고 때로는 적절한 지도를 요한다. 적절한 지도라는 면에서 교사의 능력을 장담 못 하는 것이 현 실정이다. 그리고 개별 인성에 관한 지도나 보살핌은 거의 불가능하다.

시대에 따라 평가 항목이 달라진다는 것은 인생이라는 삶이나 생활은 한결같지만 시대에 따라 사회 환경이나 세상 추이가 달라짐을 의미한다. 변화의 요인은 과학의 발전이나 생각의 흐름이 주를 이룬다. 그리고 그 변화가 매우 빠르다. '변덕이 죽 끓듯 한다'는 말이 맞을 정도다. 이럴 때 필요한 행동의 지향점은 적응성이다. 빠른 변화에 빨리 대처하는 능력이 적응성일 것이다. 순간적 기지도 필요하지만 상황이나 환경적 변화에 빨리 적응함으로써 문제를 해결하고 극복하는 것이다. 변화에 적응할 때 명심해야 할 사항이 중심 잡는 감정이다. 이 중심 잡는 감정이 자존감이다. 자존감에 뿌리를 두고 있는 상태에서는 바람에 흔들리거나 파도에 떠밀려도 언제든지 제자리로 돌아올 수 있는 감정의 꼬투리가 있다.

예를 들면 두 아이가 싸우거나 감정의 갈등이 있을 때 교사는 어떻게 하든 화해를 시켜야 한다. 이때 시시비비를 가리거나 옳고 그름을 따져서는 안 될 것이다. 물론 꾸지람은 절대 금물일 수밖에 없다. 아이들은 교사의 충고로 사과하고 싶지만 자존심이나 감정의 상처로 선뜻 용기가 나지 않는다. 아이들 입장에서 빨리 사과나 화해를 해야 한다고 생각하는 것이 적응성이다. 교사의 역할은 화해의 중재자로 싸움이나 갈등의 감정이 시시하고 쪼잔함을 일깨워 주는 것이다. 그러기 위해서는 각자 두 아이의 자존감을 최대한 살리는 것이다. 그 방법이 두 아이의 장점을 있는 대로 찾아내어 칭찬을 실컷 해주는 일이다. 칭찬 앞에 장사 없고 고래가 춤추듯이 아이들은 금방 무너지고 '이따위 화해쯤이야' 하면서 금방 악화된 감정을 추스르고 평온한 마음으로 평정심을 찾아간다.

또 하나는 왕년의 아이들은 학교 청소를 노예처럼 많이 했다. 이때 가장 자존감 상하게 하는 일은 청소 다 하고 검사받고 집에 가라는 말이었다. 청소하고 집에 가면 될 일을 굳이 검사를 받아야 하는 발상은 어디서 나온 것인지 알 수가 없었다. 그런 식이면 행동평가 항목에서 책임감이나 근면성이 필요하지 않을 것이다.

다음으로 교실 생활에서 아이들의 질서와 평온을 위해서는 몇몇 아이들에게 꾸지람은 필수다. 이때도 집에 돌아갈 때 아이들의 자존감을 살리는 방향으로 여러 가지 제스쳐가 필수적이다. 결국은 학급이라는 공공을 위해서 어쩔 수 없었다는 것을 일러주고 그 아이들의 장점을 이야기하고 용기를 북돋아 준다. 그러면서 관계와 인연의 소중함을 일깨워 주고 우리 학급의 자랑스러운 일원임에 긍지를 느끼도록 마음을 달래어 준다.

그 외에도 품행방정에 관한 경우의 수가 수없이 많을 것이다. 모든 것을 일관되고 완벽하게 할 수는 없겠지만 최대한 아이들의 자존 감을 염두에 두고 교육을 한다면 최소한의 기본은 무난할 것이라고 주장하는 것이다. 칭찬을 발견하고 자신감과 존재감을 인정해 준다면 그 아이의 일생에서 그것만큼 가장 기억에 남는 큰 선물은 없을 것이라고 확신하는 바이다.

진로교육

어린이는 나라의 일꾼이라고 한다. 어린이는 필연적으로 어른이 될 것이며 어른이 되어서는 직업을 갖게 되고 어떤 일을 하느냐에 따라 직업이 정해진다. 그러므로 어린이는 장래 나라의 일꾼이다. 학교교육의 목적도 결국은 아이들이 어른이 되었을 때 가능한 적성에 맞는 직업을 가지는 데 도움을 주고자 하는 데 있다. 진로지도 교육의 목적은 아이들이 진로나 직업을 선택하는 것은 아니고 훗날 어른이 되었을 때 어떤 일을 하며 살 것인가 하고 한번 생각해 보고 대충 직업의 종류를 탐색해 보는 과정이다.

예능이나 특기 직업의 몇몇은 어릴 때부터 정해서 단련이나 수련을 하기 위해서 정해지는 경우가 있으나 대부분의 어린이는 직업을 미리 정할 수도 없고 또 정해서도 안 된다. 왜냐하면 세상이나 시대는 강물과 같이 흐르고 변하기 때문에 직업의 선호도도 달라지고 직업의 종류도 다양해지며 변한다. 그러므로 미리 그 직업의 적성에 맞춘다는 것은 거의 불가능하다. 또한 미래를 대비해서 학교도 다니고 공부도 하지만 그렇다고 마구 어른이 되었을 때의 준비 기간만은 아니고 어린 시절도 인생의 한 여정으로 어린이답게 즐겁고 행복하게 살 권리가 있는 것이다.

진로교육에서 자존감 수업과 관련하여 생각해 볼 일은 직업의 귀천에 관한 것이다. 분명히 직업에는 귀하고 천함이 없다고 배운다. 그리고 그것은 맞는 말이며 진리다. 그렇다고 옳은 말이나 진리대로만 살 수 없는 것이 우리네 인생이다. 세상에는 귀하고 천한 직업이 있는 것 같으니까 말이다. 직업에도 귀천이 없고 사람의 인격에도 귀천이 없는 것이 당연지사라면 세상살이가 똑같이 공평해야 하는데 왜 이리 세상은 불공평하고 천차만별로 차등이 심하고 구별이 심할까. 진로교육의 목적도 아이들이 세상살이를 둘러보면서 세상을 보는 눈을 한층 더 성숙하게 하는 데도 의미를 두고 있을 것이다.

사람이 직업을 갖는 것은 그 직업의 일을 하여 소득을 올리기 위함이다. 인생이라는 시간에 직업이라는 일을 하지만 소득 격차는 어쩔 수가 없다. 사람은 단지 직업을 가지려고 일하는 것이 아니라 소득을 얻기 위해서 일하며 직업을 가진다. 그러니까 직업에 귀천은 없지만 소득 격차는 분명히 있다. 소득 격차는 어디서 오는가? 저마다 하는 일에서 얻는 재화의 가치가 다르기 때문이다. 사람들은 직업을 통하여 가치가 다른 재화를 창출하는 셈이다.

직업에는 귀천은 없지만 능력의 차이는 분명히 있다. 능력에 차이를 두기 위해서 인간사회는 무한대의 생존경쟁을 한다. 생존경쟁에서 이기는 것이 직업의 차이이고 소득의 차이이다. 인간은 자존을 위하여 직업을 갖고 소득을 얻으며 그것은 곧 생존경쟁이다.

경제교육

학령기의 아동들이나 학생들에게 경제교육은 너무나 미미하다. 분명히 경제 주체로서 소비자인데 소비자로서의 경제학이 절실한 시대가 되었다. 경제 교육을 등한시하고 있다는 것은 어린이나 미성년 시절부터 너무 이문에 밝거나 물질을 탐하면 양반이나 선비가 되는데 결격 요인이 될 것이라는 과거 전통사상인 선비사상에서 비롯된 것이라고 본다. 초등학교에서는 수학에서 이자 계산법이나 왕년의 국민저축 시절에 저축의 필요성 정도가 경제교육의 전부라고 해도 과언이 아닐 것이다.

경제에서 소비라고 하는 것은 돈을 쓰는 일인데 그것은 물건을 사는 일이다. 시장에서 물건 사는 일이 얼마나 어려운 일인가는 어른이 되어 직접 경험해 보지 않은 사람은 잘 모른다. 백화점 같은 데서 정찰제로 가격표가 있다고 해서 소비가 쉬운 것은 아니다. 문구류를 산다든지 학비를 내든지 하면서 어릴 때부터 돈을 써보지 않은 사람은 없을 것이다. 대체로 일방적인 소비의 형식이었다. 그것은 경제가 아닌 것이다. 물건을 사면 파는 사람이 있기 마련이고 그것은 거래로 이루어진다. 거래가 되려면 매매자 사이에 흥정이 있어야 한다. 이 흥정이야말로 진정한 경제라고 보고 흥정하는 법을 가르쳐야한다.

과거의 물물교환 시대나 전근대까지만 해도 물건을 파는 사람이 사는 사람이고 사는 사람이 파는 사람이어서 매수자와 매입자의 뚜렷한 구별이 없었다. 그러니까 상인이라는 전문 꾼이 없었다는 말이다. 돈을 많이 벌겠다는 것보다는 생계를 위한 보부상 정도가 과거의 상인으로서 역사에 기록되고 있는 정도다. 그런데 현대사회는 3차산업의 상업 시대로서, 물건을 파는 사람들은 너무나 전문화 혹은 조직화 되어 있고 그 규모 또한 너무나 거대하다. 거대한 규모의 끝자락이 시장이다. 시장에서 작고 값싸며 하찮은 물건을 하나 사도 그 물건의 연원을 거슬러 올라가 보면 거대한 산업과 연결되어 있다.

산업적으로 생산된 공업제품의 판매는 각 공정의 이윤을 책임져야 하기에 그 가격을 흥정하기란 쉽지 않다. 물론 공업제품도 상인들 사이에서는 대단한 흥정이 이루어지는 시장이 있기는 하고 물건에 따라 소비자와 치열하게 흥정으로 거래가 성사되는 시장이 많다면 많기도 하다. 하지만 대부분의 일반 소비자에게 해당하는 이야기는 아니다. 그러므로 시장에서 공업제품은 흥정으로 가격이 형성되지 않고 소비자들은 일방적 형태로 소비하며 거래가 성립된다.

맹모삼천에서는 아이들을 시장에서 멀리해서 키워야 바른 교육이라 했다. 그것이 전통사상이 되어 아직도 아이들을 시장에 데려가면 교육상 좋지 않다는 풍토가 있는 것도 사실이다. 역시 아직도 시장의 풍경이 그렇게 녹록하지 않은 것도 사실이지만 그러나 맹모삼천이 현시대에는 전연 맞지 않음을 주장한다. 전통시장이나 오일장에서 활발히 이루어지고 있는 흥정의 풍경은 현시대의 아이들에게는 배워야 할 덕목 중의 하나라고 강조하고 싶다.

아이들이 접근해서도 안 되고 근접하기도 어려운 시장도 있지만 현시대는 시장이 거리이고 시장이 사회이며 세상인 것이 보통이다. 아이들을 사회에 적응시키는 가장 좋은 방법이 시장 구경을 시키는 것일 것이다. 그리고 물건 사는 법과 흥정하는 법을 교실에서 구체적으로 가르칠 필요가 있다. 다양한 지식 중에서 가장 실용적인 지식이 될 것이다.

우리 기성세대들은 그 어려운 보릿고개의 어린 시절을 지나오면서 비참한 일상을 보내면서도 시장에서의 흥정이나 인간관계에서의 흥정이나 거래든 어떻든 흥정은 바른 신사도가 아님을 배웠다. 세상에 나가면 고고한 학의 정신이나 지조, 절개 같은 것만 열심히 배웠다. 꼭 배운 대로 하는 것은 아니겠지만 아무튼 일생을 사는 동안 흥정이나 거래가 서툴러서 낭패를 보거나 애를 먹는 경우가 허다한 것이다. 과거 학령기에 진짜 실용적인 경제교육을 받지 못한 탓도 있을 것이다. 흥정이나 거래를 통한 시장원리의 적용과 실천은 아동들의 자존감 형성에 상당한 도움이 될 것이라고 확신하는 것이다.

필통을 없애라

원래 필통은 연필을 담는 통에서 유래한 말이지만 요새는 초등학교 아이들이 학교에 가지고 다니는 필수품으로서의 통으로 변질된 것 같다. '필통을 없애라'는 영국의 어느 초등학교 교장이 내린 생활 지도의 한 방침이었다. 이유는 가정환경에서 오는 빈부의 격차를 없애기 위함이었다. 선진국의 초등학교 교실에서는 아이들의 개별 면면을 볼 때 빈부의 격차가 별로 나타나지 않을 것 같은데 현시대의 첨단 산업인 상술이 교묘히 필통을 따라 들어와 아이들의 마음에 굴곡을 심어 놓은 것이다. 이런 교육방침이 성과를 거두어 소문이 나서 차츰 전국으로 번져 나가고 있다고 한다. 필통의 차별화를 통해서 구매 욕구를 자극한 단순 상술이었겠지만, 그 상술이 교실의 아동들에게는 가정경제의 차이로 부각되어 아동심리에 상처를 주리라고는 상술의 당사자들도 전연 인식을 못 했을 것이다. 바깥세상이라면 필통의 차별화 정도 가지고는 전연 문제 될 것이 없겠으나 교실이라는 특수성 때문에 필통의 가격 차이 정도도 아이들에게는 인간 차별 정도로 큰 충격으로 다가오는 모양이다.

인간의 기본욕구는 의식주 해결이다. 의식주 해결을 생계라고 한다. 인간은 생계가 해결되고 나면 무언가 자기 존재에 대한 과시욕이 생긴다. 모든 동물에는, 하찮은 곤충까지도, 주로 종족 번식을 위한 것이겠지만 아무튼 과시 본능이 있다. 인간들에게도 어쩌면 저 깊은 곳에 숨어 있는 동물성의 과시 본능이 기회만 되면 튀어나오는 것인지도 모른다.

학교 교실도 또래들의 작은 사회다. 생각이 다르고 개성을 지닌 어린이들의 집단이다. 자동차 시대에 어른들이 자동차로 차별화해서 남과 다름을 과시하듯이 교실의 아이들은 필통으로 차별화하고 자기의 존재를 과시했던 것 같다. 아이들은 은연중 필통으로 서로 과시 경쟁을 하고 자기 존재에 대한 자존심 경쟁을 하고 있었던 것이다.

우리나라에서도 지역에 따라 다르긴 해도 대체로 옷차림이나 심지어 아파트 평수로 또래들이 서로 차별화하고 어울림을 따로 하는 경향이 있다는 말은 있었다. 그렇긴 해도 빈부의 차이로 인해 학교나 교실생활에서 심리적 상처나 갈등을 느껴서 문제가 되는 경우가 별로 없는 것이 보통이다. 왜냐하면 이미 학교 차별과 지역 차별이 있는 이후의 학교생활이니까 그 지역의 학교는 거의 같은 생활 수준의 가정환경이기 때문에 그럴 것이라고 보는 것이다. 또래들의 교우관계나 서로 간의 친화력에 관해서는 그들의 사회이고 집단이기에 자유의사에 따라 생각하고 마음껏 행동하게 그냥 놓아두는 것이 바람직한 처사라고 본다.

아무리 그래도 필통으로 차별화를 느끼고 열등감을 가지듯이 또래 집단도 사회인 만큼 빈부의 차별이 없을 수 없고 또 어느 부문에서인지는 몰라도 심리적 상처를 받는 아이가 있기 마련이다. 요즘은 옛날의 도시락 시절과 달리 아이들의 차림 등 외부적 환경으로 교실에서 차별을 느끼고 열등의식을 갖는 아이는 별로 없을 것이다. 그런 차별의식을 느끼지 못하면서 학교생활을 하게 하는 것도 교사의 한 책임이며 명심해야 할 일일 것이다.

아이들이 빈부의 격차로 인한 심리적 흔들림을 치유하는 방안으로 다음과 같은 몇 가지 방안을 생각해 볼 수 있다. 물론 초등학교 고학년에 해당될 것이다.

첫째, 나의 노력으로 절대 불가능한 것에 얽매이지 않는다는 생각하기.

사람이 이 세상에 태어나면서 의지와 상관없이 정해지는 운명이 있다. 나의 부모, 민족, 나라, 심지어 태어나는 지역까지. 어린이들로서는 부모들의 빈부도 자신이 어떻게 할 수 없고 선택할 수 없는 운명에 속한다. 나의 힘이나 노력으로 안 되는 것에 얽매이는 것만큼 어리석은 일이 없다. 이들 운명이 나의 일생의 운명은 절대 아닌 것이다. 모든 것은 극복할 수 있다는 신념을 갖게 한다. 학교를 다니면서 공부하는 목적도 이들 상대적인 운명쯤이야 문제없이 바꿀 수 있다는 신념을 갖게 한다.

둘째, 대범해지기.

아이들의 정신연령이 성장발달단계에 따라 발달한다고는 하지만 꼭 그렇지만은 않다고 본다. 생각 수준도 자존감처럼 가르쳐야만 알게 되고 높아질 수 있다. 무엇이 중요하고 어떻게 생각해야만 하는 것인지 등의 것도 경우에 따라 구체적으로 가르칠 필요가 있다. 필통은 필통일 뿐이고 그 용도가 중요하지 모양이나 값은 중요하지 않음을 일러준다. 가치 있는 것과 가치 없는 것, 큰 생각과 작은 생각 등 모든 것을 다 가르쳐 줄 수는 없지만 발달단계에 맞는 정도는 즉시 가르쳐줌으로써 생각이 대범해질 것이다.

셋째, 합리적 사고 기르기

아이들이 자라면서 사고도 발달하지만 주변 환경의 영향도 많이 받는다. 마음이 여려서 작은 것에도 쉽게 감동하고 쉽게 흔들린다. 인간의 본성인 정에 약해 생각이 모질지 못한 것이 보통이다. 냉정한 이성보다는 감성이 먼저 들어와 자리를 잡기 때문이다. 삼단 논법 등 논리적 사고를 가르쳐 합리적 사고를 하게 하는 것이다. 합리적 사고야말로 감정의 중심을 잡고 자기를 지킬 수 있는 자존감의 가장 원초적 자산일 것이다. 인간의 삶의 등불인 희망의 끈을 부자로 살 것이라는 합리적 사고로 연결하다 보면 자신이 처한 입장과 나아갈 길이 보이고 걸어가는 발걸음에는 활력이 넘칠 것이다.

▌왕따 문제

이 글의 논제는 처음부터 끝까지 줄기차게 자존감으로 귀결된다. 왕따 문제와 자존감과의 관계는 너무나 밀접할 것이라고 본다. 자존감을 주제로 다룬 소이도 어쩌면 거대한 왕따 문제에 작은 도움이라도 되었으면 해서인지 모른다. 그만큼 왕따 문제는 훈화나 몇 시간의 수업으로 해결되는 문제가 아니고 가정에서의 부모들이나 당사자인 자라나는 청소년들에게는 넘어야 할 커다란 벽이며 파도다. 아무리 높은 벽이라도 학교에서는 가정과 연계하여 뿌리를 뽑지 않으면 안 되는 절실한 문제다. 한 어린이나 학생이라도 그 벽을 넘지 못하고 파도에 휩쓸린다면 그것은 실패한 학교이며 교육이다. 그러므로 왕따 문제는 청소년 일개인의 문제라도 그 사회의 문제가 되며 거국적으로 해결해야 할 난제에 속한다.

인간은 사회적 동물이며 동시에 독립된 존재다. 이 사회적인 것과 독립이라는 두 개념의 관계가 원만하지 않을 때 생기는 갈등이 빚어내는 어떤 상황이 따돌림일 것이다.

독립된 존재로서 일대일의 관계에는 왕따라는 것이 없다. 사회라고 하는 집단 간의 관계는 큰 사회적 이슈가 되기도 하고 또는 종족이나 민족 간의 관계로서 인류의 역사가 되어 수천 년 전부터 있어왔다. 문제는 개인과 집단과의 관계에서 생긴다. 그 원인은 인간의 감정만큼 복잡다단하다. 여기서는 학교를 둘러싼 청소년들의 문제를 고찰해 보고자 한다.

● 텃세

따스한 봄날에 한 무리의 병아리 떼가 마당에서 논다. 여기에 다른데서 가져온 똑같은 모양의 병아리 한 마리를 섞어 놓아두면 어떻게 될까? 사람 눈에는 잘 구별이 안 되는 그 병아리를 본래 있던 병아리들이 귀신같이 알아보고 마구 쪼아댄다. 병아리들이 텃세를 부리는 것이다. 그들 집단에 받아주지 않겠다는 강력한 신호인 것이다.

이처럼 대부분의 동물들은 텃세한다. 텃세의 본래 의미는 자리다툼이지만 그보다는 한 집단의 일원으로 받아 주느냐 받아 주지 않느냐를 심사하는 의미가 더 강하다. 사회적 동물인 인간들의 텃세도 만만치 않다. 생존을 위한 본능으로 외부에서 들어오는 적의 침입을 막기 위해서 엄격하게 경계하는 마음에서 유래한 것이 텃세일 것이다. 이 텃세 심리는 원시인들보다 현대인들이 더 심하면 심했지 덜하지는 않을 것이다. 인간사회의 여러 메커니즘들이 이 텃세 심리에서 유래한다고 할 수 있을 것이다. 이익집단이 그 대표적인 예다.

텃세는 인간이 자기 생존이나 방어를 위해서 사용하는 아주 원초적이고 필수적인 심리이다. 텃세가 좋은 방향으로 작용하면 향토애라든지 어떤 집단의 소속감에 대한 자부심 같은 것으로 집단을 뭉치는 좋은 얼개가 된다. 하지만 텃세가 사회적 동물의 본성과 결탁하여 잘못 활용되면 왕따라는, 인간사회의 거대한 암 덩어리를 만드는 데 일조하는 세포 분자가 된다는 사실을 명심할 필요가 있다.

교실에서 교사는 아이들의 이 텃세 심리를 좋은 방향으로 유도하기 위해서는 반원들의 개별 심성 관찰에 더 집중할 필요가 있다. 새로 전학 온 아동의 적응 문제라든지 기존 아이들의 교우관계, 끼리끼리 어울림, 내성적이고 소극적이며 친화력이 부족한 아동 등을 세심히 관찰하여 어떤 누구도 소외되거나 따돌림을 당하는 친구가 있게 해서는 아니 될 것이다. 이것은 학교 내외를 불문하고 필요하며 절실한 과제다.

● 악마 근성의 표출

성악설에서 순자는 인간의 본성을 동물적 악마라 했다. 늑대가 드러낸 표독스런 이빨을 연상하면 동물의 악마 근성이 실감이 날 것이다. 인간이 본래 그 늑대 이빨 같은 심성으로 태어난다는 것이다. 태어나서는 어머니의 젖을 먹고 어머니의 눈길과 손길로부터 출발하여 인간 심성을 배우고 보호받고 적응하면서 자라기 때문에 점차 그 늑대의 이빨 근성이 퇴화되고 작아진다는 것이 성악설의 주요지다. 그래도 인간의 심성에는 악마적 본성이 남아 있어 사람마다 다르게 때로는 그 악마 근성이 활개를 치고 세상을 누빈다고 한다.

왕따 문제가 사회적 이슈로 등장할 때마다 공맹의 성선설보다는 성악설이 더 정설인 것처럼 느껴지기도 한다. 또한 인간의 본성이 얼마나 잔인하고 살벌한가에 대한 회한도 생긴다.

왕따나 따돌림, 일본인들의 이지메 등의 근본도 따지고 보면 야쿠자나 서양인들의 마피아 등의 잔인무도한 무리들과 같은 악마적 본성에서 출발한다. 정도의 차이는 있을지 몰라도 결국은 악마적 심성에서 저지른 죄악이라는 점에서는 같은 맥락이다. 그러므로 왕따나 따돌림은 어린 날의 단순한 장난이나 농지거리가 아니라 훗날의 잔인한 싹이 될 수 있기에 눈여겨보아야 한다. 인간의 탈을 쓴 깊은 곳에 숨어 있는 악마 근성의 싹눈일 수도 있다. 그러므로 여럿이 하나를 괴롭히는 일이 얼마나 나쁜 짓인가를 알게 해줄 필요가 있다.

● 속마음에 있는 악마 감정

어린 날 필자가 직접 체험한 내 안의 악마 감정을 소개할까 한다. 때는 바야흐로 1950년대 중반쯤이었을 것이다. 휴전이 끝나고 거지의 천국 시대였다. 하늘의 천국이 아니고 사방 천지에 거지들이 많아서 우글거린다는 뜻이다. 우리 동네는 도보 여행자의 이동 통로였기 때문에 거지를 포함한 제법 많은 사람들이 매일 지나다녔다. 지나가다가 때가 되면 끼니를 해결하기 위해서 집집을 방문하는 것이다. 밥 동냥하기 위해서였다. 그 시절에 가장 많이 쓰였던 말이 십시일반이었다. 십시일반은 불교 용어로 당시 뜨내기 중들이 집집마다 다니면서 주로 사용하였다. 열 사람의 보시로 한 사람을 구휼한다는 의미로 열 사람이 한 숟가락씩 덜어서 한 그릇을 채운다는 뜻이 더 직접적이다. 당시 보통 사람들 누구나가 가졌던 미덕의 정신이 십시일반이었다. 우리 민족의 5천 년 역사는 바로 이 십시일반의 역사라 해도 과언이 아닐 것이다. 흉년이 들면 바로 이 십시일반의 정신밖에 기댈 데가 없었다.

밥 동냥하는 사람을 거지라 한다면 거지의 부류가 여럿 있었다. 손잡이 있는 분유통의 헌 깡통을 밥그릇으로 하는 상거지와 아이들 거지, 문둥이들이 있었다. 문둥이들은 밥그릇의 깡통이 없으면 절대 밥을 주지 않았다. 옷이 누추하고 행색이 초라한 맨손의 거지들은 아래채 헛간에 밥을 차려주었다. 차림이 깨끗한 거지는 길가는 가객으로 간주하고 가족들 옆의 마루에 상을 차려주었다. 이 경우 모두 다 가족들의 식사 중이라야 가능했다.

그 외에 중들은 쌀이나 보리쌀의 직접 식량을 얻었고 상이용사들은 잔칫집에 찾아가서 행패를 부리면서 밥도 먹고 돈도 뜯어갔다. 상이용사들이 가는 집은 여유가 있었다. 설, 추석 전에는 순경들이 정복을 입고 곡식자루를 들고 다녔다. 나락과 보리를 거두기 위해서 다니는 것인데 이는 구한말의 아전들의 풍습에서 이어진 희미한 끈이었다.

초등학교 2학년쯤 어느 날 동네 앞마당에 있는 데 행색이 초라한 거지 아주머니가 작은 아이는 업고 큰 아이는 걸려서 밥을 동냥하러 왔다. 아무런 구걸 도구가 없는 것을 보면 동냥이라기보다는 끼니 해결을 위한 것이라고 하는 것이 맞을 것이다. 아주머니는 큰 아이를 마당에 혼자 남겨 놓고 골목 안으로 사라졌다. 바로 이때 내 안의 악마 감정이 발동하는 것이었다. 불쌍하고 안쓰럽게 여겨야 할 그 아이를 때리고 싶은 마음이라기보다 꼭 꼬집어 주고 싶은 나쁜 마음이 생기는 것이었다. 무언가 얄미운 심리가 생기는 것이었다. 앞에서 병아리의 텃세 같은 그런 마음이었다. 심상치 않은 내 마음을 읽었는지 금방 그 아주머니가 나와서는 그 애를 데리고 갔다. 그 이후로 그 기억이 잊히지 않았다. 그런 감정은 그때 단 한 번뿐이었다. 화가 나서 악감정이 생기는 것은 인지상정이지만 가만히 있는 그 아이에게 행색이 초라하고 우리 영역에 들어왔다는 그 이유만으로 해코지하고 싶은 마음이 왜 생겼는지 알 수가 없었다. 내 안의 저 깊은 곳에 있던 동물성의 악마 감정이 발동한 것일 것이다.

아이들이 자라면서 생기는 성장통일 수도 있다. 이 성장통의 왜곡된 현상이 왕따나 이지메일 것이다. 생계형 범죄 말고는 이 세상의 대부분의 범죄 심리들이 어릴 때 생기는 작은 악의 감정을 다스리지 못하고 신체 성장과 함께 잠재력을 키워온 탓도 있을 것이다.

교실의 아동들도 그런 성장통의 경험이 있고 또 경험하면서 자라게 될 것이다. 또래들과의 관계에서 경험했거나 느낀 것을 솔직하게 발표해 보고 서로 토론해 보는 장을 마련할 필요가 있다. 반에서 짝꿍이나 급우들과 사이좋게 지내기 위해서 어떤 마음가짐을 지녀야 하는지 서로 이야기해 보고 또 아이들에게는 알게 가르치는 것이 교사의 역할이다.

교실의 또래들도 작은 집단의 사회이니만큼 다양한 모습의 인간형이 존재한다. 자기 마음에 드는 친구, 그렇지 않은 친구 등 각양각색일 것이다. 서로 어울리고 배려하고 적응하기 위해서 자신이 어떤 노력이나 생각을 하고 있는지 되돌아볼 필요가 있을 것이다.

● 소문의 시장

교실도 작은 마을과 같이 가장 작은 집단의 인간사회이며 세상이기 때문에 온갖 일이 생기고 이야깃거리가 만들어진다. 그것은 소문이 되어 '발 없는 말이 천 리 간다'고 금방 사방으로 퍼진다. 그럴 경우 교실은 소문의 진원지이며 학교는 소문을 주고받고 퍼뜨리며 거래가 되는 소문의 시장이 되기도 한다. 사실 아이들이 학교생활에서 가장 두려워하는 것이 이 소문 시장에서 주인공이 되는 것이다. 좋은 일이든 싫은 일이든 남들의 입방아에 오르내리는 것을 매우 두려워하고 싫어하는 성향이 있다. 그것의 위력은 교사의 인정이나 칭찬, 부모의 영향보다 더 강하다고 할 수 있다. 다수라는 군중심리는 어떠한 지시나 규칙, 규정보다도 학습의 분위기나 학교생활을 관리하는 데 가장 큰 무기가 된다. 스스로 계율이나 질서가 지켜지는 염라대왕 같은 눈에 보이지 않는 커다란 힘으로 작용한다.

이상은 군중심리에 노출되는 개인의 선한 방향이고 이것의 역방향이 왕따 문제와 관련된다. 아이들이 학교에서의 활동을 위축시키고 소극적 성격이 되게 하는 가장 큰 원흉이 나쁜 소문에 대한 두려움이며 동시에 왕따를 당하지 않을까 하는 걱정이다. 여러 사람 앞에 나서거나 발표를 꺼리는 예가 대표적 사례다. 개별 활동을 지양하고 소단위 조직 활동을 통하여 함께 참여하게 하며 몇몇 소극적인 아이들은 강한 자존감으로 무장하게 한다.

● 오기의 발동

우리나라 고전 중의 하나인 흥부전에 놀부의 심술보가 나온다. 우리 몸의 구성요소인 오장육부를 육부라 해서 보통 사람들은 오장육부인데 놀부는 심술보가 하나 더 있어서 오장칠부라고 했다. 사실은 이 심술보가 보통 사람들도 다 있는 오기이다. 오기는 심기가 불편한 것인데 이것을 다른 사람과의 관계에서 드러내면 심술이 된다. 보통 사람들은 오기를 선한 방향으로 활용하여 약동의 힘이 되는 반면 심술은 오기의 나쁜 방향으로의 활용이다.

쓰레기를 오물이라 하는데 놀부의 심술은 바로 그 쓰레기 같은 오기의 심보다. 왕따도 그 쓰레기 같은 오기가 마구 판을 치는 심술이다. 심사가 아주 뒤틀려 냉정한 이성이나 따뜻한 인간성을 잃고 헤매다 대상이 걸리면 물고 늘어져 직성을 풀고자 하는 데서 오는 아주 나쁜 심보의 인간관계이다. 화가 잔뜩 치민 사람이 오기를 발동한다면 이해가 간다. 그러나 평상시의 마음에서 오기가 발동하는 사람들이 있는데 그것도 혼자서 한다면 놀부의 심보 정도로 별문제가 되지 않는다. 그래도 정상적인 사람의 심보는 아니다.

이 비정상적인 심보를 가진 사람들이 힘을 모아 누구 하나를 괴롭히면 왕따가 되는 것이다. 오기 발동의 양상이 바로 왕따의 여러 행태이다. 여럿이 놀리고 욕하고 괴롭히고 때리고 요즘에는 첨단 무기인 악플로 누구 하나를 완전히 파멸시킨다. 당하는 사람은 공포감으로 자존감이 완전히 파괴된다. 아이들이 성장기에 이 왕따의 늪에 빠지는 경험을 하게 해서는 절대 안 될 것이다. 교사의 치밀한 관심으로 왕따 없는 즐거운 교실이 되게 해야 할 것이다. 그러기 위해서는 교우관계 등의 세심한 관찰과 관심이 필요하다.

● 시기심과 질투심

청소년기의 가장 주된 사회악이 왕따이며 왕따의 가장 주된 심리가 시기심과 질투심이다. 시기심과 질투심은 인간의 타고난 본성이며 본능으로 다른 어떤 동물보다도 강하게 지닌 인간의 감정이다.

그렇다고 마구 휘두르고 발휘하라고 하는 외형적이고 적극적인 감정이 아니라 그야말로 인간의 마음속에 깊숙이 간직되어 있어 필요할 때 적당히 꺼내어 쓰면서 정신세계를 더 풍부히 하고 아름다운 인간세상을 만드는 데 이바지하라고 지닌 은근하고 소극적인 감정이다. 어쩌면 시기심이나 질투심이 없으면 목석이거나 신일지도 모른다.

자존감은 후천적 감정인데 반하여 시기심이나 질투심은 선천적이며 원초적 감정이다. 시기심과 질투심은 우주에서 떠돌다 태어나는 인간의 몸에 주입되어 자존의 첫 심부름꾼으로 활동을 개시한다. 그것이 모유를 먹으며 젖꼭지를 빠는 일이라고 한다. 태어나는 아기는 매우 불안한 광증의 상태에서 젖을 빠는데 그 과정에서 점차 안정되는 감정이 시기심이라고 한다. 모유의 공급이 부족하거나 목에 넘쳐 일정하지 않거나 원활하지 않을 때 불안한 아기의 광증은 시기심이라는 감정으로 자리 잡아 훗날 성격 형성의 뿌리가 된다는 것이다.

아기가 배고파 우는 것은 자존을 위한 외침이다. 모유를 먹어야 산다는 외침을 시기심으로 해결한다. 우리 성인들도 흔히들 경험한다. 배가 고프면 모르는 사이에 짜증이 나고 신경이 예민해진다. 생존의 호위병으로 시기심이 먼저 선발대로 발동함을 알 수 있다.

그러므로 시기심과 질투심이 먼저이며 자존감이라는 뼈대를 세워 놓고 그 하수인 역할을 한다. 자존감의 상층부에서 큰 갈래인 자존심의 주요 요소가 시기심, 질투심이다. 자존심이 상할 때 이 시기심, 질투심이 튀어나와 맹렬히 싸운다. 물론 이때는 자존감의 카리스마와 하층부의 열등감이 이성이라는 냉철한 인간의 감정을 적극적으로 파견하여 만류함으로 안정을 찾게 된다. 이 시기심, 질투심이 감정의 틀 상층부를 뚫고 나가면 인간의 감정이 아닌 동물의 감정이거나 악마가 된다. 그러니까 왕따의 인간심리는 시기심, 질투심의 과부하로 늑대의 이빨이거나 악마의 심장이 제격이다.

● 시기심과 질투심의 과부하가 왕따 심리

사람은 시기심과 질투심이 몹시 강한 존재다. 이들 감정은 자존의 파수꾼으로 역할을 하면서 인간 본성의 깊숙한 곳에 자리를 잡았다. 자라면서 이성의 강한 제어로 은근해지면서 속마음으로 굳어졌다. 또한 오감의 자극으로 가장 심한 내부갈등의 감정이 되었다.

시기심은 부러움보다 강한 감정으로 물질을 대상으로 하며 2인극이다. 예를 들면 친한 친구가 좋은 옷을 입었다든지 '사촌이 땅을 사면 배가 아프다'고 하는 것 등 경우가 많다. 질투심은 시기심보다 강한 심리로 어느 정도 정신의 성숙이 진행된 상태에서 질투할 구체적 대상에 대해 갖는 심리로 주로 정신적인 것이며 3각 관계에서 전형을 보인다.

대표적 질투심으로 예를 들면 친한 여자 친구가 내 친구와 친하게 지낼 때 갖는 감정으로, 삼각관계가 이루어지며 사랑이라는 정신적인 것이 개입된다. 이때 여자 친구에게 갖는 심리가 질투심이며 내 친구에게 느끼는 감정은 시기심이 된다. 이처럼 시기심, 질투심은 엄격한 의미에서 본바탕은 같다고 할 수 있다. 예를 들면 교실에서

한 아이가 선생님에게서 공부를 잘한다고 칭찬을 들었다면 부럽다거나 축하해 주는 아이들도 있겠지만 시기심을 가지는 친구도 있을 것이고 질투심을 느끼는 아이도 있을 것이다.

왕따 심리의 주된 요소가 이 시기심, 질투심으로 정상적 심리에서 벗어난 왜곡된 감정의 발산이라는 것이다. 왕따 심리에서는 시기심이 질투심보다 많이 작용한다고 할 수 있다. 시기심이 강하다는 것은 자기 안에 아무것도 없다는 것의 반증이다. 공부를 못하는 사람은 공부를 잘하는 우등생을 시기하고, 공부를 잘하는 사람은 공부보다 널널한 시간의 여유를 즐기는 것을 시기한다. 이처럼 시기심은 빈 깡통으로 끝도 없이 돌아간다. 그것은 미묘하게 사람의 정신과 무의식에 자리를 잡고 우리를 지배하고 통제한다.

시기심이 무서운 이유는 화해, 용서, 대화가 아니라 망가뜨리는 것, 해체하는 것, 사라지게 하는 것, 죽이는 것, 소멸시키는 것, 파괴하는 것이기 때문이다. 이런 이기심의 경험은 정도의 차이는 있어도 누구나 다 경험하는 일이라고 한다. 시기심은 모유를 먹는 젖꼭지에 의한 원초적 감정으로 이때 불안하게 착상된 감정일수록 파괴력이 크다고 한다. 저 뿌리에 있던 원시의 감정인 시기심이 청소년기에 다시 일어나 어른의 감정으로 제자리를 찾아가는 과정에 과부하가 걸려 잘못 활용되고 있는 상태가 왕따 심리인 것이다.

● 왕따 심리의 처방

왕따 심리는 텃세, 오기, 심술, 악마 근성 등 매우 복합적이지만 그중에서 가장 중심 되는 감정은 시기심, 질투심이다. 사람의 아주 원초적 감정이 시기심이니만큼 사람에게는 누구나 다 왕따 심리가 있다는 말이 된다. 시기심의 표출 정도가 왕따 심리의 기준이 될 것이다. 그러므로 태생에서부터 무의식의 상태에서 형성된 시기심을 의식화하여 냉정한 이성의 감정과 합리적 사고로 들뜨고 마구 헤집는 시기심을 정상적 사고의 중심이 되는 자존감 안으로 유인함으로써 왕따 심리의 처방을 가름할까 한다.

흔히들 사춘기라고 하는 청소년기는 무의식의 시기심이 왕따 심리의 본류라는 데 대한 인식이 부족하다. 그래서 왕따 심리가 사회악의 원흉이라는 것의 인식이 매우 부족하다. 시기심에 대한 실체를 받아들이고 수용한다면 시기심이라는 감정에 거리를 두는 능력이 생긴다. 그렇지 않으면 타인에게 투시되어 온갖 증오와 미움, 질투, 파괴와 저주, 한을 만들어 내는 괴물이 됨으로써 심리적 거지가 된다. 시기심의 본질은 빈 깡통의 두뇌와 사고다.

시기심이 많은 사람의 공통점은 인생의 목표가 없다는 것이다. 자기의 미래나 원하는 바의 목표가 뚜렷한 사람은 자존감의 확실한 카리스마로 시기심의 활성을 억제하게 된다. 시기심의 반대 심리는 감사이다. 감사란 이 세상에 태어나 사는 삶 자체가 좋고 뿌듯함을 말하며 자기를 극복하는 것이다. 자기를 극복한 사람만이 남을 비난하지 않는다.

● 열등감의 패배

왕따 심리의 주범이 시기심과 질투심이라고 했다. 여기에 또 하나 편승하는 심리가 있다. 열등감이다. 일반적으로 열등감은 시기심이나 질투심과 뿌리를 같이하고 있다고 알려져 있으나 실은 약해진 자존감의 줄기를 타고 반등을 시도하여 시기심에 편승한 것이다. 열등감이 곪아 터지면 우울증이 된다. 터지기 직전에 허물어진 자존심의 등을 밟고는 시기심, 질투심과 힘을 합하면 큰 힘의 왕따 심리가 된다. 오기가 발동하는 것이다.

자존심의 또 다른 이름은 경쟁심이며 이것의 주성분은 이기심과 질투심이다. 이들은 모두 자존감의 상층부에 있는 감정으로 자존심이 팍 내려앉아 버리면 본래 이들을 충동질했던 아래쪽의 열등감을 불러들여 큰 세력으로 규합해서는 감정 틀의 상층부를 뚫고 나간다. 원래 열등감은 자존감의 하위 부분으로 자존감 줄기와 규합하여 상층부의 틀을 뚫고 나가려는 감정들을 끌어내려 균형 잡힌 자존감이 되게 하는 감정이다. 그러므로 시기심, 질투심이 주범이 된 왕따 심리가 되었다는 것은 열등감 세력의 힘이 약해 패배했음을 의미한다.

사람 감정의 중심축은 자존감이다. 오감의 감각기관들을 통하여 입수된 정보를 바탕으로 모든 감정들은 자존감의 용광로 안에서 잘 녹여서 냉철한 이성의 지시를 받아서 행동하고 출동하여야 한다. 용광로 안에서 받은 정보를 녹여서 바른 감정으로 승화하는 방법이 사람마다 다 다르기 때문에 인간사회는 매우 다양하고 다이내믹해지는 것이다.

자존감의 줏대가 약해지면 오합지졸들의 감정들이 활개를 쳐서 어느 감정이 어느 방향으로 튀어 나갈지 예측할 수 없게 된다. 그러므로 적당한 열등의식은 자기발전의 큰 원동력이 되기도 하지만 어디까지나 열등감은 시기심이나 질투심과 뿌리를 같이 해서는 안 되고 자존감과의 줄기가 항상 맞닿아 있어야 마땅하다.

▌도벽성의 감정

　교실에서의 생활이 주업이 되는 직업을 선택하면서 학습법과 생활지도 방안을 나름대로 배우고 실천하는 과정에 부닥치는 복병이 몇 있는데 그중의 하나가 도벽성의 아이였다. 교사 준비단계에서 배우는 아동심리에는 도벽에 관한 것은 일언반구도 없었다. 그리고 그에 관한 대책이나 해결방안을 배우거나 생각해 본 일도 없었기 때문에 현장에서 처음 부닥쳤을 때는 매우 당황하고 난감했던 경험이 있었다.

　도벽이나 ADHD 같은 것도 '세 살 버릇 여든까지 간다'는 일종의 버릇이나 습관으로 보았고 그런 것들이 아동심리의 중대한 병적요소라는 인식이 전연 없었다. 그런 면에서 도벽성으로 인한 사건이 대체로 70년대까지 있었던 일이고 국민 소득의 증가와 함께 대부분 사라진 것을 보면 일종의 습관이나 버릇에서 비롯된 것이라고 봐도 무방할 것 같다. 그래도 세상에 여전히 도벽이 있는 것을 보면 정상에서 벗어난 잘못된 심리에서 자행되는 인간의 나쁜 감정임이 분명하다.

도벽의 감정을 인간의 감정으로 본다면 성악설이 발원지이고 생존의 극한 상황에서의 인간의 감정으로 슬쩍 편승하겠지만 아무래도 야생동물들의 본성에 가까운 감정일 것이다. 남의 물건을 훔친다는 것은 결핍의 욕구를 충족하기 위해서 하는 행위로 인간의 관계에서 의식하게 되는 부끄러움이나 자존감의 다른 이름인 체면이나 위신에 대한 감각이 부족하고 오직 자신의 욕구에만 집착하는 집착증이다. 유아기를 벗어나 자라면서 생기는 감정분리가 덜 되었거나 또 다른 정신적인 문제가 있기 때문일 것이다.

도벽의 성격을 감정의 틀에서 본다면 모유의 결핍에서 형성되었다고 보는 시기심에서 또 다른 변이를 일으킨 감정으로 상층부의 벽을 뚫고 나간 상태다. 보통 사람들은 틀의 천장에서 벽을 뚫지 못하고 돌아온다. 체면이나 자존심이 적극 만류하기 때문이다. 그것은 남의 물건이라는 인식과 남을 의식한 자존심이나 체면이 욕구충동을 최대한 억제하는 상태다.

도벽이 결핍이라는 욕구충동의 집착증이라고 볼 때 집착증으로 인하여 한계 감정선의 벽을 뚫게 되고 동시에 무의식의 행위가 된다. 본인도 모르는 무의식의 상태에서 하는 행위로 정신병적 심리의 상태라는 것이다. 그런 면에서 도벽의 성격은 결코 버릇이나 습관의 문제가 아니라는 것에 주목할 필요가 있다.

대책은 다음과 같다. 만약 교실 현장에서 도벽성의 감정에 몰입된 아동을 급우로 맞닥뜨리게 되면 절대로 당황할 필요가 없다. 교사보다도 아이들이 먼저 알고 교실 내에 이미 소문이 파다한 것이 일반적이다. 그렇지 않더라도 섣부른 방법이나 상투적 수법으로 범인 색출을 한다든지 해서는 절대 안 될 것이다. 왜냐하면 아이는 교사의 관찰로 충분히 색출이 가능하기 때문이다. 그렇더라도 교사는 절대 발설을 해서는 안 된다. 그리고 누가 실수로 저지른 일일 것이며 별것 아닌 것으로 하면서 반 아이들의 관심을 다른 데로 돌릴 필요가 있다.

그런 감정에 몰입된 아이는 시선이나 눈자위가 정상적으로 작동되지 않음이 판명된다. 심하게 자는 사람을 갑자기 깨울 때 잠시 볼 수 있는 비몽사몽간의 눈시울을 발견하게 될 것이다. 그 이유는 무의식의 상태에서 저지른 일로 당사자는 정신이 상당히 혼미한 상태였기 때문이다. 몽유병적 상태이거나 심한 경우는 조현병적 증세까지 감지가 가능한 것이 결핍, 충동, 집착증 아이들의 특징이다. 즉시 그리고 조용히 학부모와의 상담이 필수적이다.

이때 교사는 의사나 전문가가 아니기 때문에 심각하거나 심도 있는 상담을 해서는 안 될 것이다. 자라는 아이들에게 흔히 나타날 수 있는 행동으로 가볍게 상담을 하면서 병원의 의사에게 가 보라는 것은 적극적이고 단호하게 권유할 필요가 있다.

주의력 결핍 과잉 행동 장애(ADHD)

주의력이 산만한 것은 아이들의 고유 행동으로 그렇게 탓할 일이 못 된다고 일반적으로 알려져 있었다. 학습시간에 어떤 아이가 주의가 산만하다는 것은 주의력을 집중시키는 교사의 능력 부재로 보는 관행 때문에 해마다 담임 반의 가장 큰 관심사가 그런 아이의 재적 유무였다. 결코 공식적인 것은 아니지만 교사들 간에는 낙인명이 떠돌고 있었고 그 이름이 출석부에 있을 때는 그 해는 고난의 행군의 세월로 각오를 다짐하는 것이었다.

옛날부터 주의력 결핍 과잉 행동 장애는 오롯이 교사의 몫이었는데, '초학 훈장의 똥은 개도 안 먹는다'는 속담이 그냥 있는 말이 아닐 정도로 어려운 일이 많았다. 해방 반세기는 건국의 반세기이고 우리나라 교육의 반세기이다. 2천이라는 거대한 밀레니엄을 앞두고 어느 교사연수에서 전문가인 한 의사분이 아이들의 주의력 결핍 과잉 행동 장애를 치료하는 좋은 약을 소개했다. 그동안은 정신과적 약은 습관성이라는 후유증 때문에 감히 권할 수가 없었는데 그 약에는 습관성이라는 것이 없다는 것이었다.

밀레니엄을 넘어서면서 월드컵도 개최하고 우리나라 경제는 비약적으로 발전했다. 동시에 아이들에 대한 교육복지도 월등히 좋아졌다. 그중의 하나가 주의력 결핍 과잉 행동 장애 아동의 국가 관리였다. 주의력이 산만한 것이 단순한 버릇이나 잘못 형성된 습관이 아니라 정신병의 일종이라는 데 착안한 처사로 너무나 다행스러운 일이었다. 아이들의 주의력 결핍이나 과잉 행동 장애가 아이들이니까 마땅히 하는 버릇이나 습관이 아니라 병적 요인에 의한 것이라는 것을 발견하고 그 처방을 내리는 데 2천 년이 걸렸다는 것과 그로 인한 교사들의 고난의 과거를 생각하면 쓴웃음을 절로 짓게 된다.

숙제 내기

교사라는 직업으로 일생을 보낸 사람으로서 과거에 대한 보람보다도 회한에 잠기는 사람이 더 많을 것이다. 그중의 하나가 숙제 내기가 아닌가 한다. 숙제를 꼭 내라는 의무 규정은 어디에도 없다. 그런데도 끈질기게 숙제를 냈다. 그 이유는 아이들에게 공부를 시키기 위한 것이었다. 숙제가 공부를 시키는 방법의 하나라고 생각했다. 그 당시에도 분명히 기억하는데 이 순간에 숙제를 내지 않으면 교사로서 소임을 다하지 못하는 것이고 상급 기관에서 교사 자질을 논할 것 같고 학부모들 간에도 태만 교사로 소문이 날 것 같은 불안 때문에 아이들의 끈질긴 만류에도 불구하고 꾸역꾸역 숙제를 냈다.

참으로 어리석은 교사 노릇이었다. 앞의 세 가지에 대한 변명이나 확고한 신념, 또는 자존감 부족도 있었다. 그보다도 근본적인 이유는 공부를 열심히 하면 누구나 잘할 수 있고 공부를 잘해야 잘 살 수 있고 동시에 훌륭한 사람이 될 것이라는 신념 때문이었다.

여기서 논하고자 하는 것은 공부를 열심히 하면 과연 공부를 잘할 수 있느냐 하는 것이다. 잘할 수 있다고 대부분의 교사들은 그렇게 생각한다. 왜냐하면 교단에 설 정도의 교사들은 열심히 공부한 경험 덕분에 학력 수준이 상위그룹에 속하는 정도는 됐기 때문이다. 하지만 결론은 '아니다'이다. 숙제를 내도 공부를 열심히 하지 않기 때문이다. 열심히 하지 못하는 뇌의 구조나 정신적인 문제가 있다고 보는 것이다. 그러니 숙제는 이웃 동네 개 짖는 소리가 된다.

그러면 운동이라든지 다른 적성에 맞는 것은 어떤가? 그것도 성인이 되었을 때는 몰라도 현재 아동의 시기에는 잘되지 않음이 공부와 같은 연유로 인한 것이다. 아이들이 공부를 못하는 것은 병이 아니지만 공부나 운동 등 어떤 것도 하지 않으려 하는 것은 어쩌면 병인지도 모르니까 아동심리 전문 상담사나 전문 의사와의 상담이 필요할 것이라고 본다.

현시대는 이런 문제를 두고 여러 대안들이 실제로 많이 제시되고 또한 실행되고 있다고 보는데 그래도 인간의 교육은 일당백으로 참으로 힘들고 고달픈 길이다. 그렇다고 결코 포기할 수 없는, 영속적으로 뚜벅뚜벅 황소걸음으로 가야 할 길이다.

결손가정 아동의 마음 어루만지기

교실이라는 특수성의 집단도 가정이라는 기본 단위 소속의 아동들이 모인 사회이니만큼 다양한 가정환경의 모습이 드러난다. 아이들 개개인의 입장에서 보면 장래 어른이 되었을 때를 대비해서 미리 연습하는 사회생활이기도 하지만 성장 시기에 나름대로 꼭 거쳐야 하는 필수 과정의 사회생활이기도 하다. 교실이라는 특수성은 개인의 특성을 살리는 교육을 한다고 하지만 아무래도 집단을 위주로 하고 획일성에 바탕을 둘 수밖에 없다.

가정이라는 서로 다른 환경 속에서 자란 각기 다른 개별 심성과 획일성이라는 교실은 충돌이 불가피하다. 이 충돌이라는 면에서 적응문제가 생긴다. 그중에서 결손가정 아이의 마음을 간과할 수가 없다. 대부분은 잘 적응하지만 그렇지 못한 아동이 눈에 띄는 때가 있다. 확연히 눈에 들어온다. 속말로 풀이 죽었다고 하는 것인데 기가 처져 지내는 아이이다. 어린이다운 패기를 잃고 또래들과 잘 어울리지 못하며 겉돌고 만사에 흥미를 느끼지 못한다.

어머니 사랑의 결핍이다. 왕년에는 고아원 출신들이 주를 이루었다. 근년에는 부모들의 갈등에 의한 결손 가정이 점점 늘어나는 추세다. 어머니의 정이나 사랑은 누구에게나 영원한 것이지만 성장기의 아이들이나 청소년에게는 너무나 절실한 욕구이다.

이 욕구 충족은 다른 무엇으로도 대체할 수가 없다. 그렇다고 교사가 강 건너 불 보듯 한다면 교사로서 자격 미달이 된다. 교사의 역할이 미미하고 별 효과가 없을 수도 있겠지만 최선을 다하는 것이 교사의 의무다.

이때 초등학교 저학년일 경우는 여교사의 역할이 제격이다. 극미량일 수밖에 없지만 어머니의 정을 느끼게 하는 것이다. 그것으로

자기 주도 인생의 길

해결되는 것은 아니지만 정에 굶주린 어린이로서는 조금의 위안이 될 것이고 또 자기에게 관심 가져 주는 이 덕분에 존재감을 느끼며 학교에 오는 즐거움도 가질 것이다. 물론 칭찬과 희망의 조언은 필수적이며 아껴서는 아니 될 것이다.

상급학년일 경우는 인간은 독립된 존재로서 사람들마다 다 생활의 환경이 다름을 이야기해 주고 자기의 처지가 결코 비관적이지 않음을 알릴 필요가 있다. 또한 생계형 선대들의 참담한 삶이나 북한 어린이들의 비참한 현실 등을 이야기해 줌으로써 현재의 생활에 위로를 받을 것이다. 요새 어린이들은 전자 게임에 빠지고 몰두한다. 게임에 빠지는 아이들을 책 속에 빠지게 할 수만 있다면 그것은 어머니의 정보다도 더 유력하고 희망적 미래가 보장되는 길이 된다.

제5장

잃어버린 자아

태생의 운명

세상이 좋아져 자동차 시대로 전국의 막다른 시골길도 마음껏 누빈다. 가는 곳마다 빈집들이 즐비하다. 어떤 집은 폐가가 되어 초라하기 이를 데 없고 흉물스럽기까지 하다. 그곳에 살던 사람들은 다들 어디로 갔을까? 한때는 가족들이 옹기종기 모여서 식사도 하고 나름대로 희망찬 삶을 살았을 것이다. 세월이 흘러 노인들은 하늘로 가고, 가족들이 도시로 떠나고, 어떤 가족은 이웃 마을로라도 떠났을 것이다. 시골의 건재한 집들도 가족 중의 누구 하나는 도시와 연관되는 삶을 사는 것이 현시대의 대부분 추세이다.

시골이나 지방이 인구가 감소하는 것에 비례해서 도시는 커진다. 커지다가 요새는 버섯처럼 부풀어 오른다. 그 빈도가 대도시일수록 빠르고 가파르다. 바야흐로 도시는 고층 아파트 숲의 시대가 되었다. 반대로 시골의 폐가는 늘어나고 풍경의 을씨년스러움은 더해간다.

떠난 사람들! 태생의 운명을 거역하는 사람들이다. 태생의 운명은 두 가지가 있다. 절대로 바꿀 수 없는 운명인 부모에게 태어나는 것이고 다른 하나는 태어나는 지역이다.

지역이라고 하면 지연, 학연 그런 것이 아니고 시골이냐 도시이냐 또는 극지방이냐 사막지역이냐 그런 것이다. 인간이 어떤 지역에 태어나면 운명으로 그 지역에 살아야 하는 그런 것이다. 시골 사람이면 시골에 살아야 하는 그런 운명. 전근대까지는 운명에 복종하면서 그렇게 살아왔다. 떠난 사람들은 종속된 지역의 운명을 거역하기 위해서 길을 떠났다.

대부분 도시로 떠났을 것이다. 떠난 이유야 어떻든 도시 사람이 되기 위함일 것이다. 도시 사람이 된다는 것은 부모의 직업에서 벗어나는 것이고 그러다 보면 태생의 운명을 완전히 거역하는 삶을 사는 것처럼 보인다. 도시의 거리를 걸으면 세상 사람들의 눈은 부모가 누구인지를 묻지를 않는다. 그렇게 되면 태생의 운명을 완전히 극복한 셈이 된다.

도시에 살면 아파트에 사는 것까지가 도시 사람이 되기 위한 길의 정석이다. 왜냐하면 사람들은 누가 묻지 않아도 자신의 거주지가 아파트임을 강조하기 때문이다. 도시 삶의 표본이 아파트에 사는 것이 되었다. 시골의 폐가와 도시의 아파트는 정말 대조적이고 양극의 끝판왕이다.

떠난 사람들은 직장을 찾아서 갔거나 직장을 따라서 도시로 갔을 것이다. 도시 주민이 되었다고 해서 태생의 운명을 벗어난 것이 될까? 고향과 부모! 벗어날 수 없는 영원한 굴레가 되어 붙어 있다. 지구촌 시대가 되어 나라를 벗어나면 굴레의 틀은 더욱 견고해진다.

태어난 고향에서 그 땅의 주인이 되어 부모와 함께 살면 별로 개의하지 않아도 되는 감정이 있다. 자존감이다. 자존감이라고 해서 자존심만큼은 아니지만 비교 경쟁하는 마음이 없는 것은 아니다. 도시로 진입한 사람들의 대부분은 자존감이 쪼그라든 경험이 있을 것이다.

종교에서의 태생

불교의 윤회사상에서는 인간의 탄생을 전생의 업보로 태어나는 것이라고 한다. 세상의 모든 축생들은 전생에는 다 사람이었다. 전생의 인간으로 살 때의 죄지은 업보에 따라 다시 환생한 것이 현재의 축생들이다. 현재의 인간세상은 이승이다. 현세의 이승이 끝나면 저승으로 간다. 불교에서는 영원한 저승이 아니고 축생이든 지옥이든 또는 인간으로 태어나든 환생하는 순환구조다. 그런데 인간이 이승의 현세에서 선한 일을 많이 하면 저승의 문턱에서 염라대왕의 선택으로 영원한 극락의 천국으로 간다. 그러니까 사람은 살아생전에 모름지기 착한 일을 많이 하여 죽어서 '극락왕생 하여라'가 불교의 궁극적 지향점이다.

주변에 있는 식물을 제외한 수많은 생명체가 전생에서는 다 인간

자기 주도 인생의 길

이었을지 모르니까 그 생명들을 인간 생명처럼 귀중히 여기고 '함부로 살생하지 말지어라'가 불교 교리 중의 하나이다. 곤충 한 마리라도 함부로 죽이면 당신이 죽어서 그 곤충으로 환생한다는 사실을 명심하라고 한다. 불교에서는 인간의 탄생을 인과응보의 윤회사상으로 귀결시킨다.

교회에서는 원죄사상으로 인간의 탄생을 규명하고 있다. 영원한 천국의 세상 에덴동산에서 죄를 지어 지상으로 추락한 아담과 이브의 후손들이 우리들이다. 그러므로 인간들은 태어날 때 이미 죄를 짓고 태어났으므로 죽어서 연옥으로 가지 않기 위해서는 살아생전에 업보로 지고 태어난 죄를 조금이라도 '사하기 위해서 힘쓰는 것'이 교인으로서 마땅히 지켜야 할 규범이다. 크리스트교에서는 짧은 이승보다도 영원한 저승의 길이 지향점이다. 현세의 짧은 이승에서 선한 업적의 많고 적음에 따라 영원한 저승길이 천국이냐 지옥이냐가 결정된다. 짧은 이승의 인생길은 영원한 저승길의 받침대이며 심판의 척도이다.

그리스 신화에서의 탄생과 운명

그리스 신화에서는 신과 인간이 혼재되어 있다. 신의 모습이 인간이며 인간사회가 신의 세상이다. 태양의 신 제우스를 비롯해서 바다의 신 포세이돈, 지혜의 신 아테나, 미의 여신 아프로디테 등에 이르기까지 신들의 이름이나 생김새, 형체 등이 모두 사람과 똑같다. 단지 권능만 인간들이 신들의 경지에 따라가지 못한다. 그래서 지금도 사회 각 분야의 전문가나 일인자들을 신이라 하는 것도 그리스 신화에서 유래한 것이라고 본다. 그리스 신화의 세계는 신과 인간이 함께 산다. 그만큼 세상의 폭이 매우 넓고 깊으며 인간들의 삶의 형태가 대단히 다양하게 펼쳐진다. 그러므로 서양 사람들은 그들 문화의 기원을 그리스 신화에서 찾고 그들 사회의 도덕률의 기준을 그리스 신화를 모태로 한다. 태생과 운명이 종교에서보다는 인간답다.

오이디푸스는 신탁에 의하여 저주의 운명으로 태어난다. 아비를 죽이고 친모와 결혼한다는, 인간사회에서는 있을 수 없는 예언 때문에 버려진다. 저주의 운명을 탈피하기 위해서 갖은 수단을 강구했으나 결국은 신의 명령대로 거역할 수 없는 운명에 부딪힌다. 뒤늦게 진실을 깨달은 오이디푸스는 두 눈을 스스로 파서 빼버리고 길을 떠나 황야에서 쓰러져 독수리의 밥이 되고 만다. 친모도 그 자식들도 모두 다 죽는 비극의 운명으로 끝난다. 이 신화의 교훈은 태생의 운명을 절대로 거역할 수가 없다는 것이다. 태어나는 지역의 운명은 인종이나 민족을 말하는 것이고 태생의 근원인 부모를 거역할 수 없다는 것이다.

인간으로 태어나는 성스러운 일이 신탁이다. 예언을 피하기 위해서 길을 떠나는 것이 독립된 존재라는 것이고, 앞길을 막는 아비를 죽이는 것은 과거와 기존을 넘어선 새로운 세상의 발전이며, 친모와 결혼한다는 것은 인간이 모태로 돌아가고픈 그리움이다.

인간은 일생 동안 세상 어디에 살아도 고향의 향수에 젖고 가족을 그리워하는 마음에 시달린다. 태어난 환경이 어떻든 나를 낳아준 부모가 누구든 인간은 그 운명으로 살 수밖에 없다. 어느 민족이나 종족에게도 신화는 있다. 인류가 미명의 시대에 인간의 다양한 감정을 몸짓이나 구전으로 전승하다가 문자 시대에 글로 표현한 것이 신화다.

오이디푸스 콤플렉스

아담과 이브가 지상으로 추락해서 인간이 되고 전생의 축생이 인간으로 환생하는 등 종교에서는 인간의 탄생에서 성의 구별이 없다. 그러나 그리스 신화에서는 오이디푸스를 내세워 인간의 남녀 구별을 확실히 하고 있다. 그리고 신들의 세상에서도 여신들의 활약상이 대단하고 모두가 다 미의 여신인 양 미모도 출중하다.

서양의 언어에서는 무생물에도 성을 부여해서 구별하기도 하는데, 서양 언어는 그런 표현에 묘미를 느끼는 감성이 풍부한 언어인 것 같다. 예를 들면 승용차도 남녀가 있어 낡고 오래된 승용차는 할머니로 통용된다고 한다.

무생물도 성 구별을 할 정도로 성에 관심이 많은 증거가 그리스 신화에 나타나 있다. 오스트리아의 고전 심리학자 프로이트는 오이디푸스 신화를 정신 분석학의 기조로 인용했다. 남녀의 성적 심리에 관한 것이다. 인간심리의 근저를 성적충동으로 보고 그것을 리비도라고 명명했다. 인간의 정신은 무의식의 상태에서 리비도의 작용에 의한 심리가 있다면서 오이디푸스 콤플렉스라는 새로운 학설을 발표했다. 그는 신화에서 인간심리의 가장 원초적이고 엄밀한 내면의 본능으로 작용하는 것이 성적 충동 즉 리비도임을 발견했다. 그러나 그 리비도는 도덕이나 윤리 등으로 인한 현실의 벽에 부딪혀 억압된 욕구의 힘인 콤플렉스로 작용한다. 오이디푸스 신화에서 이름을 유래한 취지는 금지된 사랑의 종말이 얼마나 비극적이고 처참한 것인가를 일러주고 경고하는 것으로 서양 사람들의 성 윤리의 최후의 보루로 인용되는 질서다. 이 질서가 깨어지면 인류의 번성과 생존은 점차 쇠퇴하고 드디어는 사라질 것이다.

오이디푸스 콤플렉스는 신화에서 보여주듯 가족 간에도 남녀의 성적 본능이 잠재되어 있는데 하물며 통속적 관계의 남녀 간에는 리비도가 인간심리의 가장 중심이라는 것이다. 프로이트의 정신분석학의 기저는 리비도다. 리비도는 무의식의 근저로부터 오는 성적충동 욕구의 본능이다. 욕구 본능의 자아는 스스로를 제어하는 초자아에 의해 제압당한다. 초자아에 반하는 경우 자책감을 느끼며 그것은 열등감의 오이디푸스 콤플렉스가 된다.

사람은 남녀를 불문하고 누구나 다 오이디푸스 단계의 시기를 거친다고 한다, 유아기 때 무의식의 감정으로 양쪽 부모 중 동성은 배척하고 이성 쪽으로 끌리는 갈등의 시기를 경험하게 되는데 그 기간이 오이디푸스 단계다. 오이디푸스 단계를 성공적으로 거쳐 나가지 못한 사람은 평생 성적 자신감을 얻지 못할 뿐만 아니라 자립적인 인간으로 성장하지 못한다. 이 단계에서 극복하지 못하고 남겨 놓은 죄의식과 불안은 무의식 속으로 억압되어 결국 심각한 정신장애를 유발할 수도 있다고 했다.

실낙원의 계절

프로이트는 오이디푸스 신화에서 인간의 성적심리의 기저를 발견하고 그것이 정신분석학을 연구하는 데 하나의 동기유발이 됐다. 그러나 인간의 욕구본능에서 성적충동의 비중을 너무 과하게 둔 감이 없지 않다. 물론 일반관계의 남녀 간에는 상당히 일리가 있다고 할 수 있겠으나 가족관계에는 콤플렉스가 맞지 않는다고 보는 것이다. 입양한 가족관계에서는 콤플렉스로 작용한다고 할 수 있을 것이나 정상 가족관계에서는 그렇지 않다.

성적충동이 억압당하거나 이성에 의하여 제약을 받는 것이 아니라 아예 처음부터 발생하지 않는 것이다. 만약 모자나 부녀간에 성적충동이 잠재되어 있다면 그것은 콤플렉스가 아니라 정신병적 요소라는 것이다. 오이디푸스 콤플렉스를 일반관계의 사람들에게 적용하면 너무나 적절한 정신분석이 될 것이다. 일반관계에서는 윤리 도덕에 의한 현실의 벽에 부딪히지 않거나 콤플렉스가 작용하지 않으면 오히려 성도착증 환자가 될 위험성이 있다.

우리들의 과거는 너무나 아름다운 낙원이었다. 성적 호기심이나 관음증 같은 것은 없는 세상이었다. 성적충동이 인간의 본능이긴 해도 성적 관심이나 호기심은 일종의 사회적 문화라 할 수 있다. 그 문화가 우리 스스로의 자생적인 것이 아니라 외부에서 들어왔다는 것을 주장하고 싶은 것이다. 재래종이 아니라 서양문화에 따라 들어온 수입종이라는 것이다.

그 증거로 우리들의 과거 물동이 인 여인의 모습과 아기 젖 먹이는 색시를 본보기로 예를 들 수 있다. 아기 업고 물독을 이고 가는 여인의 젖가슴은 짧은 저고리를 입기 때문에 항상 노출될 수밖에 없었다. 두 손은 질그릇의 무거운 물동이의 손잡이를 잡아야 하고 젖줄의 젖꼭지는 부풀기 마련이고 아기는 업혀서 보채는 것이 과거 여인들의 숙명이었다. 누가 감히 그 모습을 이상한 눈으로 본단 말인가? 우물가 물 긷는 여인의 풍경은 우리나라 전통 일상이었고 그 물은 우리 민족의 생명수였다. 고귀하고 성스러운 젖가슴이었다.

또 하나는 대가족의 식구들이 식사할 때 며느리가 젖가슴을 열고 아기 수유하는 모습이었다. 평소에는 그렇게 어려운 시아버지이지만 아기 수유 시에는 며느리의 젖가슴이 더 당당한 것이 당연시되는 시대였다. 수유하는 색시의 젖가슴은 일하는 들의 논두렁이나 오일장의 양지바른 곳에서나 언제 어디서나 제일 당당하고 떳떳한 것이 우리의 전통이었다.

젖 먹이는 색시의 젖가슴을 관음증의 눈으로 보는 못된 시각은 완전히 외래종의 문화다. 수유하는 어머니의 아름다운 풍속을 가슴 풀어헤친 여인의 모습으로 보는 못된 성적 눈의 시대가 요즘 세상이다. 이런 세태가 이 시대 인구절벽의 주원인은 아니겠지만 조금은 연관성이 있을 것이다. 물동이 이는 여인의 모습이 사라진 것은 너무나 잘된 일이겠으나 수유하는 모습의 여자 젖가슴도 당당하고 떳떳한 세상이어야 마땅하다. 지금은 사라지고 일그러진 자화상으로 다시는 돌아갈 수 없지만 과거는 꿈속의 잃어버린 낙원이었다.

잃어버린 고향

프랑스 화가 밀레가 만년에 고향에 돌아와 전원풍경에 관한 그림을 많이 그렸다. 그 결과 '저녁 종'이나 '이삭 줍는 여인' 등 불후의 명작들을 다수 남겼다. 그가 파리에서 고향으로 돌아온 이유는 생활고에 시달렸거나 화가 생활에 지치고 식상해서가 결코 아니다. 정체성을 찾기 위함이었다. 본인의 정체성이 아니라 그림의 정체성을 찾기 위함이었다. 그 정체성 속에는 고향에 대한 그리움이나 본인의 뿌리도 있을 것이다. 그리고 무엇보다도 어떤 그림을 어떻게 그릴 것인가 하는 것이 가장 큰 관심사였을 것이다.

〈고향〉의 시인 정지용도 고향의 그리움이나 전원 풍경에 관한 시를 많이 남겼다. 그가 〈고향〉을 노래한 이유도 자신이 시골 출신이라든가 고향 생각이 많이 나서가 아니다. 물론 그것도 조금은 있겠지만 일제 강점기라는 암울한 시대를 노래한 것이다. 민족의 정체성이나 뿌리에 대한 경종이나 교훈이었다. 고향이라는 말 속에는 그리움이나 자신의 뿌리에 대한 향수가 가득 담겨 있다. 서울 출신이라고 해서 고향이 없다고 하는 것은 고향이란 말의 의미를 잘못 인식하고 있는 셈이다. 그런 면에서 누구나 다 고향은 있다. 주로 태어났거나 자라는 어린 시절을 보낸 곳이 고향이 될 것이다. 그렇다면 고향은 과거다. 과거는 흘러갔고 고향은 변했다. 서울에 태어났고 서울에 살아도 과거는 흘러갔고 서울도 변했다. 모두 다 고향을 잃어버렸다. 그렇게 향유하던 고향은 다들 어디 갔는가?

고향에 찾아와도

고향에 찾아와도 그리운 고향이 아니라고 하는 것은 길재가 〈고려유신회고가〉에서 노래했듯 '산천은 의구하되 인걸은 간데없네'와 같다. 세월은 흘러도 산하는 여전해야만 마땅하련만 그렇지 못한 것이 요즘 세상이다. '십 년이면 강산도 변한다'는 말이 너무나 잘 맞는 시대가 되었다. 동네는 통째로 사라지고 그 풍성하던 문전옥답의 들판에 대학 건물만 덩그러니 서 있다. 지역발전 중에 가장 으뜸이 아파트이고 그다음이 학교다. 학교 중에는 대학이 들어오는 것이 가장 반갑다. 아파트나 학교는 인문의 중심이다. 인문이 번창하는 곳에는 사람들이 득실거리기 마련이다. 그런데 고향의 대학은 사람이 보이지 않는다. 건물만 우뚝 서 있다. 흡사 유령 집 같다.

그것이 현대사회의 시골 풍경이다. 왕년의 시골이지만 지금은 어엿한 도시다. 대학도 생기고 시내버스도 다니니까 완전한 도시다. 그런데 사람이 보이지 않는 도시! 이게 어떻게 된 것인가? 대학 내부의 수레바퀴는 제대로 작동하고 있다. 외부 사람들의 눈에 내부 사람들이 띄지 않을 뿐이다. 통학인지 통근인지 출퇴근 버스만 드나들 뿐이다. 이것이 현대사회의 학교 풍경이다. 청출어람의 상아탑이 아니라 엄밀한 작업의 공작소 같다. 사람 소리가 들리고 인간의 냄새가 풀풀 넘치는 게 학교이고 그 주변이 아니던가.

세상이 발전하면서 산천경개도 변하고 학교 주변도 많이 달라졌다. 시골의 초등학교는 대부분 폐쇄되고 중고등 학교는 동네에서 쫓겨났다. 푸른 들판의 저 건너편 산 밑에 무슨 공장 같은 소담한 건물이 있으면 그것이 중학교다. 또 멀리 십 리 밖에 그런 건물이 있으면 그것이 고등학교다. 주로 산 밑이고 주변엔 논밭만 있을 뿐이며 큰길에서 뚝 떨어져 있는 것이 특색이다. 옛날의 서당이 동네에서 멀리 떨어져 있었다고 했는데 거기서 유래한 것인지 아니면 동네 주변에는 마땅한 터가 없어서인지는 몰라도 학교만 외로이 있는 모습이 아주 생소하게 느껴진다. 그 일환으로 내 고향에는 대학이 쫓겨 온 것인가 보다.

고향에 찾아와도 인걸은 간데없고 산천도 변하고 무인 감시의 건물만 우뚝 서 있다.

위대한 유산

북한의 공산주의자들은 생산수단을 공유한답시고 사유 토지를 몰수해 국유화하고 개인의 자유와 인권을 박탈했다. 대한민국에서는 개인의 자유를 바탕으로 인권을 공평하게 존중하는 대신에 사유 토지를 차별화했다. 차별화의 대표적 사례가 그린벨트다. 경제개발계획이 성공하여 무한대의 도시가 확장되는 난개발을 막고 후손들에게 천연의 자연으로 남는 위대한 유산을 물려주자는 것이 그린벨트의 취지다. 그런 면에서 그린벨트에는 어떠한 개발도 용납되어서는 아니 될 것이다. 그런데 허용되는 산업이 있다. 공익 산업이다. 아무리 아름다운 자연도 인문에 도움이 되지 않는다면 무용지물이다. 위대한 유산 자체만으로는 별 의미가 없다. 개인의 난개발이 아닌 공익적인 것의 활용은 허용되는 것이 바람직한 처사임을 공공연히 인정하고 있는 실정이다.

그 틈새를 비집고 들어오는 선발대의 산업이 있는데 주로 학교와 종교시설이다. 그런 취지로 찾아온 것이 고향의 국립대학이다. 그린벨트에 묶여 영원히 농사나 짓는 시골로 남을 것이냐 그린벨트이긴 해도 대학교가 있는 도시가 될 것이냐가 당시 토지수용에 대한 주민들의 선택지였다. 그걸 물어서 무엇하겠는가.

대학 주변의 도시 풍경은 상상만 해도 흥분되는 일이다. 솔직히 도시문화라고 하는 것은 대학 주변의 문화가 주축을 이룬다고 해도 과언이 아니다. 원래 도시문화는 젊음의 문화다. 젊음의 중심이 대학생이다. 인생의 황금기인 청춘의 시기가 대학 시절이며 대학생은 도시문화의 꽃이라 할 수 있다. 그러므로 꽃이 활짝 핀 대학가는 도시문화의 중심이며 생기발랄한 인생의 꽃들이 만발하는 곳이다.

그러므로 인생의 꽃들이 득실거리는 곳에는 도시문화의 꽃이 활짝 피고 그 문화의 중심지가 우리 동네가 된다는 것이 상상만 해도 가슴 벅차던 때가 있었다. 그런데 고향의 대학은 주변이 사막이다. 적막강산이다. 어쩌라는 것인지 그래도 세상은 잘도 돌아간다. 거기까지는 괜찮다. 토지보상도 받고 했으니까. 이번에는 진짜 사달이 났다. 정부에서 그린벨트를 해제해 버린 것이다. 대학교가 들어오면 머지않아 그린벨트가 풀린다는 것을 아는 세상을 통달한 사람들은 주변의 땅들을 이미 사들였다. 지나고 보니까 결과가 이상해졌다. 공익 목적의 대학교가 사익을 추구하는 자들의 앞잡이가 된 셈이다.

국가와 교육이라는 이중의 갑옷을 입고 중무장으로 변신한 사익 추구자들이 공익의 이름표를 단 학교를 선발대로 들여보내 지역주민들을 가늠질했던 것이다. 천년을 하늘만 믿고 천사처럼 살아온 풀뿌리 민생들이 그 갑옷 속에 숨겨진 음흉한 미소를 어찌 짐작이나 할 수 있었겠는가? 깜깜한 시골이고 그린벨트에 묶인 땅값이나 그것을 헐값으로 판 임자들의 처지나 참으로 한심하긴 매한가지다. 인생을 살면서 대단한 고승이나 도인이 따로 있는 게 아니다. 하늘보다 높고 바다보다도 깊고 넓은 도량과 아량과 용서와 화해로 살아가는 사람들이 고향 사람들이다. 고향 사람들은 저절로 거룩한 해탈의 석가모니가 된다.

절름발이 선비정신

천년의 잠에서 깨어나 개발바닥에 땀나도록 뛰어보았으나 이미 늦었다. 일본의 식민지가 되어 있었다. 기적처럼 찾아온 해방, 그 대가로 민족의 분단과 전쟁이라는 아픔의 역사가 아로새겨진 우리나라다. 일본의 식민지가 된 원인이 무엇일까를 곰곰이 따져보고 생각해 보지 않을 수 없었다. 개발바닥에 땀나도록 뛰는 방법이 잘못된 듯싶었다. '농자천하지대본'만 가지고는 다시 잠자는 나라가 될 수밖에 없음을 알았다. 일본보다 백 년은 늦었지만 서구의 방법을 지향하는 것이었다. 그것이 경제개발계획이었다. 대성공이었다.

한번 불붙은 경제발전의 불꽃은 활활 잘 타올랐다. 그 수레바퀴는 눈덩이처럼 커지면서 잘도 굴러갔다. 전국의 도시는 근대화에서 현대화로 아파트 숲으로 변했고 국민소득은 선진국의 문턱을 넘으면서 누구나 승용차를 갖는 마이카 시대가 되었다. 우리가 어린 시절에 꿈꾸던 세상은 꿈처럼 찾아와 눈앞에 펼쳐지고 있다. 얼마나 그리던 꿈속의 세상인가!

하지만 세상만사는 새옹지마라고 양지가 있으면 음지가 있는 법, 도시의 발전은 고향의 몰락이 된다. 경제발전의 수레바퀴 위에 올라타 같이 굴러가지 못한 사람들이 있기 마련이다. 고향을 지킨 사람들이다. 모든 토박이가 다 그런 것은 아니고 몇몇 어느 쪽에서 귀인이 찾아와 경제발전의 혜택을 주리라고 막연하게 믿은 사람들이다. 왜 고향을 떠나지 못하는가? 생계에 대한 불안과 두려움 때문이었다. 그것은 고용에 대한 불안과 두려움을 의미한다. 고향에서 내 것 가지고 내 맘대로 일해 먹고 살다가 도시에 가 남의 일 한다는 것은 전통적 삶의 방식에서 보면 남의 집 머슴살이와 무엇이 다르냐 하는 것이다. 곧 죽어도 머슴이 될 수 없다는 나름대로의 인생관 때문이기도 했을 것이다. 나물 먹고 물 마셔도 배부르면 상책이지 그 이상 뭐가 대수냐 하는 것이다. 고고하게 학처럼 살던 선비가 도시에 가서 몇 푼의 소득을 위해서 일한다는 것은 도저히 상상이 가지 않는다는 것이다. 절름발이 선비정신의 소산이리라.

산업 시대에는 선비정신이 아니라 산업 역군이 되어야 하는 것이다. 고향을 떠나면 태생의 운명에 직면한다. 그 운명을 산업 역군으로 극복할 수밖에 없다. 선비정신은 자존심이며 산업 역군은 자존감이다. 자존심이 밥 먹여 주지 않으며 자존감만이 살길이다. 그 길은 기존의 관념을 타파하는 것이다.

역류하는 강물

강물은 흐르고 흘러 바다로 간다. 흐르는 강물을 세월에 비유하기도 하고 세월 따라 사는 인생을 일컫기도 한다. 세월이 과거에서 미래로 흐르듯이 우리네 인생도 선대에서 후세로 사는 방식이 흐른다고 생각한다. 실제로도 그래 왔다. 장유유서가 삶의 원칙이었다. 부모가 자식을 가르치고 선배가 후배의 본보기가 되며 선대들의 삶의 방식을 후세들이 배우고 익혀 전통을 이어가는 것을 원칙으로 여겼다. 또 그것을 자랑스러워하기도 했다. 그러다가 세상 흐름의 추이에 따라 생각이나 삶의 방식을 살짝 바꾸기만 하면 되었다.

그러던 것이 요즘은 흐름이 역전되었다. 삶의 방식이 통째로 바뀌었고 바꾸지 않으면 안 되게 되었다. 무엇보다 부모가 자식에게 가르칠 것이 없다. 후배들의 삶에서 미래가 보이고 선대들의 삶의 방식에서는 후세들이 배울 것이 없으며 새로운 삶의 길을 찾아야만 하는 시대가 되었다. 삶의 방식은 주로 지식이다. 선대들의 지식이 무용지물이 되었다는 의미다.

로마신화에는 글자 그대로 번역하면 '아비를 죽여라' 하는 말이 있다고 한다. 그러나 그 뜻은 '선대를 넘어서라'라고 한다. '구시대보다 발전된 세상을 만들어라' 하는 의미라고 한다. 왕년에 우리들도 선대들의 삶의 방식을 답습하지 않기 위해서 무던히도 애를 썼다. 주로 고향을 떠났다. 그 결과가 오늘날의 도시 거리와 아파트 숲의 풍경이다.

선대들에게서는 배울 것이 없다고 무지렁이 부모를 탓하며 원망하고 고생도 많이 시켰다. 일본의 식민지로 굶주린 배로 연명했다가 살아남아 이제는 내 힘으로 마음껏 살아보나 했더니 자식들이 발목을 잡았고 자식들의 뒷바라지에 드디어는 제물이 되고 희생되었다.

우리들은 부모 세대들의 희생 위에 등 따뜻하고 배는 불렀지만 결국은 '배부른 돼지'가 되고 말았다. 그렇게 무시했던 무지렁이 부모가 바로 자신이 그대로 되고 있음을 깨달았다. 자신이 무지렁이가

자기 주도 인생의 길

되어 자식들에게 지식을 배우고 있는 것이다. 부모세대들은 배우지 못해서 문맹이 되었지만 자신은 배워도 모르는 전자문맹자가 된 것이다. 그리고 예전 같으면 부모들의 옷이나 용품들을 자식들이 물려받아 사용했지만 지금은 부모들이 자식들의 것을 물려받아 입거나 사용하는 시대가 되었다. 세상의 흐름이 역류하고 있는 것이다.

'온고지신'이 아니라 '새 술은 새 부대에 담는다'의 시대다. 어쩔 수가 없다. 지구가족 시대에 빠른 변화는 필수적이고 집안이나 나라 안을 쳐다볼 겨를이 없다. 최첨단의 시대에 최첨단의 깃발만 쳐다보기도 바쁘고 뱁새 가랑이 찢어지기 일쑤다.

사실 강물의 역류는 바람의 역류다. 거세게 불어오는 바람으로 인한 물결의 역류다. 물결의 역류를 거스를 수는 없지만 그래도 도도히 흐르는 강물의 깊은 속을 알아야 한다. 강바닥의 온갖 흉허물을 덮고 감추면서 흐르는 것이 깊은 강물임을 명심할 필요가 있다.

7세기 티베트는 동양의 거대한 제국인 중국의 당나라를 호령했다. 당나라의 초기 시대이고 그 덕에 우리 민족이 당의 식민지 건설을 막은 역사도 있지만 아무튼 현시대 티베트가 처한 입장에서 보면 쉽게 납득이 가지 않는다. 볼모로 끌려가듯 당나라의 문성 공주는 티베트의 송첸캄포 왕과 결혼하였다. 문성 공주가 결혼의 선물로 가져간 것이 불교라고 한다.

그 후로 천 년이 넘게 티베트는 불교에 빠져들고 파탈라 궁의 화려함에 취해 잠자다가 깨기도 전에 비몽사몽간에 그 왕년의 당의 후손들인 중국에 점령당하고 민족의 자존감이 송두리째 유린당했다.

거대한 바람에 휩쓸려 거센 파도가 역류한다 해도 깊은 강물 속의 흐름은 막을 수는 없다. 아무리 바람의 역풍 속에 살아도 우리의 정통 정기만은 절대 잃어버려서는 아니 될 것이다.

샌드위치 세대

속칭 낀 세대란 말이 있는데 신세대와 구세대 사이에 끼어 있다는 말일 것이다.

인생에서 세대란 시간상의 흐름으로 한 개인으로 볼 때는 젊었을 때는 누구나 신세대가 되고 나이 들면 저절로 구세대가 된다. 그러나 구세대에서 신세대로 세월이 흐르는 것을 보면 일개인보다는 인간사회의 시대를 지칭하는 말이 된다. 세대란 그 시대 거의 같은 나이의 구성원들이고 샌드위치 세대라고 할 때는 그 시대 사람들 생각의 과도기를 경험했다는 뜻도 있다. 한 개인으로 볼 때는 젊었을 때의 세상의 흐름과 나이 들었을 때의 흐름이 다르다는 것이고 세대 상으로는 구세대와 신세대 사람들의 사고나 행동이 다름을 의미한다.

세상 흐름의 변화도 정치적 사건이나 과학의 발명처럼 어느 시점이나 기간이 정해져 있는 것도 아니고 그 유형도 매우 다양하기 때문에 객관적이거나 역사적일 수도 없고 상당히 개별적이며 주관적일 수 있다는 것이 특징이라면 특징이다. 또 정신적인 것과 물질적인 것일 수도 있다. 가장 쉽게 접할 수 있는 것이 패션의 변화라든지 유행하는 각종 메커니즘들이다. 요새는 트렌드라고 하면서 그 용어 자체도 바뀌고 있다.

절약의 미덕에서 소비가 미덕인 시대로, 아들 선호사상의 변화라든지 그 외에도 상상을 초월할 만큼 많지만 우리 시대에 가장 확실한 증거가 며느리들의 시집살이이다. 젊은 날 실컷 시어머니를 모셨더니만 당신이 시어머니 되었을 때는 며느리들에게 전연 대접을 받지 못하는 시대가 되었다는 것이다. 남자들의 경우 직장에서 손아랫사람이 상사를 대접하는 풍토에서 윗사람이 아랫사람을 대접하는 시대가 되었다는 것이다. 결과적으로 평생 직장생활에서 항상 대접만 하다가 정작 대접받아야 할 시기에 대접받지 못하는 그야말로 샌드위치 세대라는 것이다. 그러다 보면 수많은 인간사가 모두 샌드위치 세대가 되고 만다. 그것은 세상이 빨리 변한다는 뜻이고 그 이유는 사람들의 생각이 빨리 변하기 때문이다.

지난 세월을 돌이켜 보면 고정관념이 심했던 것 같다. 세상이 빨리 변하는데 생각이 멈추면 고정 관념이 된다. 시간은 미래로 흐르는데 과거를 보는 통에 고정관념이 생긴다. 따지고 보면 샌드위치 세대란 없다. 세상 변화에 억울함을 당한 것 같은 감정이 드는 때가 있는데 그것이 자존심이다. 자존심에 멍이 든 것이다. 인생사에서 자존심으로 되는 것은 아무것도 없다. 상한 자존심쯤이야 굳건한 자존감으로 극복하면 그뿐이다.

고난의 시대 탈출

'인간은 사회적 동물'이란 말도 요즘 시대에는 별로 잘 어울리지 않는 말인 것 같다. TV 한 대만 있으면 아무리 외진 곳에 혼자 있어도 외로울 겨를이 없고 또 나도 그 나이가 된 것 같다. 가다가 눈길 끄는 프로그램이 있는데 그중의 하나가 등굣길 관련 프로그램이다. 우리들 어린 시절을 상기하게 하고 자꾸 우리들 때와 비교해서 보게 된다. 그래도 우리들보다는 낫다는 결론을 내린다.

또 하나는 탈북한 사람들의 이야기다. 일본의 식민지에서 해방되어 같이 출발한 동포로서 체제와 이념이 전연 다른 배경에서 살아왔다. 요새 와서 북한의 경제가 낙후된 관계로 조금 차이가 나지만 어제의 우리들과 전연 다르지 않음을 말하고 싶은 것이다. 식민지 시대와 북한과 어제의 우리나라와 같은 공통점이 있는 사실이 있는데 그것이 학교에서 아이들에게 물자를 수집하는 일이다. 우리나라도 21세기에 들어와서 수집하는 것이 없어졌지 밀레니엄 이전까지 최후로 있었던 것이 헌 종이류의 폐품수집이었다. 세 체제의 공통점은 국가가 국민에게 부역하게 한다든지 고물, 폐품 등 문자를 수집한다는 것이다.

식민지 시대에 일본의 대한민국 착취는 실로 가공할 만한 일이었다. 민족말살정책이니까 국민이 굶어 죽기를 바라면서 식량을 착취해 가는 것은 말할 것도 없었고 전쟁물자 수거를 위해서 우리 국민의 놋그릇, 숟가락까지 공출하라고 했다. 일제 강점기의 공출은 강제로 빼앗아 가는 것이었다. 할 수 없이 우리 국민은 나무나 대로 만든 숟가락 젓가락으로 밥을 먹었다.

해방되고 북한과 남한이 체제와 이념이 다르니까 교육내용은 물론 달랐지만 학교운영 방법은 같았다. 일제가 운영했던 방법을 그대로 답습했다는 사실이다. 그중에서 국가 정책으로 학생들을 동원하거나 이용하는 사례였다. 국가 통치 조직 중에서 가장 강력하고 전국의 모든 가정과 거의 다 연결되어 있다시피 한 조직이 학교이니까 학교를 교육 수단 외에 통치 수단으로 이용했다. 남북한이 똑같이 식민지 근성을 그대로 답습한 것이다.

북한은 공산주의 체제의 국가를 만들면서 전 국민을 학교조직보다 더 강력한 군대조직으로 구축하면서 국민 동원이나 물자 수집을 매우 효과적으로 실시하고 있다. 그 대신 인민에겐 자유가 없는 노예국가가 되고 말았다. 어린아이들에게 솔방울이나 땔감까지 수집한다고 했다. 매년 1월에는 전국의 인민에게 똥거름 수집의 총동원령이 내려진다고 했다. 가가호호의 할당량이나 배당량이 있어서 그것을 채우지 못할 때에는 벌금을 내야 하고 주말에 자아비판도 해야 하는, 인민들이 극도의 고통에 시달리는 나라가 되었다. 북한은 국가 통치 방법이 일제 식민지 시대와 같고 거기다가 사유재산을 인정하지 않는 관계로 경제의 자유가 없어서 아무리 노력해도 경제가 발전하지 못하고 있다.

우리나라는 우리 세대가 가장 고통의 세대였다. 그 대표적 예로 학교를 다니면서 눈곱만큼도 국가의 혜택을 받아본 것이 없다는 것을 강조하고 싶다. 초등학교도 의무교육이라면서 월납금을 내었으니까 말이다. 행사 동원이나 물자수집 등 국가는 철두철미하게 우리를 이용했다. 우리가 학교를 졸업하니까 월사금제도가 없어졌다고 했다.

솔직히 그 당시의 의무교육 월사금은 지금의 대학 등록금보다 더한 고통을 시골 농촌의 가정에 안겨주었다. 병역의무 같은 그런 강제성이 없었다면 분명히 학교를 다니지 않았을 것이다. 그러니까 현재 대한민국의 발전은 우리들의 인고와 고통의 결과임을 주장하고 싶은 것이다. 우리나라 발전의 마무리와 밑바닥을 쓸고 지나온 세대와 계층으로 세월은 강물이 되어 흐르고 우리가 지나온 자리는 흔적도 없이 변해 있고 앞을 내다보면 여전히 막막하고 아득한 것이 언제나 그 자리에 있는 것 같다. 그래도 자유의 나라로 우리 밑바닥 계층의 경제적 여유나 신분 상승은 곧 국제사회에서 국격의 상승을 그나마 위안으로 삼으면서 지내는 처지가 되었다. 서양 선진국의 문턱에서 꾸물대고 있는 상황이 현재 한국의 처지다.

식민지 시대는 지나간 지 오래되었고 북한은 여전히 식민지 시대와 같은 고통의 시대로 경제적 후진국이 되어 아직도 헤매고 있다. 우리나라는 다행히 똑같이 출발한 고난의 세 체제 중에서 유일하게 고난의 시대를 벗어났다. 지나고 나니까 지난날들의 허상이 보인다. 지난 시대 영웅들의 허상도 보인다. 그들도 우리들의 막다른 계층과 마찬가지로 자존감으로 무장되지 않았고 허상의 자존심만 가득 찬 인생이었던가 싶다.

자기 주도 인생의 길

유랑민의 시대

'수구초심'이라고 사람들은 자기가 태어나 자란 곳을 잊지 못한다. 여우라는 하찮은 동물도 죽을 때는 제가 태어난 곳의 방향으로 고개를 돌린다는데 하물며 인간이 고향을 그리워하는 것은 당연지사라는 뜻이다. 북한이 고향인 사람들은 떠나온 초기 단계에는 가족, 일가친척에 대한 그리움이 사무치다가 이제는 고향땅이라도 한번 보았으면 하는 것이 꿈에도 잊지 못하는 소망이다. 태생의 운명에서 세월이 지나면 부모 형제는 떠나고 산천은 의구할 것이라고 생각한다. 북이나 남이나 다 인걸도 간데없고 산천도 변했을 것이다.

신은 하늘에서 왔다가 하늘로 가지만 인간은 땅에서 태어나 땅으로 돌아간다. 그리고 땅에서 산다. 태어난 땅에서 사는 것이 전통이었고 그곳이 고향이었다. 인간들은 유달리 고향에 대한 집념이나 집착이 강하다. 고향에 대한 향수는 인간의 본능이 되었다. 우리 민족은 유사 이래로 고향에 토착해서 살기 어려운 지리적 위치로 되어 있다. 그런고로 외세가 끊임없이 침입하고 외세에 의해서 고향에서 대대손손 살기 힘든 역사가 되었다.

최근 산업사회의 물결은 사람들을 고향에서 정착하지 못하게 인간의 마음을 뒤흔들어 놓는 바람이 되었다. 전통의 삶의 방식이 송두리째 바뀌는 바람이었다. 그 바람은 커다란 파도가 되어 바닷가 모래밭의 발자국처럼 전통의 삶의 흔적들을 사정없이 휩쓸고 지운다. 고향에 살아도 삶의 방식이 바뀌어 옛날의 삶이 아니다. 다시 옛날로 돌아갈 수가 없듯이 그 자리에 살아도 떠나온 고향이 된다. 어느 책 제목처럼 '그대 다시는 고향에 가지 못하리'가 된다.

고향을 떠나는 사람들! 떠나는 이유야 사람의 마음이 수만 가지 이듯이 천 갈래 만 갈래가 된다. 대부분 사람들은 천 갈래 만 갈래로 찢어지는 마음의 고통으로 떠날 것이다. 그리고는 다시 돌아오리라 다짐도 한다. 그러나 다시는 고향에 가지 못한다. 떠돌이 유랑민이 된다. 세상 어디에서도 정을 붙이고 살지 못하는 유랑민이 된다. 고향이 따로 있나 정들면 고향이라는데 사는 곳에 정이 들고 그러면 그곳이 고향이련만 정이 들지 않는 곳이 도시다. 사람은 도시의 화려한 불빛에 정이 드는 것이 아니라 자기가 사는 산천경개에 정이 들고 풍경에 정이 든다. 하루살이처럼 도시의 불빛을 따라 모여들기는 하지만 아무리 살아도 정이 들지 않는다. 이유는 변화나 변덕이 심하기 때문이다. 도시의 발전은 결국 기억의 지우기다. 변화된 골목길이나 지역은 정들었던 기억을 지우고 위압감을 준다. 바로 낯선 땅이 되고 낯선 타관이 된다. 타관 땅 돌고 돌아 유랑민이 된다. 도시의 유랑민은 땅에서 태어나 돌아갈 땅이 없다. 하늘로 간다. 고향 떠난 사람은 신이 되어 하늘로 간다.

사람이 땅에서 태어나 땅으로 돌아간다는 것은 고향에서 태어나 고향으로 돌아간다는 것과 같다. 그러나 요새 세상 사람들은 고향에서 태어났으나 떠돌이 유랑민이 되어 돌아갈 고향이 없다. 그러므로 인간으로 태어났으나 돌아갈 곳이 없어 신이 되어 하늘로 가는 것이 아니라 신을 따라 하늘로 간다. 그래서 도시에서는, 시골도 샤머니

즘으로 마찬가지이지만, 따라갈 신을 만나기 위해서 종교가 난리들이다. 유랑민의 고향은 종교가 되었다.

축지법 시대

어릴 때 꿈에 그리던 세상이 현시대에 펼쳐지고 있다고 했다. 화려한 도시와 마천루가 아니었다. 거대한 다리와 쾌속한 교통망이 아니었다. 세상을 주름잡는 축지법이었다. 축지법에는 도인이라고 하는 도사가 등장한다. 도사는 축지법을 시행하고 하룻밤에 천 리를 가며 눈 깜짝할 사이에 아무리 먼 거리라도 이동할 수 있다. 순간 이동이 가능하다. 흔히 말하는 천리마가 축지법에 나오는 도사의 순간 이동 빠르기에서 유래한 것이다.

도사의 빠르기 능력에는 천리마도 있지만 잉어가 등장한다. 잉어가 하룻밤에 천 리의 강을 거슬러 올라갈 수 있다고 했다. 사람들은 물에서 빠르게 움직이는 물고기를 보고 축지법을 하는 도사를 연상하지 않았나 싶다. 그리고 산 좋고 물 좋은 골이나 마을마다 강이나 호수에 깊은 소가 있어 그 소의 깊이를 재자면 항상 명주실 한 타래가 풀린다. 명주실은 가늘다. 가는 명주실 한 타래가 풀릴 만큼의 깊이니까 얼마나 깊은 물이냐 하는 것이다. 도도하고 검푸르게 물보라를 일으키는 그 소를 내려다보고 그 물의 위용에 압도당하기도 하고 축지법의 도인처럼 경탄을 자아내기도 했다. 그 물속에는 틀림없이 용왕이 있을 것이라고 확신하기도 했다. 물에는 용왕이 있고 산에는 산신령이 있다. 금도끼 은도끼 앞에는 산신령이 서 있다.

축지법을 하는 도사는 땅을 주름잡기도 하지만 변신술에도 능하다. 백발 삼천 척의 산신령이 되기도 하고 소 등을 타고 피리 부는 초동으로 변신하기도 한다. 주로 회색 장삼을 입고 산길을 예사로 다니는 스님이 제일 흔하다. 한길에는 거지나 문둥이들이 다니지만 산길은 절의 스님들이 다닌다. 거지들은 더럽다고 멸시당하고 문둥이들은 몰골이 흉측해서 무섭게 느껴지지만 스님들은 산길에서 만나도 무섭지 않다. 더러는 도인이 되어 예언을 해 주기 때문이다.

축지법을 하는 도인은 예언가이기도 하고 복을 전달하는 수호천사가 되기도 한다. 주로 스님 복장을 하여 가가호호 방문하기도 하고 허름한 베옷을 입고 산에서 내려와서 만나기도 한다. 우리들이 자랄 때는 금기의 율법이 많았는데 그중의 하나가 사립문 앞에 서 있는 중들을 박대하거나 푸대접하면 안 되는 것이었다. 그들은 평범한 사람들이 아니고 그 집에 복을 전하러 온 도인이거나 그 집의 미래를 시험하기 위해서 방문한 도사 아니면 귀인들일지 모르기 때문이었다.

지리산에 가면 지금도 생활한복을 입은 도인들을 흔히 만난다. 지금은 약간의 사선으로 그들을 바라보지만 어릴 때는 그렇지 않았다. 비록 허름하거나 누추한 옷을 입었지만 그들의 눈은 초롱초롱하고 빛났다. 그들은 물욕을 멀리하고 세상을 통달하는 학식의 도를 닦은 도인으로 화신한 산신령일지도 모르는 것이었다. 그들의 옷은 누추했지만 초롱초롱한 눈은 가치가 있었다.

자기 주도 인생의 길

눈은 정신이고 옷은 물질이라고 생각했다. 정신은 형이상학이고 물질은 형이하학이다. 인간은 모름지기 형이상학이 대세라고 여겼다. 그놈의 허름한 옷을 입은 맑은 눈의 도인 때문에 고등학교 때 문과 이과 선택의 기로에서 묻지도 않고 문과를 택했다. 그 이후로 세상은 줄기차게 형이하학이 대세를 이루면서 발전해 왔다. 세상 사람들은 그 도인의 맑은 눈은 보지 않는다. 화려하고 고급의 좋은 옷을 입은 도인의 출중한 외모만 본다. 진실한 세상의 도인들은 지리산으로 쫓겨 갔다. 하늘의 별을 보고 사는 도인들은 화려한 네온사인에 눈이 부셔 도시에는 살지 못한다.

● 축지법의 세계

축지법의 도사는 5차원의 세계다. 0차원은 점이다. 길이나 넓이가 없는 영원한 점이다. 1차원은 선이다. 길이만 있고 면적은 없다. 점을 무한대로 확장하면 선이 된다. 2차원은 평면이다. 선을 무한대로 확장하면 평면이 된다. 3차원은 공간이다. 2차원의 평면을 무한대로 쌓아 올리면 입체가 된다. 점, 선, 넓이, 부피까지가 인간의 한계다. 부피는 아무리 무한대로 쌓아도 부피가 된다. 인간은 비행기나 기구를 타며 3차원의 공간 안에서 유유히 논다. 로켓을 타고 저 멀리 우주까지 날아가지만 여전히 공간이다. 공간을 벗어날 수가 없다.

4차원은 시간이다. 흐르는 세월이나 나이 먹어 늙어가는 것을 어찌할 수 없듯이 인간은 4차원의 세계는 범접할 수가 없다. 4차원을 극복하려면 타임머신이 필요하다. 늙지 않는 기계다. 진짜 우주여행을 하려면 타임머신을 타야 한다. 무릉도원에서 바둑 두는 것을 잠깐 구경하고 왔더니만 아기 때의 손자가 노인이 되어 있더라는 옛이야기가 있다. 무릉도원은 인간의 세계가 아닌 신의 세계다. 그러니까 종교에서의 구세주나 부처는 영원히 죽지 않고 늙지 않는 것이다. 에덴동산이나 천국도 마찬가지다. 인간에겐 상상의 세계가 4차원이다.

5차원은 속도다. 속도에는 거리가 있고 시간이 걸린다. 인간은 4차원의 시간을 어떻게 할 수 없듯이 시간이 걸리지 않는 거리 이동의 속도를 낼 수가 없다. 역시 상상의 세계다. 그런데 우리 역사에는 5차원을 극복한 존재가 있었으니 그것이 축지법을 하는 도사다.

인류 역사에는 인간이란 존재의 한계를 뛰어넘기 위한 수많은 방안들이 강구되어 왔고 현재도 시도되고 있다. 구세주와 구복신앙이나 많은 민간 신앙들도 다 그중의 하나들이다. 세상을 뒤바꾸는 정도령을 기다리고, 한 번 두드리면 어떤 소원도 들어준다는 도깨비방망이를 소망하며, 부러진 제비 다리의 흥부 이야기에도 귀를 기울인다. 강남 갔던 제비가 돌아온다는 그 한 맺힌 소원의 강남땅의 신화도 현재 이룩했다. 제비가 박씨를 물고 온다는 따뜻한 남쪽나라 강남땅은 어둡고 춥고 배고픈 식민지 시대에 우리 민족이 뼈저리게 소망하고 갈망했던 구원의 땅 독립의 나라 민족의 해방이었다.

유독 우리들이 축지법의 도사를 염원했던 것은 도보생활이나 운반수단 때문이었을 것이다. 우리나라 역사에서 생필품의 운반은 등짐, 봇짐을 지는 보부상들의 몫이었다. 산을 넘고 강을 건너 천 리를 걸어야 하는 그들의 마음속에 자리 잡은 소망이 축지법의 도사였을 것이다. 운반수단 때문에 고역이나 비지땀은 어린 시절 우리들의 어깨 위에도 항상 와 있었다. 그래서 짐을 지고 가다가 쉴 때마다 축지법의 소망은 그리움으로 우리들의 머릿속에 항상 있었다.

● 축지법의 세상 도래

드디어 축지법의 세상이 왔다. 세상을 주름잡는 시대가 되었다. 눈 깜짝할 사이에 세상 어디라도 가고 볼 수 있다. 올해는 코로나로 더 극단적인 세상이 되어 집안에 가만히 앉아서 온 세상 구경, 소식 다 듣고 물건도 사고 음식도 시켜 먹을 수 있다. 가만히 앉아서 저 지구 반대편에서 생산되는 과일이나 음식을 먹을 수 있다는 이 기적의 세상! 보고 있고 누리면서도 신기하다. 어떻게 이런 일이 우리 시대에 우리가 누릴 줄은 상상도 못 했다.

더 극단적인 세상! 가만히 있어도 국가가 먹을 것도 주고 돈도 주고 왕년의 도깨비방망이가 울고 갈 수밖에 없는 이 기적의 세상이 우리 눈앞에 펼쳐지고 있다. 도깨비방망이는 두 팔로 휘둘러야 하는데 그보다 훨씬 작은 손가락 끝으로 살짝 까딱만 하면 온갖 소망이 이루어지는 기적의 스마트폰이 우리들의 손아귀에 있는 것이다.

드디어 5차원의 세상이 왔다. 스마트폰 안에는 시간도 없고 거리도 공간도 간격도 없다. 과거로도 갈 수 있고 태양계의 달, 화성까지도 순식간에 갈 수 있다. 과거에 죽어 사라진 사람도 다시 볼 수 있고 대양을 건너 세상 어디에 있어도 일가친척이나 사랑하는 사람을 언제 어디서나 볼 수 있다. 귀와 입으로 소통하던 전화에서 한발 더 나아가 눈으로 직접 확인하고 볼 수 있는 스마트폰은 이제는 우리 몸의 필수장기로 자리를 잡았다.

세상 여행이나 운동 경기 구경도 직접 현장에 있는 것보다도 더 자세히 더 정확히 볼 수 있고 알 수 있는 세상이 되었다. 그러므로 세상 사람들이 어울리고 교제하고 소통하는 여러 습관이나 관행들이 완전히 다른 세상으로 변했다. 길을 가도 차를 타도 사람들은 다른 사람을 보지 않는다. 모두 다 자기 안으로 몰입한다. 쩨쩨하게 옆 사람이나 주변을 보지 않는다. 무한대의 시공을 넘나들기 위해서 자기 수족 같은 장기의 부장품에 몰입한다.

왕년에 우리가 꿈꾸던 상상의 세상인 축지법이 이런 날 이렇게 이런 방법으로 오리라는 것을 어찌 알았으리오. 초롱불 등불의 시대에 전등을 켜면서 발명왕 에디슨에게 감사하고 이런 편리한 도구를 만든 사람이 에디슨이라는 것을 아는 지식만 있어도 배운 사람이라고 어깨가 으쓱하던 시절이 엊그제였다. 축지법의 도인이 그 전기 안에 도사리고 있었다는 것을 어찌 또한 알았으리오.

이제는 축지법 도사가 멀리 있거나 상상의 세계에 있지 않고 사람 몸 안으로 들어와 누구나 다 축지법의 도사가 되었다. 어린 아기들도 도사가 되기 위해서 열심히 자기 안으로 몰입한다. 감히 어느 누구도 스마트폰의 부작용을 말하지 못한다. 왜냐하면 그 부작용을 TV 시대에 열심히 홍보하고 알렸으나 아무 소용없었고 또 그 말대로 되지도 않았다. 축지법의 도사 앞에서는 감히 누가 얼씬거리지 못한다.

성불의 도량을 닦는 불보사찰의 마당에 한 무리의 승려들이 지나
간다. 지척에 수많은 관광객들이 얼씬거려도 누구 하나 곁눈질이 없
다. 도통한 신앙인들의 대단한 몸짓이다. 자기 안으로 몰입한 진정
한 도인들의 위대함을 본다. 축지법의 도사와 비교된다.

나라님도 어찌 못하는 꽃눈

자연의 섭리에 의존해 열매를 맺는 과일나무에는 해거리라는 것
이 있다. 어떤 해는 과일이나 열매가 많이 열리고 어느 해는 적게 달
리는 것을 말한다. 해마다 계절은 어김없이 왔다가 가는데 그렇다면
꽃피고 열매 맺는 것이 한결같아야 하는데 그렇지 않은 것이 자연의
이치다. 그런 현상을 하늘의 뜻이라 하여 그저 숙명으로 받아들이며
사는 것이 인생이다. 주로 동네의 감나무에서 해거리를 경험하게 되
는데 어떤 해는 벚꽃놀이동산에서 벚꽃이 전연 피지 못하는 계절도
있었다. 벚꽃의 현상은 매우 이례적인 일이지만 감나무 등의 해거리
는 고중저의 터울로 해마다 되풀이되는 것이 상례다.

해거리를 수확물의 주기로 본다면 과일나무에만 있는 현상이 아니
고 전 농작물에 다 적용된다. 농자가 으뜸이었던 우리 민족은 풍년,
흉년으로 수확물의 해거리를 가름했다. 곡식의 해거리가 풍년, 흉년
의 갈림길인데 그 길의 이정표는 주로 날씨다. 날씨 중에서 여름철

의 강우가 좌우한다. 식량이 되는 곡식의 해거리는 천수답에 수확물이 나오느냐에 달려 있었다. 비가 많이 내려 천수답에 농사가 잘되면 그해는 절로 풍년이 되는 것이다. 감나무의 해거리가 보통 3년을 주기로 하듯이 천수답의 농사도 세 번 중에 한 번만 수확할 수 있고 따라서 풍년도 대체로 3년을 주기로 한 번씩 온다는 것이다. 그 말은 3년 만에 한 번씩은 흉년이 온다는 말도 되는 것이다. 병충해, 전염병, 전쟁이나 난리, 홍수, 가뭄 등으로 이래저래 흉년이 많았고 역사 속에서 우리 민족은 가난에 찌들어 사는 일을 되풀이했다.

인류 역사로 볼 때 1차산업인 농사로 잘사는 나라는 없었다. 벼농사를 3기작도 가능한 동남아시아에서 흉년이 들어 왕년의 우리나라처럼 이웃에 장리쌀을 꾸어다 식량을 해결하는 것을 보았다. 벼농사에는 더운 날씨와 풍부한 수량이면 만사형통이리라 여기지만 흉년이 오는 데는 날씨를 포함한 수많은 변수들이 작용하는 것이 농업국가의 설움이다.

벼농사가 강수량으로 해거리가 되듯이 앞의 감나무의 해거리는 감꽃이 피기 전에 꽃눈이 생겼을 때 새벽의 서리와 관련이 있었다. 서리 맞은 꽃눈은 얼어서 죽고 다시는 꽃눈이 생기지 않으니까 꽃이 안 피고 그러니 감이 열리지 않는 것이다. 꽃눈 시기에 새벽의 서리는 여름철의 강수, 가뭄과 마찬가지로 아무도 알 수가 없고 또 어찌할 수도 없다.

꽃눈에 내리는 새벽의 서리를 어떻게 할 수 없듯이 흉년으로 인한 백성들의 가난을 나라님도 구제할 수가 없었던 것이다. 가난에 관한 것은 예나 지금이나 마찬가지일 것이다. 태생의 운명에서 구차한 변명을 논하나 궁극적으로는 가난이다. 민족의 운명, 전쟁, 식민지 등으로 누구나 다 그랬다는 의미로 위안을 삼지만 실제로 한 개인으로 가장 자존심 상하는 일이 가난한 것이었다. 그 시절에도 잘산다고 어깨가 으쓱한 사람들도 많았다.

조상 대대로 그래 왔듯이 태어난 곳에서 전통적인 삶의 방법을 택했다면 그렇게 큰 정신적 고통은 받지 않았을 것이다. 그런 경우는 외부 세상에 대한 열등의식을 회피하는 것으로 스스로 우물 안 개구리를 자청하는 꼴이다. 젊은 날 한때는 좋았겠지만 넓은 세상에 대한 동경으로 두고두고 후회하면서 살고 있을지도 모르는 일이다.

세월이 흘러 황혼의 즈음에 돌아보는 인생사 후회되는 것이 하나 있다면 그것은 젊은 날 가난이나 태생의 운명도 아니고 자존심 상한 것도 아니며 오직 자존감을 갖지 못한 것이다. 세상에 휘둘리고 살아도 자기 삶의 궤적이 보이는 것이 자존감이다. 그것은 인생의 숲 속을 헤매고 다녀도 나침반이나 내비게이션이 있는 것과 같은 이치다. 2세 훈육이나 아이들 교육에서도 중심 잡힌 정신세계의 자존감을 키워주는 일이 최선이다.

돌아서 보이는 길은 길이 아니다

사막의 길에는 신기루가 있다. 지치고 삭막한 여행길의 아득한 저편의 지평선상에 뚜렷이 보이는 오아시스, 금방이라도 달려가고 픈 유혹의 손짓이다. 실체가 없는 환상의 세계가 실제로 눈앞에 펼쳐지는 광경이 신기루다. 그러나 그 환상의 세상은 인생들이 메마른 여행길 메마른 가슴에 품고 사는 저마다의 영원히 동경하는 피안의 세계일지 모른다.

인생의 길에도 신기루가 있다. 대도시의 마천루일까? 강남땅일까? 아라비아 공주와 사랑을 하는 영화의 주인공일까? 빌 게이츠일까? 미래의 허무맹랑한 상상의 세상일까? 신기루를 따라가서는 안 되고 갈 수도 없듯이 인생의 길에도 따라갈 수도 없으나 훤히 보이는 신기루 같은 길이 있다. 지나온 길을 되돌아서 보이는 길이다. 보이기는 해도 다시는 돌아갈 수 없는 길 그것이 인생길이다. 되돌아서 보이는 길 그것은 길이 아니다.

인생의 길은 수많은 십자로가 있는 숲속 길이다. 십자로마다 이정표가 있다. 어느 이정표를 따라서 어느 길을 가야 할지는 아무도 모른다. 오직 자신만이 선택해서 가야 하는 외로운 길 인생길이다. 그 길의 끝에는 무엇이 있는지 늪인지 덫인지 아무도 모른다.

어떻게 선택해서 어떻게 가느냐 하는 것도 사람마다 다르고 방법도 천차만별 가지각색이다. 알고 선택하고 알고 가는 사람은 없다. 친구 따라 강남 가듯이 가는 사람도 있고 남들이 가니까 마냥 따라가는 사람도 있다. 나름대로 의지를 가지고 독자적으로 행동하는 사람도 있다. 이래도 저래도 끝도 안 보이고 방향도 모르는 숲속 길이다.

거리에 나가면 자동차들이 달리는 모습과 같다. 빨리 달리는 차,

자기 주도 인생의 길

느리게 가는 차, 흰 차, 검은 차, 오른쪽으로 가는 차, 왼쪽으로 가는 차 수만 갈래 가지각색이지만 어디서 왔다가 어디로 가는지는 아무도 모른다. 그런데도 알고 가는 것처럼 잘도 달리고 때로는 경쟁을 하면서 달린다. 거리의 자동차처럼 다른 사람들은 알고 가는 것 같고 자신만이 모르고 그냥 막연히 가는 것처럼 느껴지는 것이 인생길이다. 들어선 숲속 길 어차피 가야 하는 길이 인생길이다.

십자로의 이정표만 보고 탄탄대로의 꽃길이라고 소문만 무성한 그 길을 수많은 사람들이 쏟아져 들어갔다가 금방 천 길 낭떠러지의 절벽을 만나는 것을 보았다. 한 치 앞도 안 보이는 안개 낀 그 절벽 길에 함부로 발을 디디다가 사정없이 추락하는 사람도 많았다. 인생길의 절벽에 추락하는 사람은 날개가 있어 죽지는 않지만 그러나 그 충격은 일생을 좌우한다.

떨어지는 절벽이 있는가 하면 앞을 가로막는 절벽도 있다. 소리 소문 없이 돌아가게끔 가로막는 절벽은 길이 아닐 뿐이다. 돌아가다 막히면 돌아온다. 돌아오는 길은 갈 때의 길이 아니다. 인생의 길에는 회귀라는 것이 없다. 영원히 새 길만 걷는 것이 인생사요 문명이다.

혼자 가는 외로운 길이라고 그 길의 어디쯤에 절벽이 없으란 법은 없다. 큰 절벽 작은 절벽 가파른 비탈길 울퉁불퉁 돌부리 가시밭길 인생의 길에는 탄탄대로의 꽃길은 없다. 숲속 길, 인생길에는 늪과 덫이 있다. 늪은 함정이고 덫은 올가미다. 어디쯤이 함정이고 무엇이 덫인지 어둠의 숲속 길에서는 보이지 않고 구별할 수가 없다. 저 흐릿한 운명의 불빛만 보고 따라갈 뿐이다. 가다가 지치면 쉬어 가라 하지만 인생의 길에서는 쉴 곳이 없다. 쉴 곳도 없고 주저앉을 수도 없다. 사방의 늪과 덫을 무릅쓰고 갈 길이 바쁘다.

가다가 늪에 빠져 허우적거리기도 하고 덫에 걸려 옴짝달싹 못 하기도 한다. 그래도 세상 사람들은 잘도 빠져나오고 감긴 올가미를 잘도 풀고 달린다. 같이 함정에 빠지고 한꺼번에 덫에 걸렸어도 하룻밤 지나고 나면 모두 다 사라지고 혼자 남는다. 신기한 세상에 신기한 일들만 일어나는 것이 인생길이다. 세상 사람들은 기적 같은 일을 잘도 만들어 낸다.

숲속 길 인생길에는 정글의 갈등이 얽혀 있다. 이정표 따라 무심코 들여놓은 발길은 어느새 숲속의 소로가 되고 점차 길이 좁아지더니 드디어는 앞길이 보이지 않는다. 뒤돌아보아도 지나온 길도 막혔다. 어쩌란 말이냐 오도 가도 못하는 신세, 정글의 갈등에 갇혔다.

내려다보면 걷는 길 발등에는 정글의 산거머리가 달라붙는다. 얽힌 갈등의 넝쿨들을 시원한 칼로 내려쳤으면 좋으련만 전가의 보도인 은장도 정도로는 거칠고 험악한 덩굴들을 어찌해 볼 도리가 없다. 갈등을 풀고 길을 뚫다가 허송세월 다 보내고 날 저물어 어둠이 내린다. 인생길 험한 길에는 머피의 법칙이 작용한다. 가는 날이 장날이라고 지금까지 멀쩡하던 세상이 지진이 일어나고 땅이 갈라져 가는 길을 막는다. 아무리 부르고 울어도 소용이 없다. 어떻게 된 일이냐고 물어도 대답이 없다. 운명의 장난 앞에 주저앉을 뿐이다.

'인생은 고해'라고 예부터 전해오는 말이 있다. 아무리 험한 풍랑의 뱃길에 시달려도 가야 하는 길, 인생길. 멀리 항구가 보이고 바다는 잠잠해졌으며 닻을 내려야 할 때가 다가왔다. 지나고 보이는 길. 너무도 잘 보인다. 이 길로 가면 무엇이 되고 저 길로 가면 어떻게 되고 지나온 길은 신기루가 되어 뇌리에 아른거린다. 그러나 부질없고 길이 아니다.

그대의 삶은 그대의 몫으로, 그대가 가장 잘 산 인생으로 소풍 왔다 가는 것이다.

혼돈의 시대 발자국

해방의 기쁨도 잠시 나라는 온통 사상 대립으로 혼란에 빠졌다. 결국은 해방군인 미소의 입맛대로 남북이 갈라진 분단국이 되었다. 그러다가 북괴의 남침으로 전쟁이 일어났고 인민군 부상병들이 후송되어 우주 괴물의 숙주처럼 집집마다 마루에 똬리를 틀고 있었다. 희한하게도 내 기억의 가장 밑바탕에는 항상 인민군 환자들이 야전 침대에 붕대를 감고 누워있다. 실제로 팔의 환부에서 구더기가 우글거리는 것을 목격한 기억이 있다.

6·25사변이라고 하는 한국동란의 치열함도 휴전으로 끝났다. 휴전이란 전쟁이 끝난 것이 아니다. 어느 쪽에서든 약속을 깨고 전쟁을 시작하면 전쟁이 되는 것이 휴전이다. 그만큼 세상이 뒤숭숭하고 불안하여 안정적이 되지 못하는 것이 휴전 후의 사회다. 휴전 직후 그런 망연자실한 세상 분위기와 전쟁의 포탄 자국 위로 학교를 다녔

다. 세상은 그야말로 이데올로기 혼돈의 시대였다. 일제통치, 대동아전쟁, 해방, 미군정, 한국동란을 겪으면서 격변의 시대에 우리 민족은 사냥에 쫓기는 들짐승 꼴이 되었다.

살아남은 것이 기적이고 다행이었으나 아직도 어디에다 마음을 정착하고 살아야 할지 어리둥절했다. 6 · 25전쟁은 좌익 우익의 갈팡질팡하던 사상의 혼란을 완전히 판가름 나게 하고 노선을 정리해 주는 좋은 처방전이 되었다. 열성분자의 좌익들은 전쟁을 따라 북쪽으로 갔지만 간 사람들이나 남아 있는 사람들이나 어느 사상이 좋은지는 전쟁을 겪었지만 아직도 헷갈리고 있었다. 물론 우리들은 학교에서 '무찌르자 공산군 북괴 괴뢰도당 오랑캐' 하면서 반공에 관한 것을 열심히 배웠다. 식민지 시대 일본에 설움 받았던 배일정신은 뒷전이었다. 동족상잔의 아픔이 그만큼 컸기 때문이었다.

그러다가 고학년이 되면서 배일사상교육에 관심을 갖기 시작했다. 그 첫 번째 과업이 학교 울타리나 뒤의 면사무소 주변의 벚꽃나무를 몽땅 베어버리는 것이었다. 그리고는 미술시간이나 학교행사 때 포스트를 그릴 때는 반공이나 배일정신에 관한 것이라면 어느 것이라도 좋다고 했다. 그다음 해는 전 면민들과 같이 학교 운동장에서 플래카드를 흔들면서 북송 반대 궐기대회를 했다. 운동장에 모인 사람들의 면면을 보면 아직도 주로 흰 옷을 입는 백의민족들이었다.

사람들은 그간의 경험에 비추어 세상의 변화나 소식에 예민하게 자극을 받고 민감하게 반응할 수밖에 없었다. 일제와 공산침략 같은 국운의 변화에 어떻게 적응을 해야 살아남을 수 있을까에 대한 불안감 때문이었을 것이다. 국운의 변화는 결국은 이데올로기의 변화를 수반하기 때문이었다.

헐벗고 굶주린 시대에 인간다움을 표방하는 삶의 가치기준이라고 하는 이데올로기가 급변하고 있었다. 20세기 문을 열자마자 불과 반세기 만에 외세로부터 유입된 여러 이데올로기가 쌓여 중첩되고 누적되고 혼재되어 있었다. 우리 전통의 엄연한 유교사회의 풍속이 살아 있었고 친일과 식민지 잔재도 그대로 있었다. 또한 세상은 미군정을 거쳐 미국식의 자유주의 국가와 교육, 사회제도가 만들어졌다.

해방되고 시국에 혼란을 야기했던 좌익사상은 그로 인하여 전쟁이라는 엄청난 대가를 치른 후였기 때문에 일단은 북쪽으로 물러갔다고 간주할 수 있었다. 그러나 연좌제라든가 이산가족의 아픔, 전쟁의 상처 등은 여전히 남아 있었다. 말단 하급 공무원을 하더라도 신원조회를 하여 집안이나 인척 중에 좌익이나 소위 빨갱이 활동을 했던 전력을 가진 사람이 있나 없나를 조사해 만약 있을 경우 공무원이 될 수 없는 것이 연좌제다. 선조나 인척과 연관 지어 국민의 기본권을 제약하는 아주 안 좋은 제도로 진정한 민주국가에서는 있을 수 없는 악법이었지만 전쟁 직후에는 당연시되는 제도였다.

그러니까 네 가지 사상과 가치관이 혼재하는 시대였다. 가정과 사회는 유교적 풍습을 따랐고 학교나 관청은 서양식 조직과 편제였으며 거기에 종사하는 사람들의 의식은 일본의 식민지 국민을 다스리는 사고방식의 식민지근성이 많이 남아 있었다. 그리고 학교를 마치고 사회에 나올 때는 반드시 사상검증을 받아야 하는 이념분쟁의 후유증이 난무하는 시대였다.

식민지근성이란 비굴하고 야비한 기회주의자 같은 사고방식으로 서로 불신하며 부정적이고 패배의식에 사로잡힌 국민성이다. 오랜 식민지 역사를 가졌던 중남미 국가들의 국민들은 식민지근성을 탈피하기 위해서 무진 노력하고 있으나 여간해서 완전히 벗어나기 힘든 것이 식민지근성이다. 우리나라 국민들은 현재 식민지근성은 많이 탈피했으나 분단국의 고질적인 병폐에 시달리고 있다. 그것이 이념분쟁이다. 국가 통일만큼 어려운 것이 이념통일이다. 세계 공산주의는 조종을 울린 지 오래되었으나 우리 민족의 공산주의는 여전히 활개를 치면서 오히려 대한민국의 이념을 위협하고 있다. 국가 불안의 최대변수가 이념분쟁이다.

이데올로기 혼돈의 시대는 결국 약소민족의 설움이며 그것은 민족의 자존감 훼손이다. 압박과 설움에서 해방된 민족, 자존감 상처 속에 생겨난 신생국가에서 태어나 자란 세대로서 태생의 운명과 겹쳐 개인의 자존감은 거의 말살상태였다. 헐벗고 굶주림의 기아선상에서 헤매다가 기적적으로 부국을 이룩했으나 잃어버린 자아는 돌아올 기미가 없다. 혼돈의 시대에 발자국을 더듬으면 우리들의 존재감이나 가치기준은 항상 나 자신을 떠나 타에 있었고 생각의 중심을 잡지 못하고 주변의 환경에 따라 변색하기 바빴다.

자기 주도 인생의 길

보이지 않는 길

사람의 발자국이 쌓이면 길이 된다. 그러기 위해서는 사람들이 많이 오가야 한다. 사람은 묘하게도 남들이 밟은 발자국을 따라 걷는 습성이 있다. 그 발자국들의 흔적이 길이다. 아프리카 대평원에서 동물들은 떼를 지어 마구잡이로 이동한다. 인간들은 전쟁할 때만 그렇게 하지 평소에는 아무리 평평하고 수많은 사람들이라도 한 줄로 걸어간다.

그래서 넓은 평원에서도 인간의 길은 좁고 한 줄이다. 다른 사람들이 다녔던 그 길을 따라서 다닌다. 길은 인간의 삶의 흔적이고 그 길의 끝에는 마을이 있기 마련이다. 길은 마을과 마을을 이어주는 통로이다. 사회적 동물인 인간은 모여서 마을을 이루고 살고 동시에 식물처럼 붙박이로 살 수 없기 때문에 이 마을 저 마을로 오고 간다. 그래서 또한 길이 생기고 그 길은 마을 간 사람들의 마음과 관계를 이어주고 연결하는 통로이다.

통로로 소통되는 사람들의 관계가 인연이다. 인연의 마디마디를 이어가면 연줄이 된다. 세상은 연줄로 이어지는 길이다. 그러나 그 길은 보이지 않고 아무나 볼 수 없다. 태생의 운명에서 질곡의 껍질을 감고 나온 사람들은 보이지 않는 길은 보지 못한다. 눈뜬장님이다. 왜냐하면 보이는 길만 보고 자랐기 때문이다. 보이지 않는 길이 이 세상에 있다는 것을 모른다. 기껏 보고 자란 길이 둑길, 방천길, 산길, 고갯길, 논두렁길, 흙길, 개흙 길, 먼지가 산처럼 일어나는 신작로 등이었다. 그것도 길이라고 그 길만 걷기 바빴고 조금이라도 옆길로 새면 볼 장 다 본 것이라고 여기면서 남의 꽁무니만 따라 열심히 걸었다.

그렇게 열심히 다녔던 그 길들이 모두 다 사라지고 희미한 옛길이 된 지 오래되었다. 총알 같이 달리는 자동차 시대에 희미한 옛길은 의미가 없어졌다. 그 길은 보이지 않는 길이 아니라 사라진 길이다. 사라진 길에 대한 추억은 나아갈 길의 장애요소이다.

그 외에도 보이지 않는 길은 많다. 깜깜한 밤길에나 안개가 자욱하면 앞길이 보이지 않는다. 눈이 많이 내리거나 길이 물에 잠기면 보이지 않는다. 잠수 탄 길, 가다가 인생의 길에서 길이 잠수를 타기도 하고 지진이 일어나 가는 길이 끊어지는 수도 있다. 절망의 늪에 빠져도 길은 보이지 않는다. 그러나 그때는 늪만 빠져나오면 희망의 길이 기다리고 있다. 가는 길이 험하다고 멈출 수 없는 것이 인생의 길이다.

연전에 어떤 길을 가다 그 길의 길섶에 있는 전망 좋은 정자에 오른 일이 있었다. 이미 많은 사람들이 올라와 자리를 잡고 있었다. 그 중에 염라대왕 같은 연장자가 내게 온 길의 경로를 물었다. 그대와 같은 길로 왔노라고 대답했다. 그러자 그 연장자는 절대 그럴 리 없다는 것이었다. 세월이 지났다. 알고 보니 그때 그 사람들은 모두 다 보이지 않는 길로 온 사람들이었다. 그때는 정말 몰랐었다. 보이지 않는 길이 그렇게 흔하고 직접적이고 노골적이라는 것을. 그리고 많은 사람들이 그런 길을 예사로 다닌다는 사실을. 또한 모르는 사람

자기 주도 인생의 길

이 용감하다고 그때는 보이지 않는 길의 위력을 초개같이 차 버렸다. 무모함의 극치였다. 알고는 두 번 다시 가지 못할 그 길을 자존감이라고는 쥐뿔도 없으면서 자존심만 가득 차 아랫배에 힘을 주어야 할 입장에 어깨에 힘을 주고 다니면서 거들먹거렸다.

제6장

자아를 찾아서

신립 장군의 문턱

난세에 영웅이 난다고 우리나라 역사에서는 임진왜란 때에 영웅 호걸이 가장 많이 배출되었다. 바람 앞의 등불 같았던 국난 극복을 위하여 장렬히 전사한 순국의 영웅들이 유달리 많았던 전쟁이 임진 왜란이었다. 순국의 영웅들은 굳이 역사에 이름을 남긴 장수들만은 아닐 것이다. 의병을 비롯한 군관민과 민초들이 나라를 지키기 위하여 목숨을 초개같이 바쳤다.

대륙과 해양의 거대한 국가들 사이에 낀 교량적 역할을 하는 약소 국의 우리 민족이 현재까지 살아남았고 앞으로도 살아가야 할 위대 한 민족정신의 표상이 바로 그 임진왜란 때에 순국의 영웅들에게서 찾을 수 있다. 6 · 25동란 때도 바로 그 정신이었다.

신립 장군도 임란 때에 장렬히 전사한 영웅 중의 한 사람이다. 해 전에 영웅 이순신 장군이 있었다면 육지전에는 주력부대의 군사를 이끄는 신립이 있었다. 왜군들의 기세에 부산포를 지키던 정발 장군, 동래부사 송상헌 등이 추풍낙엽처럼 떨어져 나갔다. 그다음 기댈 곳은 영남의 관문 문경 새재를 지키는 신립이었다. 신립은 무슨 의도였는지 갑자기 작전상 후퇴를 하여 충주의 탄금대에서 배수진을 쳤다. 새재의 요새는 지리적 자연 엄폐물의 방패막이를 이용하는 것인데 비하여 탄금대의 배수진은 군사들의 의지력을 이용하는 전투가 되는 셈이다. 아닌 게 아니라 후퇴 불가의 배수진으로 인하여 모조리 몰살당하고 한양은 무혈입성으로 점령당했다. 결과론적이지만 신립의 배수진은 너무나 무모하고 어리석은 작전이었고 그럴 바에야 계속 후퇴를 하여 끝까지 남아 있어야 왜군들에게 위협적인 군사라도 되는 것이었다. 주력부대의 몰살로 이제는 의병들에게 밖에 기댈 데가 없었다. 그것이 임란이었다.

신립의 불가사의한 작전상의 배수진에는 전설 같은 일화가 전해지고 있다. 신립은 한양의 유수한 집안의 자제로 장대한 기골과 훤칠한 외모에 누가 봐도 장군감이었고 큰일을 할 인물이었다. 그래서 진주 대첩, 이순신의 한산 대첩과 함께 임진왜란 3대 대첩으로 꼽히는 행주 대첩에 빛나는 권율 장군의 사위로 낙점되어 있었다.

신립은 어느 날 한양성의 외곽으로 사냥을 나갔다. 지금의 수유리나 도봉산쯤일 것이라고 한다. 날이 저물어 어느 외딴집에 하룻밤 기거하게 되었는데 그 집은 수려한 기와집이었고 묘령의 처녀 한 사람만 살았다. 얘기인즉슨 매일 밤 강도가 찾아와 부모와 가족들을 모두 죽이고 오늘 밤 자기를 데리러 온다는 것이었다. 그 말대로 그

날 밤 강도가 왔다. 신립은 본때 있게 강도를 물리치고 그 처녀를 안심시켜 주었다.

날이 밝아 신립이 그 집을 나서려는데 그 처녀가 자기를 데려가 달라고 생떼를 썼다. 신립은 난감했다. 권율 장군의 사위가 될 사람인데 허튼 처녀 하나로 미래가 물거품이 될 처지가 되었다. 그래서 그 처녀의 막무가내 부탁을 모질게 뿌리치고 대문을 나서려 하는데 어느 사이 그 처녀는 지붕 위에 올라가 신립을 위협했다. 대문의 문턱을 한 발자국이라도 넘어갈 시에는 지붕에서 떨어져 죽겠다는 선언이었다. 그래도 두 눈 질끈 감고 그 문턱을 넘어버리고 말았다.

신립이 북진하는 왜병들과 싸우기 위해서 작전을 짜고 심사숙고를 거듭하고 있는 어느 날 밤 꿈에 앞일을 점치는 무당 같은 여인이 나타나 문경 새재보다는 충주의 탄금대로 후퇴를 하여 싸우는 것이 유리할 것이라고 예언을 하였다. 승전과 왜군들의 북진 저지를 위해서 요새와 배수진의 선택의 기로에서 고민하다가 그 여인의 말대로 탄금대를 선택하고 말았다. 조총이라는 신무기로 무장한 왜병들을 염두에 둔다면 탄금대의 배수진은 말이 되지 않는 작전이었다. 장수라면 누구나 갖추어야 할 손자병법의 기본도 안되는 계략이었다.

훗날 사람들의 입에 오르내리는 말로는 신립이 젊은 날 치기 어린 행동의 일환으로 모질게 행동하여 문턱을 넘어버림으로써 죽게 된 그 처녀의 원혼이 무당으로 변장하여 꿈에 나타나 예언을 한 것이라고 전해진다.

인간사에 인간심리

'신립의 문턱'에서 주목하고자 하는 것은 신립의 작전실패라든지 임란 때의 역할 무능 등이 아니며 신립을 통해 역사적인 교훈을 얻고자 함도 아니다. 신립의 선택심리의 일반화를 통해서 현대인들이 살면서 겪는 의사결정이나 행동에 도움을 얻고자 함이다.

사람은 누구나 일생을 살면서 나아갈 길의 기로에 서는 때가 있게 된다. 특히 혈기 왕성한 젊은 날에 더 많이 더 자주 직면하는 것이 보통이다. 미래에 대한 불안 때문일 것이다. 신립의 젊은 날도 아마 그랬을 것이다. 누구도 알 수 없고 가르쳐 줄 수 없는 것이 한 개인의 일생이고 미래이기 때문이다. 사람에게는 일생 동안 몇 번의 행운이 찾아온다고 한다. 그 말은 몇 번의 불운도 겪게 된다는 말이 된다.

신립의 배수진도 그중의 하나라고 할 수 있을 것이다. 하도 거대한, 국가적 민족적 일이라서 생겨난 전설일지 모른다. 임진왜란의 참혹함을 상기하면 그렇게 믿고 의지했던 신립의 기개나 위용에 따른 그의 선택이 용서되지 않는다. 장수라는 신분의 사명은 한 개인의 결단이나 의지력의 문제가 아니기 때문이다.

신립은 인간 생명의 존엄성에 대한 인식이 부족했다. 물론 그 처녀가 그렇게 쉽게 결단을 이행할 줄은 몰랐을 것이다. 한 발자국의 문턱을 넘는 것과 한 사람의 목숨이 달려 있다는 것의 관련성이 그렇게 깊을 것이라고는 미처 생각하지 못했을 것이다. 어떻든 그 처녀의 입장에서는 신립을 만나지 않았다면 강도에게 잡혀갔을 것이고, 한번 만난 이상 하룻밤의 인연이지만 정이 들어 혼자 살 수가 없는 정신적 심리가 되어버린 것이다.

'신립의 문턱'은 현대인들에게도 큰 교훈이 될 수 있다. 미투운동이 그 대표적인 예이긴 하지만 그 외에도 작은 일의 결행이나 처리 방향이 잘못되어서 일시에 낭패를 보고 일생을 망치는 유명인들을 목하에서 흔히들 목도하고 있는 것이다.

신립은 신분의 차별에 대한 고정관념이 심했다. 일개 무명의 여인이 자기가 누구인 줄도 모르고 함부로 무모하고 도발적으로 처신하는 것을 이해할 수가 없었다. 물론 당시에는 신분의 차이가 있는 계급사회이긴 했다. 하지만 신립 자신의 행동 여하에 따라 한 인간의 목숨이 왔다 갔다 하는 일인데 모질게 문턱을 넘었다는 것은 현시대라면 자살방조죄에 해당한다. 그것은 미필적 고의성이 있다 하여 간접적 살인죄가 되는 것이다. 신립은 신분의 차이에 따라 생명의 고귀함에 차이가 난다고 인식했던 것 같다. 하찮은 한 여인의 죽음쯤이야 자신의 인생의 길에 별문제가 안 될 것이라고 생각했던 것 같다. 탄금대의 배수진도 부하 병사들 생명의 고귀함에 대한 인식이 있었다면 그렇게 무모한 작전은 하지 않았을 것이다.

신립은 자존감이 부족한 사람이었다. 신립의 일생에 시대적 아픔의 왜란이 일어나지 않았더라면 더 유명한 역사적 인물이 되었을지 모른다. 왜냐하면 결단력 있고 외관의 풍모가 수려해 만인의 귀감이 되었을 것이기 때문이다. 그러나 신립은 결단력은 있으나 판단력은 부족한 사람이었다. 판단력은 상황파악의 인식에서 온다. 자존감이 부족하면 그 상황파악을 독자적으로 잘하지 못하고 다른 사람이나 외부의 처지에 의존하게 된다.

신립이 젊은 날 지붕에서 떨어지는 한 처녀의 생명을 방조하게 된 것도 독자적 판단 때문이 아니라 자신의 신분이나 권율 장군을 의식했기 때문이었을 것이다. 자기 자신 미래의 안위가 하찮은 한 처녀의 목숨보다 더 가치 있다고 판단했을 것이다. 물론 그 당시에는 아무 문제가 없었다. 그러나 임진왜란이라는 거국적 거사 앞에서는 지위나 신분이 바람 앞의 등불처럼 순식간에 꺼지고 말았다. 꿈에 나타난 여인의 판단에 의존했기 때문이었다.

인간사에는 오로지 인간애만이 최선이다. 인생의 가는 길에는 선택의 십자로가 흔하다. 작고 시시하다 싶은 일도 가능한 한 인간애 쪽으로 선택하라는 말이다. 인간의 관계에서 언행을 신중하게 해야 할 필요가 있는 것이다. 물보라를 보기 위해서 연못에 장난으로 던지는 작은 돌도 개구리가 맞으면 치명상이 될 수 있다는 말도 예부터 있어 온 말이다. 무엇이 인간애이고 어떻게 하는 것이 최선인지 제대로 알 수는 없겠지만 나름대로 판단의 방향이 인간애 쪽이어야 한다는 것이다. 신립의 경우도 신립의 입신에 비해서 배수진의 패망이 하도 억울해서 생긴 전설이긴 해도 인간 목숨의 소중함을 일깨우는 교훈이 담겨있는 것이다.

팔려가는 당나귀

인간은 본디 독립된 존재이기 때문에 학교에서 교사들이나 가정에서 부모들은 자라는 자녀들을 독립된 존재로 살게 하기 위해서 끊임없이 가르치고 훈육한다. 신체적 독립의 중요성은 두말할 나위 없지만 정신적 독립성도 매우 중요하다. 그러므로 인간사회는 동서양을 막론하고 고대부터 사고의 방법이나 지혜를 일깨우는 훈화나 이야기가 발달하였다. 고대 그리스의 이솝우화를 예로 들 수 있지만 그 외에도 유대인들의 탈무드나 우리나라 역사 속의 서당에서 배웠던 명심보감이 있다. 명심보감은 마음을 밝게 한다는 책이다.

'팔려가는 당나귀'는 이솝우화 중의 한 대목이다. 아버지와 아들이 당나귀를 팔러 가는 이야기다. 여기에 어린 아들이 등장함으로써 동화로 치부되고 있으나 탈무드나 명심보감처럼 누구에게나 통용되고 귀감이 되는 이야기라 할 수 있을 것이다. 우리나라 속담에도 '배가 산으로 간다'는 말이 있다. 남의 말에 의존하다가는 '팔려가는 당나귀'의 부자처럼 당나귀를 잃는 우를 범할 수 있다는 뜻이다. 또한 어떤 일을 할 때 남들의 간섭이 심하고 말 많은 세상이라는 뜻도 된다. 우리가 생활하면서 의지의 중심을 잡기가 쉽지 않은 때가 흔히 있다. 이 사람 말을 들으면 이 말이 맞고 저 사람 말을 들으면 저 말이 맞는 것 같은 때가 비일비재한 것이 사실이다. 그렇다고 남의 말에 전연 귀를 기울이지 않는다면 잘못하다가는 고집이나 독단이 되기 쉽다. 이래저래 의사결정이 쉽지 않은 것이 인간사 세상사이다.

자기 주도 인생의 길

'고양이 목에 방울 달기'란 말도 있다. 생각하거나 의사결정은 쉬운데 실천이 불가능한 경우를 말한다. 아무리 좋은 생각이나 처방이라도 실행에 옮길 수 없다면 소용없게 된다. 어떤 일을 추진할 때 생각하여 행동하게 된다. 이때 생각이나 행동에는 자기중심의 의지가 담긴다. 자기중심의 생각이나 행동은 주관성이다. 주관성이 뚜렷해야 한다.

흔히들 줏대 있게 행동하라고 한다. 이리저리 휘둘리지 말고 생각의 중심을 잡으라고도 한다. 생각의 중심을 잡기 위해서는 분별력과 판단력과 결단력이 있어야 한다. 분별력은 옳고 그름을 구별하는 것이고 판단력은 옳은 생각 쪽으로 빨리 선택하는 것이며 결단력은 옳은 선택을 행동으로 옮기는 것이다. 즉 분별력, 판단력, 결단력이 있으면 주체성 있는 행동이 된다.

주관성이나 주체성 있는 행동을 할 수 있는 마음의 자세가 자존감이다. '팔려가는 당나귀'에서 아버지와 아들은 자존감이 부족했다. 아들은 아직 어려서 아버지 앞에서 자존감을 내세울 계제가 못 된다. 아버지의 자존감 부족으로 결국은 곤욕을 치르게 된다는 교훈이다. 그렇지만 결국은 어린 아들도 어리석고 남의 웃음거리가 되는 사람이 되고 만다.

'팔려가는 당나귀'는 초등학교 3학년 교과서에 있었던 동화다. 어문이나 문법과 관련 있는 국어책에 있는 동화이지만 교훈적인 내용임에 틀림없다. 앞으로 인생을 살아가면서 남의 말에 너무 현혹되지 말고 사고의 중심을 잡고 살라는 교훈을 익히라는 것이다. 감수성이 예민한 시기에 아이들은 그 외에도 많은 동화책이나 책을 읽고 느끼고 생각하고 배우라는 것이다. 책 속의 인간사를 통해서 많은 것을 간접 경험하라는 것이다.

인간심리에서 나이가 어릴수록 자기중심적으로 사고한다. 성장하면서 자기중심을 깨뜨리는 수많은 관습, 제도나 규율과 맞닥뜨리게 된다. '팔려가는 당나귀'의 교훈은 어린 날의 단순한 동화로서 끝나고 만다. 어느 사이 자기중심은 어디 가고 사방의 주변에 휘둘리면서 살게 되는 자기 모습을 발견하게 된다. 알맹이 없는 자기 모습에 스스로 어리둥절해진다.

'팔려가는 당나귀'가 교과서에 실린 의도가 무엇일까? 동화책에 있는 것이면 읽고 느끼고 배우면 되는 것이지만 교과서에 있다는 것은 교훈을 확실히 가르치라는 것이다. 그 교훈은 한발 더 나아가 어린이에게도 자존감을 가르치라는 것이다. 자존감은 후천성이기 때문에 의도적이거나 환경에 의하지 않으면 대부분 사람들은 자존심으로 귀결시키고 만다. 사춘기 때는 자존감의 일부가 반항심으로 표출되기도 한다. 같은 감정이나 자존감은 몸으로 느끼는 것이고 자존심은 마음으로 느끼는 것이다. 자존심은 타에 의해서 상하거나 타격을 입을 수 있으나 자존감은 스스로에 의해서 낮아지거나 떨어질 수는 있다. 외부나 타에 의해서 자존심이 상하면 그럴수록 속에서 모락모락 살아나는 것이 자존감이다.

햄릿형과 돈키호테형

 러시아의 소설가 투르게네프가 인간형을 햄릿형과 돈키호테형으로 분류했다. 여기서 인간형이라 함은 그 사람의 성격의 형태를 말하는 것이고 성격은 감정의 표출로 나타난다.

 보통은 사람의 성격을 내향적이거나 외향적 성격으로 분류하거나 또는 내성적, 소극적 성격과 적극적, 외향적 성격으로 분류한다. 사람의 감정은 매우 다양하고 변화무쌍하기 때문에 어느 시점이나 순간에 표출되는 감정으로 그 사람의 성격을 판단하기에는 무리일 수 있다. 감정의 표출은 언행으로 하게 된다. 그러므로 주로 표현되는 언행에서 그 사람의 성격이 단정될 것이다.

 투르게네프가 분류한 인간형은 문학작품 속의 주인공의 성격으로 분류한 것이기 때문에 심리학자들이 과학적으로 분류한 인간의 성격과 근본적으로 다르다. 그러므로 전적으로 햄릿형이나 전적으로 돈키호테형의 성격을 가진 인간은 없다. 있다면 한 사람의 성격으로 수시로 나타나거나 어느 때나 순간에 표현되는 성격의 한 단면일 수 있다.

 내성적이고 우유부단한 성격을 가진 사람을 햄릿형의 인간과 비슷하다고 할 수 있을 것이다. 그리고 적극적이고 저돌적인 성격을 가진 사람을 돈키호테형의 인간으로 볼 수 있을 것이다. 하지만 완전히 한쪽으로만 독립된 존재로서의 인간은 있을 수 없다. 만약 있다면 정신이상자로서 사회와 격리되어야 마땅할 것이다. 그러나 인간의 내면에는 이보다 더한 악마의 감정도 있을 수 있고 곱디고운 천사의 감정 등 다양한 감정들이 동시에 발현되거나 차곡차곡 쌓여 있다가 나름의 필요에 따라 하나씩 꺼내어 쓰고 발휘된다고 할 수 있을 것이다.

소설이나 동화, 드라마, 영화 등의 극본 속에서는 많은 인물들이 등장하고 각자 나름의 역할을 하면서 스토리가 꾸며진다. 그 등장한 인물들의 인간형이 이 세상에 존재하는 것이 아니다. 아무리 많은 사람이 등장하고 역할이 다르고 성격이 달라도 그것은 주인공 한 사람의 인간형이다. 주인공의 삶이나 이야기의 과정에서 등장하는 인물들의 숫자만큼 주인공 한 인간의 심정이나 감정이 복잡하고 변화무쌍했다는 것을 의미한다. 그만큼 인간의 감정이 다양하기 때문에 그것을 표현하는 수단으로 스토리가 만들어지고 하나의 감정선에 따라 인물이 등장하고 역할을 하게 되는 것이다. 작가나 감독의 감정표현이라 할 수 있을 것이다. 표현 욕구의 다양한 감정을 글로 표현한 것이 문학작품일 것이다.

자존감을 인간의 감정 중심부로 볼 때 돈키호테형은 감정의 틀 상층부에서 놀고 심해지면 돌 아이로 놀다가 더 심해지면 틀 상층부를 뚫고 나가는 사이코가 될까 염려된다. 반면에 햄릿형은 하층부에서 열등의식을 품고 있다가 심해지면 하층부를 뚫고 나가 우울증이 될 수 있다.

귀인을 기다리다

한때 설 명절이 되면 그 해의 운세를 점치는 사주를 보는 것이 유행인 시절이 있었다. 사주를 보는 책이 있어서 그 책이 이 집 저 집 돌아다녔다. 씨족사회의 씨족 마을, 대가족제도의 시절이니까 책 한 권이면 충분했다. 생년월일과 태어난 시의 네 가지를 맞추어 읽으면 되었다. 가장 많이 나오는 내용이 '동쪽에서 귀인이 찾아온다'는 것이었다.

사람들은 유달리 동쪽을 좋아한다. 해가 뜨는 방향이기 때문일 것이다. 과수원 길도 '동구 밖 과수원 길'밖에 없다. 동쪽은 어둠이 걷히고 밝은 새날이 먼저 찾아오는 방향이다. 그래서 밝음이 오는 동쪽이 희망이며 기다림이다. 동쪽에서 밝은 대낮의 태양이 뜨듯 무언가를 기대하는 대박의 날도 동쪽에서 올 것이라고 믿는 것이다. 그런 동쪽에서 귀인이 찾아온다는 것이다. 해마다 정초에 보는 운세는 동쪽에서 찾아올 귀인을 기다리는 것이다.

삼정 문란에 시달렸던 조선시대에는 계룡산에서 내려올 것이라는 정 도령을 기다렸고 과거 우리 민족이 나라를 잃고 그야말로 막막하고 암울하던 시절에는 그 동쪽에서 찾아올 귀인만이 유일한 삶의 희망이었다. 귀인의 기다림은 삶을 지탱해 주는 정신적 버팀목이었다. 동쪽에서 찾아오는 귀인은 우리의 이상향이었고 동경의 대상이었고 피안의 세계였다.

북한 사람들은 지금도 그 기다렸던 귀인의 덕분으로 해방되고 잘 살게 되었다고 그 귀인을 태양궁에 신으로 모시고 있다. 해방과 더불어 나타난 귀인은 정말 환상적이었을 것이다. 그러나 현실은 귀인은커녕 대를 이어 횡포에 시달리고 들볶이고 있는 실정이다.

이처럼 동양사상에서는 귀인이 찾아오고 귀인을 기다린다. 성춘향은 이몽룡을 기다렸고 유대인들은 메시아를 기다렸다. 그래도 동양 사람들은 인간을 기다린다. 반면 서양 사람들은 귀인을 찾아 떠나간다. 인간을 찾아 떠나는 것이 아니라 주로 물질을 찾아 떠난다. 신드바드의 항해가 그렇고 톰 소여의 모험에서는 보물을 찾아 떠난다. 대항해시대에는 전 세계를 누비며 보물을 찾아 떠났다. 식민지라는 이름은 국제적 질서에 의한 것이지만 개개인의 입장에서는 부자가 되기 위해서 금광을 찾아 헤맸다. 동양 사람들이 앉아서 귀인을 기다린다면 서양 사람들은 엘도라도를 끝없이 찾아 헤맨다. 그러다가 귀인과 엘도라도가 정면으로 부딪쳐 생긴 그 비극의 씨앗이 지금도 남아 있다.

16세기 초 콜럼버스와 마젤란이 닦아놓은 항해 길을 따라 스페인 점령군들은 중남미 멕시코 아즈텍 인디언들의 왕궁에 도착했다. 인디언들도 원래는 동양계의 종족들이다. 그들에게도 귀인을 기다리는 정신적 풍습이 있었다. 그 귀인은 그들 신앙의 구세주인 태양신이었다. 그들을 구원할 태양신은 현재는 눈앞에 없지만 언젠가는 인간으로 환생하여 돌아올 것이라는 확실한 믿음을 가지고 있었다. 스페인 점령군의 지휘관을 보자마자 인디언 추장은 즉각 화답했다. 큰 키에 흰 피부, 큰 코와 큰 눈의 백인이 그들이 그렇게 고대하고 기다

자기 주도 인생의 길

렸던 구세주 태양신이 인간으로 환생하여 돌아온 것이라고 확신하였다. 그들의 귀인이었다.

무혈 입성한 점령군들이 지휘관의 명령 하에 조용히 교섭하고 협상하고 거래하면 그뿐이었다. 그런데 아니었다. 똘마니 점령군들은 왕궁의 보물에 눈이 뒤집혀 군대의 명령 질서고 뭐고 없이 인디언을 마구 죽이고 부수고 약탈하고 왕궁을 쑥대밭으로 만들어 버렸다.

인디언 추장이 속은 것이다. 그 대가로 추장은 점령군에게 살해당하고 도망간 인디언들이 점령군과 4년 동안 버티고 싸웠으나 결국은 패배하고 중남미는 스페인의 식민지가 되고 말았다. 그 후 300년 동안 멕시코를 비롯한 중남미 국가들은 식민지로 노예 같은 핍박을 당하다가 19세기에 독립은 하였으나 식민지 근성과 점령군에 의한 불신 풍조로 사회적 안정과 평화가 요원한 것이 현실이며 해결하여야 할 당면과제이기도 하다.

한편 마의태자의 후예들은 동양인인 만큼 스페인 점령군과 달리 아주 훈훈한 전설이 전해지고 있다. 함경도 여진족들에게는 남쪽에서 귀인이 도래할 것이라는 믿음이 있었다. 신라의 마지막 황태자인 마의태자의 후손들은 설악산 한계령 일대에서 은둔자로 거주하다가 더 나은 생존의 여건을 찾아 고려를 떠나기로 했다. 그들은 태백산맥의 등줄기를 따라 북쪽의 길로 갈 수밖에 없었다.

철령을 넘어 함경도에 도착하니까 여진족들이 대환영했다. 여진족들은 그들이 고대하고 기다렸던 귀인이 왔다고 마의태자 후예 중의 지도자를 그들의 부족장으로 추대했다. 귀인의 도래로 여진족 사회는 기강이 바로 서고 활력이 넘쳤으며 어느새 세력이 막강해졌다. 여진족들은 귀인의 성씨를 따서 금나라를 건국했다.

훗날 이 금나라는 만주를 지배하는 대국이 되었다가 명나라를 무너뜨리고 중국대륙을 지배하는 청나라가 된다. 청나라 왕족들은 마의태자의 후손들이라는 전설이 있다.

나그넷길에도 방향은 있다

유목민인 서양 사람들의 조상들은 초원을 찾아 이리저리 옮겨 다니는 이동생활을 했다. 집시라든지 보헤미안이라는 말 속에는 한 곳에 정착하지 못하고 떠도는 유랑민족이라는 뜻이 담겨 있다. 동구의 슬라브족이나 북부의 바이킹족들도 원래는 보헤미안들이었다.

유대민족도 2천 년 동안 나라를 잃었다고 하지만 사실은 그들 스스로 다른 곳으로 이동해 가버렸기 때문에 고유의 정착지를 갖지 못하게 된 것이다. 종교 속에서 가나안이라는 이상향만 그리고 있었다. 그래서 서양 사람들의 조상들은 가축의 먹이를 따라 이동하다가 머무는 곳이 삶의 터전이 되고 생활반경이 되었다.

동양 사람들은 일찍부터 경작지에서 식량을 얻었기 때문에 함부로 이동할 수가 없었고 터를 잡고 마을을 이루며 살았다. 그래서 사는 집의 터전에 관심이 많았고 매우 중요시했다. 오죽했으면 삶의 터에 방향을 붙였을까! 그 결과 서양 사람들은 사 방향인데 동양에서는 오 방향을 하고는 온통 생활에나 정신에 접목했다. 오일장이나 음악에서의 오 음계, 오방색 등이 오 방향에서 온 것이다. 삼라만상이 오 방향에서 굴러가고 온다는 것이다. 서양 사람들은 7음계를 발견하고는 모든 생활리듬을 7일에다 맞추고 그것을 주일로 했다.

미국의 영화배우 톰 행크스가 주연한 영화 '캐스트 어웨이'에서 주인공은 망망대해 무인도에서 고립된 생활을 하다가 4년 만에 구사일생으로 살아 돌아와 까마득한 미국의 대평원의 네거리의 교차로에 서 있다. '캐스트 어웨이'는 조난자라는 뜻이다. 그 사이 다른 남자와 재혼한 아내와 만나고 온 그는 아득한 십자로에 서서 갈 곳을 몰라 우두커니 서 있다. 그때 세련되고 젊은 묘령의 여성이 긴 머리 휘날리며 픽업트럭을 몰고 지나다가 같이 가자고 차를 옆에 세운다. 그러나 주인공은 거절한다. 왜냐하면 자신이 가야 할 방향이 정해지지 않았기 때문이었다. 갈 곳을 정하지 않고 무작정 사람만 따라갈 수가 없었던 것이다. 그 장면은 오랫동안 격리된 생활을 하다가 돌아와 갑자기 인간사회에 적응하기가 어려운 그의 어리둥절함을 묘사하는 상징적인 내용을 담고 있다. 대평원은 세상살이의 막막함과 막연함과 아득함을 상징하는 것이고 십자로는 어디로 가서 무엇을 하며 어떻게 살아야 할지의 삶의 방향성을 상징하는 그림이라고 할 수 있다.

인생사 둥둥 떠가는 구름 같지만 나름대로 갈 길이 있고 갈 방향이 있다. 사 방향은 흘러가고 이동하는 길의 방향이고 오 방향은 주로 농경사회의 정착생활을 했던 사람들의 터나 자리의 방향이다. 그러므로 사 방향은 사방으로 흩어져 가는 방향이고 오 방향은 사방에서 모여드는 멈춤의 방향이다.

사 방향의 시대

서양 사람들은 과학적 물리적 방향에 일찍 통달했다. 방향을 알려주는 나침반을 발명함으로써 망망대해에서 항해가 가능했다. 항해술의 발전은 신대륙 발견과 식민지 시대로 나아가게 되고 그것은 국부 창출의 원동력이 되었다. 또한 국가 부강은 과학발전의 기반이 된다. 식민지와 국부와 과학발전은 톱니바퀴로 서로 물고 물리면서 돌아가 멈추지 않는 사 방향의 시대로 끝없이 질주하고 있다. 그러는 중에 인권문제와 노예제도와 전쟁이라는 악순환의 고리가 함께 돌아가긴 했지만 아무튼 세상은 비약적으로 발전했고 변화되었다.

인간은 원래 땅에서 태어나 땅에서 살다 땅으로 돌아가는 존재인데 현시대는 과학의 발전으로 도시가 발전하고 그 발전된 도시에 사는 인간들은 하늘에서 태어나 하늘에서 살다가 하늘나라로 돌아가는 존재가 되었다. 도시에서는 천국의 문으로 안내하는 교회도 많다. 원래 우리의 전통은 발 디디고 선 땅이나 집 짓고 사는 터에도 방향이 있어 오 방향의 시대였으나 도시는 아파트의 천국으로 변했고 아파트는 공중에서 사는 사 방향의 산물이다.

오 방향 시대의 마을이나 집에는 사람 소리가 넘치고 인간의 향기가 진동하여 사람들이 사는 곳이구나 하는 느낌이 물씬 나며 인정이 넘쳤다. 터에다 집 짓고 길에서 오가며 땅에서 먹을 것을 구하는 시대였기 때문이었던 같다. 도시에서는 집터가 위주였고 시골에서는 농토가 위주였다. 터나 길이나 농사나 모두 땅으로 통한다. 땅으로 울고 웃는 땅의 세상이었다.

그러다가 오늘날은 마천루의 시대가 되었다. 마천루의 본뜻은 구름에 상처를 내는 높은 건물이라는데 하늘을 찌를 듯 높은 건물이라는 말이 더 적당할 것이다. 집은 있는데 터가 없고 길은 있는데 땅이 없고 길 위로 사람이 다니는 것이 아니라 자동차가 달린다. 사람들은 공중에서 일하고 잠자고 먹고 살고 공중으로 왔다 갔다 한다. 그래도 땅은 있어야 하지만 우리들이 흔히 아는 땅이 아니라 교각의 받침대 역할의 땅이다. 사람이 발 디디는 땅이 아니라 딱딱하고 삭막하고 을씨년스러운 콘크리트 기둥의 땅이다.

영국의 작가 조지 오웰은 1949년에 '1984'란 책을 냈다. 반세기쯤 후의 세상을 예측한 내용이다. 당시에 득세해서 기고만장한 공산주의의 팽창을 막지 못하면 공산 독재자의 횡포와 무단정치에 시달리고 비극적 세상이 되리라는 것을 엄숙히 경고했다. 자유를 빼앗긴 인권은 박제되고 조직과 감시와 통제의 그물망으로 짜진 사회, 도시의 거리에는 사람이 보이지 않고 허수아비가 다니는 삭막한 찬바람의 세상이 될 것임을 예고했다.

오웰의 경고 탓이었는지 아니었는지는 몰라도 그로부터 반세기 후에는 공산주의는 자멸했다. 그래도 공산주의 폐해의 후유증은 당분간은 제법 오래 지속될 것이라고 본다.

오웰은 통제사회의 공포를 경고했지만 삭막하고 비인간적 세상은 공산주의의 모순에서 오는 것만은 아닌 것 같다. 과학의 발달과 도시의 과밀화가 인간성 회복에 경고등을 켜고 있다. 삭막한 거리의 모습과 콘크리트 더미 속의 창백한 인간의 얼굴을 비추고 있다.

'캐스트 어웨이'에서 톰 행크스가 떠난 자리에 사 방향의 교차로만 무한대로 뻗어 있다. 교차로의 교차점인 사방의 중심에는 신호등이 있는 것이 아니라 인간의 터, 인간이 사는 집이 있어야 한다. 인간을 중심으로 사 방향이 있고 세상이 있으며 삼라만상이 탄생하고 명멸하는 것이다. 작은 점의 인간 속에 대우주의 공간이 들어 있어야 한다.

사 방향의 서학이 천주교를 앞세워 밀고 들어왔을 때 수운 최제우는 동양의 전통사상인 오행을 내세워 동학을 창건했다. 사 방향의 중심에 인간이 있는 것이 오 방향이고 그것이 오행이며 그것이 동학이고 인간중심이다. 인내천은 내가 곧 하늘이다가 아니라 내가 존재해야 하늘이 있다는 뜻으로 인간은 모름지기 우주의 섭리대로 살아야 함을 의미한다.

사 방향의 문화와 공산주의의 태동

서양 사람들은 사 방향의 중심에 인간을 두지 않고 물질을 둔다.

그 말은 인간보다 물질을 더 중시하는 풍조가 서양 사람들에게 있었다는 의미다. 그 결과로 서세동점의 식민지 시대를 겪으면서 산업혁명이 일어나고 그로 인하여 자본주의가 번창하였다. 결국 재화의 탐닉이 자본주의다. 산업혁명과 자본주의에 의해 재화의 분배가 불평등한 세상이 되었다. 자본주의의 모순이 뚜렷해진 것이다. 그런 현상을 자본가들의 횡포라고 생각하고 어떻게 하면 재화의 분배가 공평한 세상을 만들까 하고 창안한 것이 공산주의이다.

공산주의는 이론상으로는 너무나 그럴듯하고 이상적이다. 재화는 말이 없고 그것을 다루는 인간들만 잘하면 매우 공평히 분배되고 무난할 것 같다. 그런데 이론과 실제는 너무 달랐다. 말 없는 물질을 분배하는 인간들의 감정은 너무나 복잡하고 다양하다. 그 감정들을 일률적으로 통제한다는 것은 전연 불가능하며 결국은 자유가 없는 억압과 독재의 세상이 될 수밖에 없었다. 공산주의의 모순이 확연히 드러난 것이다. 자본주의의 모순과는 비교가 되지 않을 만큼 엉망진창이었다. 그 이유는 두 가지로 대별할 수 있을 것이다.

첫째는 과학의 발전이다. 과학의 발전으로 사회 전반에 걸쳐 구조와 체제, 사회양상이 달라짐으로써 재화의 생산과 분배 및 유통의 경로가 달라졌다. 쉽게 말하면 세상이 변화되고 달라지는 것이다. 공산주의의 고정된 관념으로는 세상이 유지될 수가 없게 되었다. 둘째는 사 방향의 중심에 인간을 둠으로써 인간을 고정시키고 이동하는 물질이 말이 없고 감정이 없는 것이 훨씬 안정되고 더 공평하게 분배된다는 사실이 드러난 것이다.

결론적으로 인간중심의 자본주의가 물질중심의 공산주의보다 낫다는 것이 판명되었다. 공산주의는 다양한 인간의 감정을 통제하여 고정시켜야 되고 자본주의는 고정된 재화에 다양한 인간의 감정이 작동됨으로써 인간의 자유가 보장되고 인간 고유의 감정인 창의력이 발휘됨으로써 인간사회발전의 정도를 걷는 체제로 발전되어 온 것이라고 본다.

사신도

사신은 고대국가에서 왕의 영생을 돕기 위한 수호신이다. 사신도는 이 사신을 그린 그림이다. 동, 서, 남, 북 네 방향을 염두에 두고 사신도라 했지만 엄격히 말하면 오신도이다. 음양오행설이 바탕이 된 그림으로 중앙을 수호하는 신이 따로 있다. 인간의 영혼은 영원한 것이고 그것을 영원히 지키기 위해서는 영원한 신들이 보호해야 하는 것이다. 그러기 위해서는 왕의 영혼을 두고 사방에서 오는 악마를 막기 위한 신들이 따로 있다고 보았다. 물론 중앙의 왕의 영혼을 지키는 수호신도 별도로 있었다. 원시종교의 일환인 영혼불멸설에 근거한 처방일 것이다.

평양의 고구려 벽화에서 그 위용이 드러난다. 강서고분이나 쌍영총에서 발견되는 사신도는 고구려인들의 예술혼을 알 수 있는 훌륭한 걸작품으로 평가되고 있다.

중앙에 있는 영혼을 중심으로 동, 서, 남, 북의 수호신이 달랐다. 동에는 청룡, 서쪽은 백호, 남쪽은 주작, 북은 현무로서 푸른색의 용, 흰색의 호랑이, 붉은색의 봉황, 검은색의 거북으로 되어 있으며 고분 선실의 천장에는 노란색의 황룡이 그려져 있었을 것으로 짐작하나 지하수 관계로 형체가 많이 훼손된 것으로 되어 있다.

사신도는 중국에서 이미 도교사상이 들어와 그 영향을 받은 것으로 아직 불교가 들어오기 전에 우리 민족의 민간신앙으로 도교의 중심사상인 풍수지리설이 자리 잡았음을 보여주는 증거라 할 수 있을 것이다. 그리고 벽화의 그림들은 엄격한 의미의 동물 그림은 아니며 현신의 의미를 담고 있는 것으로 모두 상상적 동물로 용의 변형일 것으로 가상할 수도 있을 것이다.

풍수지리설은 오늘날에도 우리나라 사람들이 장례문화의 일부인 매장 시 못자리로 명당을 찾을 때 참고하는, 대단한 애착과 믿음을 갖고 있는 사상 중의 하나이다. 배산 남향의 지세에 좌청룡, 우백호, 남주작, 북현무인 터가 명당이라고 한다. 명당에 조상의 산소를 쓰면 후손들이 번창하고 발전하며 그로 인해 가세가 상승하고 가문이 창창해진다고 하는 믿음이 거의 종교적 확신에 가깝다. 어떤 장소를 중심으로 동쪽에는 물이 흐르고 서쪽은 고원이나 언덕이며 남에는 들판이고 북쪽에는 바위산으로 된 곳이 명당이 되는 셈이다.

음양오행설

오행은 세상을 구성하는 기본 요소인 화, 수, 목, 금, 토의 다섯 가지로 서양에서도 고대국가인 그리스 시대에 이미 인식되다가 분자, 원자까지 더 깊숙한 과학적 진리로 규명되었다. 동양에서는 실은 방향과는 상관없는데도 오행과 방향을 일치시킴으로써 객관적이고 과학적인 진리탐구에 오류를 범하게 되는 결과를 낳게 되었고 비합리적인 사고의 출발점이 되었다. 오행에서는 다섯 가지 구성요소를 주로 하고 사 방향과 사계절의 삼각관계의 연관성과 합리성을 서로 얽다 보니 이론이 과학적인 논리가 되지 못한 맹점이 생긴 것이다. 서양 사람들은 사계절과 사 방향을 태양과 연관 지어 일치시킴으로써 우주의 섭리를 일목요연하게 과학적 이론으로 정립하는 계기가 되었다.

우주의 삼라만상이 음양의 조화로 탄생, 순환, 소멸하며 음과 양의 기운이 생겨나 하늘과 땅이 되고 다시 음양의 기운이 오행을 생성한다. 이 사상은 사신도에서 그대로 나타난다. 원류는 자연무위의 신선을 이상향으로 하는 도교를 바탕에 둔 도가사상이나 후에 유학사상과 결합되어 한·중·일의 동양사상으로 자리매김하였으며 우리나라 전통사상의 주류가 되었다. 일주일의 일, 월, 화, 수, 목, 금, 토로 볼 때 서양에서도 이미 요일에 오행이 반영되고 있음을 알 수 있다. 그러므로 동서양을 막론하고 인류의 보편사상이라고 봐도 무방할 것 같다.

일월은 해와 달로 우주에서 온 것으로 지구상 생명체의 본원이며 태양의 양기와 달의 음기의 조화로 생명체의 세상에서 오행이 발생한다. 화, 수, 목, 금, 토는 지구상 생명체의 환경으로 음양과 조화를 이루어 오행의 바탕이 된다. 오행에서 중심은 흙토로서 땅이며 인간이 사는 자리나 터가 된다. 삼라만상을 인간을 중심으로 방향이 정해지고 사람이 사는 땅의 위치나 터를 중심으로 사방을 생각하게 된다.

중심은 흙토로 황제나 인간을 상징하고 황룡, 황색, 황금과 부귀영화를 의미한다.

동쪽은 나무목으로 봄을 상징하고 청룡, 청색, 귀신을 물리치고 복을 가져온다.

서쪽은 쇠금으로 가을을 상징하고 백호, 백색, 결백, 진실, 순결로 흰 옷을 나타낸다.

남쪽은 불화로 여름을 상징하고 주작, 빨간색, 생산과 창조, 정열과 애정을 표한다.

북쪽은 물수로 겨울을 상징하고 현무, 검은색, 지혜와 평화, 용서를 나타낸다.

주일을 사 방향의 순서대로 하면 일, 월, 남, 북, 동, 서, 중심의 순서가 된다.

주일을 사계절의 순서대로 하면 해, 달, 여름, 겨울, 봄, 가을, 지구의 순서가 된다.

주일을 상징 동물 순서대로 하면 해님, 달님, 주작, 현무, 청룡, 백호, 황룡으로 된다.

음양오행사상은 인생의 탄생에서부터 소멸 후의 영혼까지를 다 아우르는 사상으로 주로 지형에 따른 환경을 오행의 규정에 조명해 보는 풍수지리설이다. 살아 있는 자는 양택이라 하여 집터에 대한 해명이고 죽은 자는 음택이라 하여 묫자리에 대한 진단서라 할 수 있다. 인간이 이 세상에 태어난다는 것은 인연이다. 살아 있을 때는 액땜이나 액막이로, 죽어서는 영혼의 안식을 위한 비방책으로 펼친 것이 음양오행설로 보인다.

오방색

오행사상을 상징하는 색이다. 인간이 발 디딘 한 지점을 일 방향으로 보고 동, 서, 남, 북 사방을 합해서 오 방향이 되고 그에 따른 색을 설명하고 있다. 오행사상은 인간 생체 환경을 기준으로 감정의 일종인 생기와의 상관관계를 규명하고자 하는 흔적이 역력하다.

지구과학을 외면한 천동설에 의거한 우주관이 그대로 노정되어 있다. 구형체인 지구의 남북 극점을 기준으로 방향이 정해지는 것보다는 인간이 머무는 지리를 기준으로 방향이 정해지는 것뿐만 아니라 계절 변화도 그렇다고 인식한 것 같다. 세상 존재의 필수 기본 물질인 오행에다 생리환경을 귀결시키고 있다. 심지어 색깔까지 연결한 것이 오방색이다.

사방의 대각선 중심에 인간의 자리를 놓고 계절과 수호신을 둔다. 이때 수호신을 상징하는 동물의 색이 오방색이다. 인간이 사는 보금 자리는 땅으로 황색, 황룡의 수호신이다.

동 청룡, 서 백호, 남 주작, 북 현무의 황, 청, 백, 홍, 흑의 오방색 이다. 빨파노의 삼원색과 무채색인 흑백이 오방색이다. 상징 동물의 색과 방향과 계절과 세상구성의 기본 물질을 일치시킴으로써 세상 만사의 온갖 섭리가 생겨나고 파급되고 귀결되는 것이다.

봄 – 목 – 나무 – 동쪽 – 청색 – 청룡 – 양기: 햇볕이 잘 들어 나무가 더 푸르다.

여름 – 화 – 불 – 남쪽 – 적색 – 주작 – 양기: 덥고 열정적인 기 가 왕성하다.

중앙 – 토 – 땅 – 중심 터 – 황색 – 황룡 – 양기: 자리 잡고 뿌 리내린 중심지다.

가을 – 금 – 금속 – 서쪽 – 백색 – 백호 – 음기: 쇠가 흰색이고 깨끗하다.

겨울 – 수 – 물 – 북쪽 – 흑색 – 현무 – 음기: 골이 깊어 어둡고 차갑다.

오방색은 방위와 색을 통한 음양의 조화와 균형으로 인간생활의 원활함을 돕기 위한 사상이다. 현대사회에서도 상당히 자리 잡고 이어 내려오고 있는 것이 있다. 시집가는 새색시의 볼에 찍는 연지곤지라든지 색동저고리, 아기 낳은 집의 금줄, 음식의 오색 고명, 붉은색의 부적, 사찰 장식의 단청을 예로 들 수 있을 것이다.

▌ 서양의 이동문화가 동양의 고정문화를 삼키다

음양오행사상에서 비롯되는 사신도나 오방색 등의 근본은 인간 중심사상이라고 할 수 있다. 인간이 자연에 귀의하는 신선의 경지를 지향하는 자연무위의 도가사상에서 유래된 것이라고 하지만 인간을 중심으로 어떻게 하면 자연과 조화를 이룰 것인가 하는 것에 초점이 맞추어져 있다. 자연과의 최선의 조화와 균형이 최선의 삶이라고 주장하고 있는 것이다.

인간도 자연의 일부분이라고 할 때 생성, 소멸의 순환적 자연법칙 속에 같이 내포되어 휩쓸리는 존재라고 할 수 있다. 그러므로 어디서 어떻게 산다고 하는 것은 얼마만큼 자연과 조화를 이루면서 사느냐 하는 것이 관건이 된다. 그것은 한 사람의 생명을 지탱하기 위해서 마련된 삶의 터의 조화다. 터를 중심으로 음양오행을 접목시킨다. 그래서 집단의 삶의 터는 마을이 되고 개인의 터는 집터가 되며 죽어서는 유택이 된다. 어떻든 사람은 땅에서 자리를 잡고 살아야 하므로 자리 잡는 그 터가 가장 중요한 요건이 될 수밖에 없다. 풍수

지리설에서 유택을 너무 강조한 것이 옥에 티 같은 흠결일 것이다.

동양사상에서는 신선의 신이 있어 인간 삶의 주변과 외곽을 맴돈다. 신선의 신은 어디까지나 수호신이지 인간의 내면으로 들어오는 신은 아니었다. 고대 그리스의 서양 사람들에게는 영웅적 신이 있어 인간과 신이 함께 어울려 산다. 그러다가 로마 시대에는 그 영웅적 신을 하늘로 올려 보내고 신을 따라 하늘로 가기 위해서 모두가 신을 마음속에 불러들여 신의 흉내를 내며 신성의 세계에 빠져든다.

그것이 중세다. 중세 시대에는 인간은 없고 신만이 존재했다. 인간은 있되 껍데기만 있고 속은 신으로 가득 차 있었다. 인간의 한생은 영원한 하늘나라로 가기 위한 수단에 불과했다. 살아생전에 타고난 원죄를 사하고 하늘나라로 가는 열차를 타야 했다. 열차를 타기 위해서는 면죄부가 필요했다. 열차는 만원이었다. 면죄부를 먼저 사고 많이 산 사람을 먼저 태워 보낼 수밖에 없었다. 출발은 있으나 도착은 모르는 천국행 열차표를 면죄부로 결정했다.

서양 사람들은 살아서는 목축하기 위해 동물을 따라 이동했고 죽어서는 천국행 열차를 탔다. 이처럼 서양 사람들은 멈춤이 없었다. 멈춤이 없으니 자리나 터가 있을 리 없었다. 인간의 자리가 있어야 인간이 중심이 되고 그래야만 인문의 꽃이 활짝 피게 된다.

천국행 면죄부의 부당함을 만천하에 고발한 독일의 마르틴 루터가 교황에게서 파계를 당하고 신분 보호 차 이탈리아의 전통 가문인 메디치가에 숨어든다. 그는 그 집의 고서 창고 속에서 그들의 조상이 살았던 그리스 시대에 찬란히 빛났던 인문을 발견하게 된다. 인간 중심사상이었다. 그곳을 박차고 나온 루터는 스위스에서 활동하던 칼뱅 등과 종교개혁을 하여 개신교의 교회를 세우고 르네상스를 일으킨다.

르네상스는 휴머니즘의 부흥운동이다. 과거의 찬란했던 그리스 시대의 인간중심사상의 르네상스라 하지만 사실은 역사적 대전환점이 됐다. 르네상스 이후로 과학이 발달하고 서양 사람들은 여전히 제자리에 멈출 줄을 몰랐다. 과학 발달을 빌미로 전 세계를 들쑤시고 다니면서 신대륙을 발견하고 식민지를 만들었다.

르네상스 운동 오백 년 후에 일본이 서양 사람들의 사상을 받아들여 가장 먼저 시행한 것이 한국을 식민지로 만드는 것이었다. 이로써 한국의 음양오행사상은 사라졌다. 자연에 귀의하는 인문이 아니라 자연을 파괴하는 인문이 현대사회의 사상적 시류다.

지구는 둥글다

조선 시대 후반기에 우리나라도 사상적 대전환점이 있었다. 실학사상의 도입이 그것이다. 공자를 필두로 하는 동양사상이 너무 현학적이고 이론에 치우친 학문이라 하여 실생활에 쓰이는 학문을 하자는 것이었다. 실제로 박지원, 정약용 등 실학의 대가들이 많이 배출되기도 했다. 실생활에 도움이 되는 학문이 실학이고 그러기 위해서는 실생활의 변화에 따라 학문도 같이 변하는 것이다.

그러나 전통학문에서는 인간사회의 실생활을 학문의 이론에 맞추는 것이 주 요체였다. 우리나라 전통의 풍습이나 관혼상제 등을 보면 쉽게 이해가 갈 것이다. 구한말에 서양의 물결이 한없이 넘실거리는데도 눈 하나 깜짝하지 않다가 일본에 나라를 빼앗기고 나서야 후회를 했지만 이미 늦었었다. 간신히 해방되고 전쟁, 기진맥진한 상태에서 풀죽어 살던 시대가 우리들의 어린 시절이었다. 해방둥이에서 전쟁둥이까지가 현재 대한민국의 원주민이라 해도 과언이 아닐 것이다. 시대 변화나 국가발전과 맥을 같이 하고 있기 때문이다. 다양한 분야에서 엄청난 변화와 발전이 있었지만 그중에서 초보적이고 기초적인 공부의 변화에 관해서 살짝 염탐해 보고자 하는 것이다.

의무교육의 강제력이 한국동란 휴전 직후인 1954년부터 본격 시행되었다. 지금 시대라면 모든 학령의 아동들을 외국인 학교에 입학시키거나 외국에 유학 보내는 것과 같은 비용의 부담을 감당해야 했다. 의무교육의 월사금에 대한 부담을 말하는 것이다. 기아선상의 생계에 허덕이던 시절에 매월 내야 하는 월납금에 대한 부담은 상상을 초월할 만큼 과중한 압박과 설움이었다. 일제 강점기 일본 순사가 한 달에 한 번씩 동네에 찾아오는 공포감과 같은 격이었다. 일본 순사가 집에 찾아오는 것을 가정하면 아이들을 학교에 보내지 않을 수 없었다. 그래서 입학하는 아동은 많았으나 졸업하는 수는 적을 수밖에 없었다.

이때도 학령을 놓친 아이들은 학교 대신 서당을 다니는 경우도 있었다. 서당의 마지막 명맥이 우리 어린 시절까지 있었다는 것을 말하는 것이다. 서당에서는 천자문, 동몽선습 등을 배우고 우리들은 학교에서 국어, 산수 등을 배우는 것이었다. 그러므로 서당에서는 실생활에 별로 도움이 안 되는 동양학의 기초를 배우고 학교에서는 도움이 되는 학문의 기초를 배우는 셈이 되는 것이었다. 그런 것이 학교 다니는 우리들의 자랑이고 일반적인 인식이었다.

그런데 세월이 지나고 보니까 우리들이 학교에서 배웠던 많은 지식들도 서당에서 배웠던 동양학의 기본과 같음을 알게 되었다. 그러니까 옛날의 동양학이나 현대 학교에서 배운 지식이나 실생활에 별 도움이 안 되기는 마찬가지의 공부라는 것을 알게 되었다. 지금 시대의 지식들도 학교 밖에만 나오면 멍키스패너로 나사못 하나 돌리는 기술만도 못하다는 것을 알게 되었다. 더군다나 지금의 핸드폰이나 알파고 등 반도체가 판을 치는 시대에는 도서관에 있는 수많은 지식들은 모두 고서가 되었고 단순한 자판기 두드리는 손가락 동작만도 못하다는 것을 알게 되었다. 왕년에 배우지 못한 우리 부모들을 무지렁이라고 무시했던 그 대가로 최고 학부인 대학원까지 나오고도 초등학교 다니는 자식들이나 손자들에게 기술적 무지렁이라고 무시를 당하는 신세가 되고 시대가 되었다. 노인들이 참으로 한심한 세태가 되었다.

그렇게 된 원인이 어디에 있을까. 지식의 고착성 때문이다. '지구는 둥글다'고 배우지만 서당의 천자문과 무엇이 다른가? 지구가 둥글다는 진리를 실생활과 연결시키는 것을 가르치지도 않고 배우지도 않기 때문이다. 실생활과 어떻게 연결시킬 것인가?

'지구가 둥글다'고 할 때 둥근 것은 잘 구른다. 잘 구르는 것은 안정되지 못하다. 안정되지 못한 것은 불안한 존재다. 그러므로 지구에 있는 모든 것들은 불안한 존재다. 또한 현대인들이 불안을 느끼면서 사는 것이 보통이지만 사실 인간은 불안한 존재로 우주에서 왔고 일생 동안 불안한 존재로 산다는 것은 동서고금을 통하여 한결같을 것이다.

불안한 것은 안정을 향해서 변하기 마련이다. 바로 이 '변한다'는 것에 초점이 맞추어져야 하고 '변한다'는 것이 사실이고 진리가 되어야 한다. 그에 따라 지구에 있는 모든 것들은 변하고 그러므로 인생도 변하고 세상도 변한다는 것을 알아야 한다. 지나고 보니까 지구가 둥글다는 사실보다는 세상이 변한다는 사실을 배우고 인식하는 것이 중요함을 알게 되었다. 지구가 둥글다는 진리를 백날 암기해 봐야 아무 소용이 없다.

세상이 변하는 것에는 항상 관심을 가질 필요가 있다. 그런데 대체로 사람들은 세상을 고정시키고 자기 자신만 변할 것이라고 생각하며 산다. 그래서 어떤 일을 결정할 때 자신의 변화에만 몰두한다. 그러다가 낭패를 보는 경우가 흔하다. 실은 자신의 변화보다 세상의 변화가 훨씬 빠름을 간과한 탓이다. 세상을 고정시키는 방법이 과거에 대한 집착이다.

우리가 배우는 지식들은 거의 다 과거다. 세상의 변화는 미래다. 그러므로 지식보다는 세상의 변화를 유심히 관찰하고 경험하고 변화에 관심을 가지는 것이 더 중요하다.

변하는 세상 예측하기

마구 날뛰는 인간의 동물적 감정을 정제하면 인간의 마음이 되고 마음의 표출은 언행으로 나타난다. 언행은 습관이 되고 습관은 성격이 되며 성격은 그 사람의 운명이 된다고 했다. 인간의 운명이 삶이고 삶이 생활일진대 인간생활은 어쩌면 세상의 변화와 숨바꼭질이거나 달리기의 장거리 경주인지도 모른다. 세상 변화를 모르거나 알아도 뒤따라가기 바쁘고 급급하다. 대체로 사람들은 변하는 세상을 뒤따라가는 운명으로 사는 것이 보통이다.

세상 변화를 주도하는 사회제도나 학교교육은 세상 사람들의 운명을 세상의 변화에 뒤따라가게 하는 방향으로 유도하고 또 그렇게 할 수밖에 없다. 지나간 정보이거나 과거의 지식일지라도 그것이 확실히 보이는 길이기 때문이다. 공적 제도에서 더 두드러진다.

학교교육은 지나칠 만큼 경직되어 있고 고정관념이 심하다. 그래서 학교를 졸업하면 아무것도 못 하는 어중이떠중이가 될 확률이 매우 높다. 과거의 지식을 배웠기 때문에 교문을 나서면 세상은 이미 저만치 가 있다. 특히 인문학부의 대학교육은 진짜 별로 쓸모없는 공부로 치부되고 있는 추세다. 그래서 인문계, 이공계의 구분을 없애는 것이 대학교육에서의 추세다. 의무교육이나 중고등학교의 보통교육에서도 과목의 대전환이나 학습이나 배우는 방법, 교육하는 방법의 대혁신이 필요한 시대가 되었다.

학교를 졸업하고 보면 진짜 세상이나 사회에서 필요한 공부는 학원이나 사설 강습소에서 세세하게 나누어 다하고 있다. 학교교육에서도 어떻게 하는 것이 바른 인간교육을 하는 것인가를 심각하게 고민하고 돌아볼 계기나 시대가 되었다. 집단 수용소 같은 군대식 교육은 가능한 한 지양해야 할 것이다.

한 개인의 인격체를 놓고 학교교육에서 꼭 주입해야 할 덕목이 있다. 밖으로는 세상이 변한다는 인식이고 안으로는 자존감을 키우는 일이다. 자존감은 자신감에서부터 출발한다.

각 학습의 단위나 시간마다 과거형이나 암기식의 피드백이 필요한 것이 아니라 미래 추세의 그래프를 그려야 한다. 과거나 현재가 필요 없는 것이 아니라 미래를 위해서 발판이 되어야 하고 든든한 버팀목도 필요하다. 인문도 실물도 변하기 마련이고 미래에 어떻게 변할 것인가를 각 분야 각 항목에서 예측해 본다는 것은 의미 있고 꼭 필요한 지식이 될 것이라고 확신한다. 무수한 지식이나 기술들은 핸드폰 안에 가득 들어 있다.

한 인간을 둘러싼 모든 외곽이나 외연은 변하고 지나간다. 하루의 일과가 지나듯 커다란 산 그림자가 다가오고 지나가듯 변하고 사라진다. 환경의 변화이다. 즉 한 인간 외연의 변화는 삶의 변화이며 생태의 변화가 된다. 변화되면서 유유히 흘러가는 것이 인생이다. 여기에 흔들리지 않고 굳세게 중심 잡는 줄기가 있어야 한다. 그것이 자존감이다.

주변의 변화에 흔들리지 않고 안으로 자기를 굳게 지키는 굵은 기둥의 심지가 있어야 한다. 도도한 홍수의 흙탕물에 떠내려가도 호랑이 굴에 들어가도 정신만 차리면 살 길이 있다는 것과 같은 이치다. 세상이 변한다고 하는 것은 과거나 현재에 너무 연연하지 말라는 뜻이다. 인생은 모름지기 세상의 변화를 주의 깊게 관찰하고 안으로 자기중심의 세계를 관철하며 살지어다. 어디서 왔는지를 모르듯이 어디로 가는지를 묻지를 말라.

뉴턴의 만유인력

세상 만물은 다 인력이 작용해서 서로 밀고 당기고 하면서 세상도 우주도 유지된다는 원리가 만유인력이다. 뉴턴이 사과 떨어지는 것을 보고 발견했다는 둥 질량이 어떻고 구심력, 원심력, 거리, 비례, 반비례 등 온갖 유식한 지식들이 요새는 책 속이 아니라 핸드폰 속에 다 들어 있다. 이것을 밤새도록 읽고 외우고 암기해서 학교 가서 시험 봐서는 그 성적에 울고 웃고 희비의 쌍곡선을 그렸던 것이 과거의 공부였다. 거대한 도서관이나 서점을 작은 호주머니 속에 그것도 표시도 나지 않게 넣어 다니는 것이 요즘 세상이다.

그렇다고 학교 공부나 유식이 필요 없다거나 가치 없다는 것은 아니고 얼마만큼 유용하게 활용하느냐가 관건이라는 것이다. 인류가 지향하는 수많은 지식들이 모두 다 적재적소에 활용되고 필요하다. 그렇지만 한 개인을 기준으로 볼 때 일생을 사는 동안 필요한 지식은 그렇게 많지 않음을 강조하는 것이다. 한 개인에게 처음부터 어느 지식이 필요하고 어느 지식은 쓸모가 없다는 것을 알 수도 없고 정해 놓을 수도 없기 때문에 학교, 도서관, 연구실 등 거대한 지식의 세상이 펼쳐지는 것이다.

만유인력이라는 것도 뉴턴이 만들어낸 것도 아니고 이 세상에 본 래 존재하고 있었던 것을 처음 발견했을 뿐이다. 지식은 몰랐어도 인류는 인간사회에서 인간관계를 통해서 만유인력을 몸소 실천해 왔다. 인간은 사회적 동물이라는 것이 인위의 만유인력이다. 인간은 독립된 존재이긴 해도 절대로 혼자서는 살 수 없다는 것이 사회적인 통념이며 자연계의 만유인력이나 인간사회의 만유인력이나 공통적 인 것은 의식하지 않으나 분명히 작용하며 우리가 그 속에서 산다는 것이다.

인간관계의 만유인력은 그 복잡성이 무한대다. 서로 간의 관계의 복잡성을 일컫는 것이지만 그만큼 인간의 감정들이 다양하고 복잡 하기 때문이다. 얽히고설킨 관계들을 일목요연하게 정리한 것이 규 범이나 질서, 사회제도, 윤리, 풍속 등 인간사회의 속성들이다. 한 개인에서 출발하는 관계나 감정들은 그렇게 복잡할 필요가 없다. 감 정을 발휘하는 자유와 억제와 조절하는 능력으로 스스로 정제되고 오류를 바로잡아 나간다.

한 개인을 둘러싼 관계에서는 오는 쪽보다 가는 쪽에 더 무게가 실려야 한다. 그것이 자존감이다. 물론 사회나 세상은 오는 쪽의 관 계에 의해서 유지되어 나간다. 남을 의식하고 사는 감정을 일컫는 것이다. 남을 의식하는 감정이라고 해서 의존감이라 하지 않고 주로 자존심으로 표현한다. 만유인력에서 구심력이 내부의 감정이고 자존감이라면 원심력은 외부의 감정이고 자존심에 해당할 것이다. 원심력과 구심력의 균형이 만유인력이고 그것으로 우주가 존재하듯이 인간의 관계에서도 자존감과 자존심의 균형으로 한 개인의 삶과 존재가 유지된다. 그런데 자존감과 자존심의 균형을 유지하기가 쉽지 않다는 데서 감정의 굴곡이 생기고 마음의 평온을 유지하기가 어렵다는 말이 된다. 지구와 달의 만유인력에 의해서 바닷물이 사정없이 휩쓸리고 출렁거리듯이 인간사회도 인간관계에 의해서 한 인간의 운명이 사정없이 달라지고 출렁일 수 있다.

개천의 용

개천보다 작은 단위가 도랑이고 그것보다 더 작은 원초적 물길은 '도고도랑'이다. '도고도랑'은 나락이 다 익어 논바닥을 말리기 위해서 벼 포기를 호미로 떠서 물길을 내어 논두렁의 물꼬까지 연결한 것이다. 개천이나 도랑, '도고도랑'에는 미꾸라지가 산다. '미꾸라지 용 됐다'는 말도 있다. 개천의 용이나 미꾸라지 용이나 다 보통 사람이 할 수 없는 기적을 일구었다는 말이다. 기적은 뛰어난 재능으로 일군 업적이다.

용은 인간사회에서 물을 다스리는 영물이다. 비를 내리게 하는 등 인간의 삶에 지대한 영향을 미치는 물의 세계를 다스리고 관리하는

자기 주도 인생의 길

수호신이다. 물이 모든 생명체의 필수불가결의 요소라고 볼 때 용은 인간만이 아니라 동식물을 포함한 세상 만물을 다스리는 신의 위력을 가졌다고 보기 충분할 것이다. 그래서 예부터 용안, 용상, 용포 등 나라님을 상징하는 많은 말에 용이 등장하고 곁을 지킨다. 그만큼 용은 고귀하고 기품 있고 엄숙한 존재다.

물이 있는 곳에는 어디든 용의 입김이 서리고 권능의 손길이 뻗어 있겠지만 그렇다고 하찮은 개천에까지 용이 출몰하고 범접하지는 않는다. 용이 살거나 비상하기 위해서는 적어도 어느 정도의 여건은 마련되어야 할 것이다. 큰 호수 같은 물의 양이라든지 수심, 풍광이 수려한 계곡의 폭포 등이 해당할 것이다. 깊은 물의 용소라든지 전국의 유명한 폭포 중 용의 이름을 가진 폭포가 많은 것도 그 때문일 것이다.

용이 영험한 존재이긴 해도 자연계에 자연스럽게 있는 존재가 아니고 인간계를 떠나서는 있지도 않고 의미도 없다. 신이 하늘에 있다면 용은 인간계에 있다. 그래서 때로는 신이 되어 하늘로 올라가기도 하고 신으로서 풍우를 다스리기도 한다. 신성의 세계와 인간계를 드나들면서 인간을 신으로 변신시키거나 신의 길로 안내하는 길목 역할을 하기도 한다.

인간 자체가 용이 될 수는 없지만 인간다움의 중심축인 인간 내면의 정신세계에서 가장 상위의 형이상학의 자리에 있는 것이 용이다. 용은 인간정신의 최고의 이상향이다. 그러므로 용꿈만 꾸어도 일생일대의 횡재가 된다.

용이 되어 하늘을 날아도 용은 어디까지나 타인의 것이지 자기 자신의 것은 결코 아니다. 자신은 범인이지만 남들의 눈에는 용으로 보일 수 있고 자신의 눈에 타인이 용으로 보일 수 있다. 인생은 남의 떡이 커 보이듯이 언제나 멀리 있는 타인이 용일 수밖에 없다. 군계일학도 당사자는 그냥 닭이다. 타인이라도 아무나 학으로 보이지 않는다. 학으로 보이는 눈을 가진 사람이 있는 것에 비하여 용은 아무의 눈에나 띄지 않는다. 용은 정신세계의 카타르시스일 뿐이고 때로는 허상일 수 있다.

개천의 용이나 미꾸라지가 용 된 것이나 당사자가 용이 되었다고 인식한다거나 용으로서의 별도의 용모로 변한 것도 아니다. 단지 주변 사람들에 의한 생각일 뿐이다. 인간사회 속에서 삶의 지향점에 가깝게 도달했다고 축복과 동시에 카타르시스를 느끼는 정신세계다. 개천의 용은 환경의 열악함에도 성공한 사례고 미꾸라지 용은 남모르는 뛰어난 재능으로 성공한 경우다.

용은 아득한 옛날부터 동양사상의 최정점의 우상으로, 항상 우러러보는 대상으로 하늘을 날고 있지만 정작 그 실체를 확인한 사람은 아무도 없다. 주로 꿈에서 보거나 구름 속에서 하늘을 날면서 뜬구름같이 현몽하듯 나타났다 사라지기 때문에 용의 구체적 실상은 없다. 어쩌면 안개이거나 인생사 남가일몽인지 모른다. 그렇게 장엄하고 엄숙하던 용의 위상도 세월이 지나면 뱀 허물이 되어 흐늘거린다. 용이 못 된 것은 이무기이지만 용의 날갯짓 후에 뱀 허물이 우두둑 떨어지는 것을 보는 허망함은 그렇게 어려운 경험이 아니다.

타고난 운명인 개천은 어떻게 할 수가 없다. 그러나 날개를 달아 하늘을 날아보겠다는 용틀임은 당사자의 몫이다. 인간의 삶이 복잡 다단한 것도 저마다의 용틀임의 몸짓 때문일 것이다. 용 허울보다는 개천의 실지렁이가 진정한 생명체의 몸짓인지 모른다.

사라진 큰 바위 얼굴

상록수는 사철 잎이 푸른 나무다. 한때 이 '상록수'가 시대의 트렌 드가 된 시절이 있었다. 암울하던 일제 강점기에 나온 심훈의 소설 제목으로서 서울에서 대학을 나온 청년이 시골의 고향에 내려와 농 촌계몽 운동을 한다는 내용이다. 이 소설이 영화로 만들어져 전국 에 퍼지면서 우리들의 심금도 울렸다. 한창 젊은 청춘 남녀인 소설 의 주인공 박동혁과 채영신이라는 이름은 지금도 뇌리에 생생하다. 그 후로 상록수는 우리나라 공무원을 상징하는 이름이 되었고 지금 도 상록회관이 전국에 산재해 공무원들과 그 퇴직자들의 후생을 돕 고 있다.

원래 우리나라 전통 관행은 공직자들을 가능한 자기 고향에 배속 시키지 않는 것이었다. 그 이유는 우리나라 전통사회가 혈족사회였 기 때문에 혈연, 지연으로 인한 부조리를 척결하기 위함이었다. 그 런데 이 상록수라는 영화 이후에는 공무원들이 영화 주인공들처럼 고향의 발전을 위해서 헌신하라고 되도록 고향으로 보내는 관행이 생기게 된 것이다. 공직자들에게 상록수정신을 지향하게 하고 몸에 배도록 하는 것은 현재도 상존하고 필수적인 공직자의 정신이다. 공무원들은 국민의 공복으로서 의무와 사명감이 필수 덕목이다.

상록수가 시대정신의 트렌드가 된 것을 빌미로 정책 입안자들이 실제 정책에 반영하였는지는 몰라도 아무튼 학교에 동네 모교 출신 교사가 발령받아 왔다. 고향 멀리 갔다가 1년 만에 고향 동네 학교로 온 것이었다. 그 무렵 학교의 구호도 '지역사회 학교발전'이었다. 학교가 문화중심이 되어 지역사회 발전에 파급효과를 낼 수 있도록 하라는 취지의 정책실현의 한 방편이었을 성싶다. 우리가 졸업한 뒤에도 학구 지역 내 동네에서 출퇴근하는 교사들이 여럿 있었다. 본래 우리들의 인식에는 동네 아는 형이나 아저씨가 본교 선생님이 된다는 것에 대한 어색함이 컸고 교권의 카리스마가 퇴색되는 것에 대한 불안함과 걱정이 앞섰다.

세월이 흘러 그 상록수 선생님의 젊은 날 멋지고 아름답고 행복했던 시절의 이야기가 들려 왔다. 학교에서 야간 문화행사가 있어 먼 동네 아이들을 바래다주는 일이었다. 무섭고 후미진 공동묘지 고갯길까지 제자들인 아이들을 바래다주고 다시 깜깜한 공동묘지 길을 되돌아갈 때의 뿌듯함에 스스로 감동했을 것이다. 고향의 집에서 출퇴근하는 기분, 상록수교사로서의 보람과 기쁨이 이것이구나 하는 감동에 사로잡혔을 것이다.

또 세월이 흘러 상록수교사가 식상해졌다. 세상이 그동안의 상록수의 노력과 공적도 쳐다보지도 않고 마구 달려나갔다. 그 길 따라 상록수를 집어치우고 그 도도한 흐름에 휩쓸려 보았다. 같은 월급쟁이인 회사원의 생활이었다. 이건 뭐 난장판이고 구정물인 세상이었다. 그래도 교육계의 세상은 다른 사회의 세상 물정에 비하면 한결 맑고 투명하고 신사도가 남아 있었다. 송충이는 솔잎을 먹어야 한다고 다시 상록수로 돌아왔다. 이번에는 차마 다시 고향의 상록수로 돌아갈 수 없었다. 이미 상록수정신이 퇴색한 밥그릇 상록수였다. 남들 따라 대도시로 가 큰 밥그릇에 눈독 들이는 철가방 상록수가 되었다.

우리나라의 전통이 씨족마을을 이루고 살았다고는 하나 식물의 씨앗이 멀리 퍼지듯 인간의 본성도 되도록 멀리 떨어져 번성하는 것이 원칙이다. 사자성어가 된 금의환향이라는 말도 출세하여 고향을 찾아본다는 뜻이지 고향에 돌아와 산다는 말은 아니다.

상록수라는 소설은 문학사에서 보면 계몽주의 시대의 작품으로 절망의 일제 강점기에 무지몽매한 국민들에게 조금이라도 독립정신을 불어넣고 피압박 국민으로서 역할을 해 보고자 해서 나온 문학작품이다. 그것을 현실의 정책에 반영한다는 것은 언어도단이 아닐 수 없다. 일제 강점기라면 고향에 헌신한 상록수들이 대환영을 받았을 것이다.

초기 단계에는 신바람도 나고 나름의 큰 역할도 했을 것이다. 그러나 세상은 변하고 고향의 상록수들은 미래 비전이 없었던 것이다. 결국은 헌신짝이 되어 젊은 후진들이 도시로 떠남에 휩쓸려 '그대 다시 고향을 찾지 못하리'가 된 것이다.

금의환향이라는 인간의 본성은 동양사상에만 있었던 정신은 아니었던 것 같다. 신대륙 미국의 개척정신에도 금의환향의 정신이 깊게 배어 있었던 같다. 미국의 작가 너새니얼 호손은 '큰 바위 얼굴'이라는 작품으로 우리나라 상록수와 반대 입장에서 국민을 일깨우고 교훈을 주고 있다. 출세와 존재감 과시는 동서고금을 통하여 한결같은 인간의 본성이다.

그 마을에는 전설이 있었다. 동네 외곽의 병풍 같은 절벽에는 큰 바위산이 있었다. 거기에는 선한 사람 눈에만 보이는 사람 얼굴 모양의 바위가 있었다. 사람들은 그것을 큰 바위 얼굴이라 했다. 큰 바위 얼굴을 닮은 아이가 태어나 훌륭한 인물이 될 것이라는 말을 어린 소년 어니스트는 어머니에게서 들었다. 어니스트는 커서 그런 사람을 만나 보았으면 하는 기대를 가지고 자신도 어떻게 살아야 큰 바위 얼굴처럼 될까 생각하면서 진실하고 참되게 살아간다. 세월이 흘러가는 동안 어니스트는 자라서 어른이 되었고 많은 이 마을 출신의 성공한 사람들이 금의환향하였다. 돈을 많이 벌었다는 부자가 왔을 때는 사람들은 큰 바위 얼굴이 나타났다고 하면서 열렬히 환영했다. 어니스트가 볼 때는 아니었다. 인자한 모습의 큰 바위 얼굴과는 거리가 멀었다. 얼굴에 욕심이 가득 들어 있었다.

이번에는 전쟁영웅이 귀향하였다. 적과의 전투에서 혁혁한 공을 세워 나라를 지켰고 가슴에 무공훈장이 빛났으며 위엄 있고 근엄한 얼굴로 나타났다. 사람들은 큰 바위 얼굴과 닮았다고 주장하였다. 어니스트의 눈에는 아니었다. 얼굴에 거드름과 거만함이 충만했다.

다음에 나타난 인물은 성공한 정치인이었다. 말을 잘하는 달변가였다. 마을 사람들을 모아놓고 열심히 성공담을 연설하였다. 어니스트는 이번에도 실망하였다. 그의 얼굴에는 잔꾀와 교만함이 가득했다. 후덕하게 생긴 큰 바위 얼굴과는 거리가 멀었다.

어느덧 세월이 흘러 어니스트도 황혼의 노인이 되었다. 그 마을 출신으로 조용히 찾아온 시인과 담소를 나누고 있었다. 그러다가 갑자기 그 시인이 어니스트를 보고는 큰 바위 얼굴이 나타났다고 외쳤다. 어니스트 자신이 바로 큰 바위 얼굴이었고 그러나 아무도 알아보지 못했다. 순수하고 깨끗한 마음의 소유자 시인의 눈에만 보였던 것이다.

상록수나 큰 바위 얼굴이나 공통점은 고향 출신으로서 외부세계에 나가 넓은 세상의 물을 마시고 소통하였다는 점이다. 고향 동네 일가친척들과 어울려 살면 너무나 즐겁다. 그러다가는 자칫 우물 안 개구리가 되기 쉽다. 항상 외부 세상과 소통하고 있어야 갑갑하고 답답하지 않다. 고향에 돌아와 고향 발전을 위해서 애쓴다고 누구나 상록수가 되는 것도 아니고 새마을 모자를 쓰고 고향 사람들을 진두지휘한다고 해서 큰 바위 얼굴이 되는 것도 아니다.

외부 세계와 소통을 위해서 각 마을의 종가나 부잣집에는 사랑방이 있었고 세상의 소식을 전해주는 가객이 드나들었다. 그리고 몇 마을을 합친 지역 단위에는 큰 바위 얼굴 같은 의인이 있었다. 우리가 학교에 다니면서 이순신과 유관순을 알기 이전에는 이웃 마을에 사는 의인이 우리들의 영웅이었다. 지금 와서 돌이켜보면 우리가 그렇게 선망했던 의인은 합리적 사고를 하는 상식인이었음을 알 수 있다. 일제 강점기에는 그 의인들의 대부분은 독립투사로 변신하였다. 그리고 해방이 된 이후에는 그들의 대부분은 정치인이 되었다.

재미있는 일화는 안방마님보다는 뒷방 여인이 스타가 되는 경우였다. 오일장 이후의 동네 우물가에서는 그 스타를 화제로 이야기꽃이 활짝 피었다. 어느 시대 어느 곳에서나 스타는 있기 마련이고 수백 년 역사에서 최고의 화제의 인물, 즉 최고의 스타가 황진이인 것이다. 황진이 덕분에 화담 서경덕이 최고의 의인이 되었다.

현대사회는 매스 미디어가 화젯거리를 독차지하고 심지어 대통령에게 큰 바위 얼굴이 되라고 국민들이 채찍을 가하고 있지만 큰 바위 얼굴은 억지로 되는 것이 아니다. 돌려막기 식 큰 바위 얼굴을 만들고 있으나 언젠가는 진실한 큰 바위 얼굴이 나타날 것이다.

자기 주도 인생의 길

제7장

자존감의 실체

안 되면 말고

　어느 유명한 영화감독의 자녀가 학교에서 가훈을 알아 오라는 과제물을 받았다. 감독은 주저 없이 '아니면 말고'를 적어 보냈다. 이 말이 자존감을 가진 사람으로 키운다는 의미의 말이라는 것을 아는 사람은 별로 많지 않을 것이다. 보통 사람들이 염치와 체면, 자존심으로 중무장 되어 있을 때 그 감독은 자존감의 실체에 익숙했던 것이다. 사람이 사회생활을 하고 인간관계를 맺을 때 자존감이 몸에 배어 있는 게 얼마나 큰 정신적 자산이 되는지 알고 있었던 것이다. 아니었을 때도 실망하지 않고 평정심을 유지한다는 뜻도 있다. 현대 회장이 거북선 그림을 가지고 영국을 간 것이나 링컨이 삼십 리 밖의 먼 곳까지 책 빌리러 간 것이나 다 같은 맥락이다. 대부분의 성공 신화를 이룬 사람들은 무수한 '안 되면 말고'의 시행착오의 결과물로 나타난 성공일 것이다.

　꼭 성공 신화가 아니더라도 인간의 삶에는 나날이 부딪혀야 할 일

　　　　　　　　　　　　　　　자기 주도 인생의 길

도 많고 헤쳐 나가야 할 난관들이 많다. 큰일, 작은 일, 무수한 일들이 바닷가의 파도처럼 때로는 산더미처럼 밀려온다. 어떤 때는 전전긍긍 안달하기도 하고 조바심에 밤잠을 설치기도 한다. 주로 위신과 체면과 자존심 때문이다. 큰 규모의 경제적 문제나 큰 사업적 실패를 제외하면 웬만한 일상의 일들에는 다 통할 수 있는 말이 '안 되면 말고'이다. 어린아이들에게 적극적 사고를 키우기 위해서 남에게 해를 끼치는 일이거나 도둑질 외에는 닥치는 대로 주저 없이 하라는 말과 같다. 아이들에게는 위험을 피하는 것과 안전이 자존감보다 우선임을 명심할 필요가 있다.

'안 되면 말고'의 자존감에는 적극적인 면이 강조된다. 어떤 일을 결정하고 행동하고 실천할 때 너무 계산적이거나 우유부단해서 소극적으로 임하지 말라는 의미가 가미되어 있다. '밑져봐야 본전'이란 말이 있듯이 우선 적극적으로 임해 보고 안 되면 빨리 제자리로 돌아온다는 뜻으로 우선 적극적으로 참여해 본다는 의미가 포함되어 있다.

다음으로 자존감에는 모험심도 포함되어 있다. 남이 갔던 길이거나 남 따라서 가는 것이 아니라 사전 정보가 없는 새로운 길이나 일도 개척할 필요가 있다. 인생의 가는 길이 어찌 보면 큰일이든 작은 일이든 거의 다 새로운 길이고 자기만의 고유의 길이나 일일 수 있다. '안 되면 말고'에는 경험 측면이 강조된다. 어떤 일을 할 때 너무 힘을 많이 주거나 강조하다 보면 무리가 생길 수 있다. 경험 삼아 해 보되 가벼운 마음의 자세가 요청된다.

자존감의 발로에는 호기심도 작용한다. 무언가에 대한 기대치와 궁금함이 있을 때 사람들은 행동으로 옮기게 된다. 여행이 대표적인 예가 될 수 있다. 여행지에 대한 궁금함이나 어떤 목적이 없는 여행을 하는 사람은 없을 것이다. 그 외에도 사회생활이나 인간관계에도 호기심의 작용으로 인한 것도 많이 있을 것이다.

'안 되면 말고'에는 여유와 충만이 담겨 있다. 특히 경제적 여유야 말로 자존감 발휘의 제일 덕목인지도 모른다. 과시욕구나 경쟁의식의 자존심과 결부되어 있는 일상이나 사회생활에서 경제적, 시간적 여유가 없으면 '안 되면 말고'의 여유는 부릴 수가 없다.

과거 70년대 새마을 운동 등의 고도 성장기에 '하면 된다', '안 되면 되게 하라' 등의 구호가 난무했다. 이런 것들은 다급하고 절실한 인간의 의지를 담은 구호들이다. 이런 구호들에 매몰되어 긴박하고 초조한 자존심으로 가득 차 심리적 불안감으로 항상 마음이 흔들렸다.

젊은 날 청춘의 짧은 시간들은 덫으로 다가오기도 하고 안개가 되어 사라지기도 한다. 이렇게 하면 이게 흉이고 저렇게 하면 저게 흉이 되는 안타까운 시간들이 부질없이 무한대로 흘러간다. 그리고 순간적으로 판단을 요구하거나 내릴 때도 있다. 이럴 때 가장 효용 있는 감정이 '안 되면 말고'의 자존감이다. 인간의 일생이 대하가 되어 유유히 흘러가는 것 같지만 미세한 실핏줄 같은 샘물이 모여 강이 된다. 인간의 젊은 날 짧은 순간들이 모여 세대가 되고 시대의 조류가 된다. 안 되면 억지로 되게 하지 말고 또는 처음부터 포기하지 말고 안 되면 말 생각으로 가는 데까지 가 보는 것도 인생살이의 한 방

자기 주도 인생의 길

편일 수 있다.

자존감에는 의지와 의도가 담겨 있다. 자존감은 생리적 욕구 같은 선천적인 것은 결코 아니다. 때로는 냉철한 이성과 습관과 관습에 의하여 철저히 갇혀 있는 경우가 흔해 감정의 드나듦이라고 할 수 있는 유연성이 경직되는 경우가 흔하다. 자존감을 적절히 활용하는 것이 의지이다. 선천적 본능이 아니기 때문에 의지를 가지고 활용하는 훈련이 필요하다. 어릴 때 환경에 의하여 몸에 배지 않은 사람은 성인이 되어 실제 생활에서 의도와 의지를 가지고 자존감을 직접 발휘해 보는 훈련이나 연습이 절대 필요하다.

'안 되면 말고'에는 자신감과 안정심이 포함되어 있다. 보통 사람들은 자신감과 자존감의 활용을 혼동하는 경우가 많다. 자신감이 바탕이 되어 자존감이 형성된다. 자존감은 내부적 감정이고 자신감은 외부적 감정이다. 자신감은 순간적 감정이고 자존감은 항시적 감정이다.

자존감이 잘 형성된 사람은 언제든지 자신감을 나타낼 수 있다. 자신감이 떨어져 실패했을 때 충격을 받는 것은 자존심이지만 자존감은 모락모락 살아 있기 마련이다.

손을 내밀어라

자존감의 본질에서 자존감은 자기 존재에 대한 자아와 자기 존중의 자아로 양분된다. 대부분의 사람들은 자존심이란 이름으로 자기 존중의 감정에 충실하고 또 그것으로 가득 차 있다. 그러나 살다 보면 자기 존중의 감정이 얼마나 허상이고 부질없는 일인가를 깨달으면서 자기 존재에 대해서 심각하게 고민하고 존재의 미미함에 스스로 놀랄 때가 있기 마련이다.

'손을 내밀어라'는 현재 인기 있고 성공한 어느 연예인이 한때 심각한 슬럼프에 빠져 생존의 위기에서 헤매다가 간신히 탈출한 이야기를 인용한 것이다. 아무리 절박한 처지에 있어도 구원을 바라는 손을 직접 내밀지 않으면 아무도 모른다는 것이고 손을 내밀어야 누구라도 잡아 주는 사람이 있다는 것이었다. 자기의 생명과 같은 자존심을 사정없이 죽이고 누구나 자기 안에 존재하는 자존감을 여지없이 발휘하라는 것이었다.

그녀는 대학가요제에 입선한 준재였다. 덕분에 세상에 이름도 알리고 유명한 발라드 가수로서의 명성도 얻게 되었다. 하지만 그것뿐이었다. 그 이상 아무도 불러주지 않았고 찾지도 않았다. 가만히 있다가는 진짜 굶어 죽을 처지가 되었다. 목마른 자가 샘을 판다고 직접 발로 뛰지 않을 수 없었다. 죽기보다 싫은 과거의 기획사를 찾았다. 거기 말고는 달리 손을 내밀 곳도 없었다. 그런데 기획사에서 트로트 가수를 해 보라는 것이었다. 당시 발라드 가수에게 트로트 가수를 하라는 것은 사정없는 젊음의 사형선고였다. 그만큼 음악에도 격이 있고 그 음악 따라 가수에게도 다른 신분의 격이 적용될 것이라는 인식의 차이가 심한 시대였다.

아무튼 그녀는 세상 사람들이 트로트는 저급의 음악이고 막다른 인생의 길에서나 접하는 음악이라고 인식할 것으로 생각했다. 나이 들면 저절로 트로트 가수가 될 터인데 지금 당장 트로트를 하라는 것은 자기를 완전히 무시하는 처사였다. 그래도 어쩔 수 없었다. 자존심이 무진장 상하지만 자기의 처지에 물불 가리거나 쓰다 달다를 구별할 입장이 아니었다. 갑을이 완전히 전도된 세상 그래도 세상살이는 이어 가야만 했다.

 그런데 이게 웬일! 인생의 대박, 세상을 바꾸는 대박의 사건이 되고 말았다. 도살장에 끌려가는 소의 심정으로 인생의 밑바닥에서 한 끼를 구걸하기 위해서 손을 벌리는 심정으로 했던 일이 자기 인생은 물론이고 세상 사람들의 생각마저 바꾸는 계기가 되었다. 그녀는 느리고 둔탁한 구닥다리 트로트가 아니라 젊은 나이에 맞는 경쾌하고 명랑한 리듬의 트로트를 하게 되었고 그것은 그만큼 세상 사람들을 감동시키고 그들의 심금을 울렸다.

 세기 말에 있었던 IMF를 겪고 나니까 사람들의 마음을 덮고 있었던 감정의 사치나 허세의 구름들이 많이 걷히어 있었다. 직업도 생계가 단단한 철가방 직업의 소중함을 알게 되듯이 음악도 멀리 있는 고급 음악보다도 가까이 있는 대중적 음악이 사람들에게 훨씬 감동을 많이 주고 또 사람들이 그것을 선호하고 필요로 한다는 것을 알게 되었다.

 부끄럽고 오그라드는 손을 한 번 내밀었다고 세상에서 도움과 구원의 손길만 받는 것은 아니지만 손을 내민 것과 가만히 있는 것과의 차이는 천양지차가 아닐 수 없었다. 그래서 그 가수는 자기가 내민 손은 음악이었지만 내미는 손의 철학은 세상살이의 곳곳에 다 적용될 것으로 알고 자기 경험을 세상 사람들에게 이야기했던 것이다. 즉 자기 안에 고이 간직하고 있는 자존감을 최대한 살려 보라는 의미의 교훈이었다.

누구나 인생의 황혼기가 되면 살아온 날들에 대한 회한이나 추억 또는 과거를 상기해 보는 때가 있기 마련이다. 후회되는 일이나 아쉬움도 있겠지만 무엇보다도 작은 용기의 부족으로 인한 결과의 미비함에서 오는 회한이 큰 사람도 있고 그런 일이 있는 사람도 있을 것이다. 순간을 선택하는 순발력의 요행과는 다르다.

'손을 내밀어라'의 사례에서 보듯이 자존감 속에는 용기가 들어 있다. 본능과 같은 생존의 위기감에서 대부분 용기를 발휘하지만 진정한 자존감은 자기 존중의 감정에서도 용기를 낼 수 있어야 한다. '겸양의 미덕'이라는 미풍양속이 미로 같은 인생길에 등대가 되지 못하고, 가는 길에 어둠의 구렁텅이로 빠지는 경우도 용기를 내지 못함으로써 생길 수 있는 것이다. 체면이나 염치도 용기를 내는 장애요소가 될 수 있다.

용기를 함부로 내는 지나침은 만용이라고 하여 비겁하고 비열한 짓이지만 비굴함을 극복하기 위해서도 용기가 필요하다. 비굴함이 자존심과는 서로 어울리고 친구가 될 수 없으나 자존감 속에는 들어 있다. 주로 생존의 본능과 결탁한 비굴함은 용기로 극복한다.

용기를 내서 자존감을 발휘했을 때 부수적으로 따라 오는 것이 기회의 포착이다. 기회를 포착하기 위해서 애를 쓰거나 노력하고 인내심을 발휘하는 것은 인간의 또 다른 능력이거나 감정이기는 해도 자존감 속에도 순간과 기회를 엿보는 감정이 내포될 수 있다. 주로 이기심으로 표현되는 감정도 자존감의 범주 안에 있으며 동시에 용기를 수반한다.

▎ 무전여행

▎ 한때 무전여행이 유행인 시절이 있었다. 경부 고속도로가 1970년에 개통되었으니까 그 이전으로 보면 될 것이다. 고속도로 개통은 20세기 초 일본에 의한 근대화 이후 우리나라가 스스로 마련한 자립기반이자 경제발전의 토대가 된 획기적인 업적이었다. 또한 운반수단이나 이동 수단의 대전환점이 되기도 했다. 고속버스 이전에는 주로 기차나 시외버스가 여객을 싣고 다녔고 화물 운송은 짐차라고 하는 트럭이 담당했다. 전국이 비포장도로로, 포플러 나무나 플라타너스 나무의 가로수 길을 시외버스들이 먼지를 펄펄 내면서 질주하던 시절이었다.

자갈길, 먼지 길이 버스가 다니는 찻길의 상징이었다. 지방 도시에는 시내버스도 없는 시절이었다. 서울을 중심으로 하는 먼 길의 여행이나 업무를 위해서는 기차를 타야만 했다. 그러나 기찻길은 너무나 한정적이어서 전국의 소도시들의 연결망은 거의 다 시외버스가 담당했다.

행정상으로 읍이라고 하는 소도시들의 시외버스 터미널은 시장통 같이 사람의 소리로 붐볐고 참으로 사람 사는 세상의 진면목이 드러 났다. 주로 전국의 오일장을 연결하는 길을 버스가 다녔기 때문에 하늘에서 보면 마치 거미줄같이 얽혀 있는 형국으로 전국은 소통되고 인문이 흐르고 물자가 운반되었다. 시간표에 맞춘 시외버스들의 출발이나 승객 탑승에서 박정한 기계문명으로 인한 살벌한 세상의 면면이 속속 드러나기도 했다.

기차나 시외버스가 다니는 길목에 집이 있거나 마을에 사는 사람들은 교통망의 혜택을 보고 살았으나 아직도 대부분의 시골 사람들은 버스에서 내려서 십 리, 이십 리를 걸어서 다녔다. 군대 간 자식들이나 큰 도회지에서 직장을 구해 돈벌이 간 가족들이 명절이 되어 고향을 찾아올 때는 항상 날이 저물었다. 기차, 버스, 도보의 귀향은 낮 시간만으로는 짧았다. 그러다 보니 대부분의 반가운 사람들은 밤에 집에 도착했다. 그럴 때는 가족들은 초롱불을 들고 마중을 나가는 것이 보통이었다. 초롱불의 정겨움은 아련하기 그지없었다.

기차나 버스의 이동수단은 단순하게 운반수단으로서 움직이는 큰 기계가 아니라 사람들에게 큰 꿈을 꾸게 하는 것이었다. 주로 외부 세계에 대한 호기심이었다. 저런 운송수단을 이용하면 이 세상 어디든지 갈 수 있다. 그리고 실컷 세상구경도 할 수 있다.

'금강산도 식후경'이란 말은 우리나라 사람들이 일상에서 가장 흔하게 쓰는 속담이다. 왜냐하면 사람은 하루 세끼 먹고 살고, 먹기 전에 배고픔을 강조하기 위한 말이기 때문이다. 따지고 보면 돌아서면 배가 고픈 것이 인간의 삶이다. 그런데 여기서 왜 금강산이 나왔을까? 금강산과 배고픔은 너무나 상반되고 대조적인 말이라고 할 수 있다.

금강산은 너무나 먼 곳에 있고 배고픔은 당장 해결하여야 할 시급한 문제였다. 금강산은 우리 민족의 삶의 이상향이었고 배고픔 또한 매일 해결하여야 할 삶의 현실이었다. 금강산은 삶의 여유였고 배고픔은 다급함과 쪼잔함이었다. 아무리 급박하고 쪼잔함에 시달려도 우리 민족의 마음속엔 항상 금강산이 있었다. 금강산은 우리 민족의 삶의 목표였다.

금강산은 천하 비경의 아름다운 곳이다. 그런 금강산을 한 번 가보고 죽는 것이 소원이었다. 그러기 위해서는 생활의 여유가 있어야 하고 여행을 하여야 했다. 경제적 여유와 여행을 통한 호기심의 해결은 정신적 여유를 말한다. 아무리 빼어난 경치의 금강산도 정신적 여유가 있어야 하고 배고픔의 생리적 결핍상태에서는 아름다운 경치가 눈에 들어오지도 않고 별로 의미도 없다는 뜻의 말이다.

기차와 버스가 생기면서 금강산이 훨씬 가까이 다가왔다. 저것들만 타면 되는 것이다. 그런데 차비가 없었다. 그것보다 진짜 이유는 배고픈 상태에서 금강산이 의미가 없다는 말이고 그 말은 식생활도 해결 못 하고 여행한다는 것은 별 소용 없다는 것이었다.

우리들의 학창시절의 금강산은 수학여행이었다. 초등학교 때는 소풍 가기 전날에 마음이 들떴지마는 중고등학교 때는 수학여행이었다. 우리들의 머릿속에는 소풍은 걸어서 가는 것이고 수학여행은 기차나 버스를 타고 가는 소풍이었다. 기차나 버스를 타고 가는 기분, 전국의 명승고적이나 서울의 선진 문물을 보는 기분, 우리들의 호기심은 극에 달했다. 그 당시만 해도 친구관계는 별로 염두에 두지 않았고 오직 외부세계에 대한 동경, 호기심만 가득 차 있었다. 기차나 버스를 타고 여행 가는 기분은 어떨까에 대한 호기심이었다.

세월은 흘러 빛나는 청춘, 약관의 대학생이 되었다. 군대도 가야했지만 그래도 인생의 황금기, 마음껏 여행도 할 수 있었다. 그런데도 아직도 여행할 차비는 없었다. 마음껏 여행할 차비 없는 대학생, 행색이 초라하고 가슴이 쪼그라든 대학생일 수밖에 없었다.

이 시기에 등장한 것이 무전여행이었다. 돈 들이지 않고 여행할 수 있다는 것이었다. 무전여행이 젊은이들에게 호연지기의 상징이 되었다. 원래 젊은 날 호연지기를 기르는 대표적인 레저활동이 등산인데 이 무렵은 등산가가 있기는 했어도 일반화되지 않았고 근교여행이라도 여행에 대한 동경이 넘치던 시대였다. 무전여행! 젊은이들의 특권이 되었다.

문제는 우리가 어린 시절 가장 혐오하던 거지 짓을 하며 다닌다는 것이었다. 방법이나 경우의 수는 대단히 많겠지만 대체로 기차는 검수원을 수단껏 피하고 개찰구로 출입하지 않으며 도로에서는 닥치는 대로 손을 들어 차를 얻어 타는 것이었다. 주로 트럭이 대상이었다.

끼니야말로 진짜 얻어먹는 거지 흉내였다. 속담에 '비위 좋은 넉살이 쌀 서 말보다 낫다'는 말이 있다. 그 속담을 그대로 실천하는 것

자기 주도 인생의 길

이었다. 우리나라 사람들의 인정에 배고픈 젊은이가 손을 내미는데 그냥 지나칠 사람은 별로 없으리라는 것을 확실히 이용하는 것이었다. 돈 들이지 않는 여행의 대가는 대단히 혹독하고 고생이었고 시련이었을 것이다. 보통 사람들은 죽었다 깨어나도 못하는 것이 무전여행이었다.

하지만 젊은 날 고생을 사서 해보는 것이 무전여행이었고 몇몇 친구가 어울려 해보는 호연지기의 끝판왕이었다. 무전여행을 하는 젊은이! 도대체 어떤 기질이나 부류의 사람들일까? 진짜 차비나 돈이 없는 사람이 가능한 일일까. 아니라는 것이다. 진짜 돈이 없는 사람은 아무리 젊은이라도 무전여행을 할 수 없다는 것이 필자의 지론이다. 거지 짓이나 흉내도 호주머니 속에 꼭꼭 숨겨둔 차비나 여유가 있을 때 가능하다는 것이다. 무전여행은 배부른 용기라는 것이다. 진짜 가난한 젊은이는 자존심 상해서 무전여행을 할 수 없다. 여유가 있어야 거지 흉내를 내지 없는 자는 진짜 거지가 될 수밖에 없다는 데서 자존심 문제가 등장한다.

자존심은 자존감을 둘러싸고 있는 겉 거죽의 감정이다. 항상 다른 사람이나 주변과 비교해서 우위를 점하려고 하는 못된 욕망의 감정이다. 비교하거나 우위에 놓이려고 하는 감정을 내려놓거나 벗어버릴 때 모든 행동은 자유로워진다. 결국은 자존감이 있어야 무전여행을 할 수 있다는 것을 강조하고 싶다. 자존감은 타고나는 자연적인 감정이 아니라 만들어지는 인위적인 감정이라고 했다. 그러므로 무전여행은 경제적 여유가 있는 사람이 아니라 자존감이 몸에 밴 젊은

이가 할 수 있다는 것이다. 그것은 곧 나이는 젊지만 나름대로 인생관이 확립된 사람만이 할 수 있다고 말할 수 있을 것이다.

무전여행에서 보듯 자존감 속에는 개척의 정신과 모험심이 들어 있다. 남이 갔던 길을 따라가는 것이 아니라 처녀림을 헤쳐 나가는 개척의 정신이 필요한 것이다. 남이 갔던 길을 따라가는 것은 안정적이고 쉬운 길이기는 하나 인생은 어차피 독립된 존재로서 항상 남 따라갈 수만은 없다. 혼자서 가야 하는 것이다. 무소의 뿔처럼 혼자서 묵묵히 걸어가야 할 때가 많다. 혼자서 가는 길을 찾는 모험의 길이 무전여행이 될 수도 있다.

무전여행은 낯선 세상 사람들에 의존해서 가야 하는 인생의 길과 같다. 그것은 빈손으로 태어나 빈손으로 돌아가는 인생길과 같은 이치다. 세상 사람들의 도움으로 하는 여행이지만 실은 혼자서 해결하며 살아가는 자주독립의 정신이 꽉 찬 인생의 길, 자존감의 길이다. 이처럼 자존감에는 자주의 정신과 독립의 정신이 들어 있다. 자존감을 가진 사람이 무전여행을 할 수 있고 무전여행의 경험이 있는 사람은 험한 길 인생길을 혼자서도 묵묵히 걸어갈 수 있는 힘으로 무장할 수 있다.

인생관 속의 중심 기둥

사람이 자기 생명을 아끼고 보호하기 위한 욕망은 감정이라기보

자기 주도 인생의 길

다는 본능이다. 그것은 궁극적이고 필연적인 자기 존재의 지탱이고 그것을 둘러싼 외연적인 것이 자기 존중이다. 인간이 외부에 노출되고 남에게 보이는 것은 생명을 유지하기 위한 본능보다는 그것을 감춘 외연의 모습이다. 마음이 내면이라면 피부 같은 표피가 외연이 되는 셈이다.

그러므로 사람이 자기 존중의 자존감을 외부에 노출시키고 그 자존이 영속되는 것이 삶이다. 그 삶의 방향이 인생관이라 할 수 있다. 주로 직업으로 나타나는데 단순히 직업 자체가 인생관은 아니고 직업에 임하는 마음의 자세라고도 할 수 있을 것이다. 그것은 세상을 바라보는 눈과도 연관이 있다. 수많은 갈래의 세상길에서 자기가 취하는 길이 인생관이다.

인생관은 자존감이 바탕이 되지 않으면 확립할 수가 없다. 뜬구름같이 마음이 떠돌면 인생관이 만들어지지 않는다. 세상살이의 만사가 오감을 자극해도 자기 속에 든든한 뿌리 깊은 중심의 생각이 있다면 그것이 인생관이고 그 속에는 자존감이 도사리고 있다. 즉 인생관은 생각의 방향이고 세상 사람들의 삶을 자기의 생각으로 바라보는 눈이다. 하나의 사물을 바라볼 때 보는 방향에 따라서 또는 어떤 생각을 하면서 보느냐에 따라서 사물의 모양이 다르듯이 어떤 인생관으로 보느냐에 따라 삶이 다르게 보이는 것이다.

세상살이의 이치를 보는 주관의 객관화가 인생관이다. 주관의 객관화는 합리적 자존감이다. 합리적 자존감은 주변의 시선에 흔들리지 않는 줏대 있는 의지가 담긴 감정의 결정이다. 합리적 자존감이 없는 인생관은 옹고집이거나 놀부의 심보가 될 확률이 높다. '의지의 한국인'에서 바른 인생관의 위대함이 보이고 자존감의 실체가 드러나기도 한다.

왕년에 개발의 첫 단추가 마련되던 시절에 '공돌이'라는 말이 유행하던 시절이 있었다. 동시에 자존감이란 단어 자체가 전연 활용되지 않았고 세상에는 온통 자존심만 가득 차고 난무하던 시절이었다. 상대방이나 남들을 되도록 비하하려는 심보의 세상이었다. 푸른 청춘의 빛나는 대학생에 비하여 공돌이라는 신분은 항상 풀죽은 청춘이었다.

같은 나이의 인생, 청춘인데 공돌이들은 자존심 상하여 거리를 활보하기도 민망하던 시절이었다. '개성의 시대'란 말이 패션이나 생활 변화의 유행에서 생기는 말이라고 여겼는데 지나고 보니까 자존감이나 자존심에서 나온 말이라는 것을 알게 되었다. 패션에서는 개성은커녕 함몰의 시대라 할 만큼 개성이 없다. 대표적인 예가 현재 일반화된 통 좁은 바지의 세계적 유행이다. 통이 넓은 바지를 입어야 어울릴 것 같은 배불뚝이도 다리 피부를 억죄는 좁은 바지를 입은 꼴이 정말 가관이다. 뚝심 있는 자존감만 확실한 개성인 것 같다. 반대로 오늘날의 공돌이들은 자존감으로 무장되어 취직 잘 안 되는 대학생보다 더한 자유와 개성을 누리고 빛나는 청춘으로 산다. 패션에서도 개성의 시대가 왔으면 좋겠다.

이웃에 있는 4년제 공과대학을 부러운 눈으로 바라보면서 인문계의 2년제 전문대학을 졸업하고 취직한 직무연수에서 당시 잘나가던 업계의 장교 출신 강사가 말했다. 우리들이 다녔던 초급대학은 가난한 학생들이 다니는 대학이라는 것이었다. 말은 맞는 말이지만 굳이 그렇게 말해야 할 이유가 없는데 그렇게 말해야 속이 시원할 것 같은 욕구가 그 강사의 마음속에 잠재되어 있었던 같다. 그렇지 않아도 대부분의 우리들은 공돌이 대학생 출신들이었다. 공업입국의 물질문명보다 정신문화의 고양이 더 소중하고 중요시되어야 한다고 하면서 국가건설에 매진해야 한다는 것이 우리들이 속한 직업의 목표였다.

그 당시 시대의 조류라고 할까, 사람들의 사고방식이 그랬다. 어떻게 하든 상대방을 깔아뭉개야만 자기가 올라서고 빛이 나는 것이라고 착각하던 시절이었다. 지금도 그때의 사고방식이 하나도 바뀌지 않고 그대로 있으면서 더 번창하는 업계가 있다. 정치계가 그러면서 국민을 향해 손짓하고 있는데 아무리 생각해 봐도 그들만 잘났다고 생각하고 국민을 얕보는 것 같다.

세상이 자존심으로 가득 차 멸시의 대상이 되는 공돌이가 되고자 구로공단을 찾아가는 청년이 있었다. 그는 남쪽의 어느 큰 섬에서 수산고등학교를 졸업하고 어엿한 공무원이 되거나 사무직의 하이칼라가 될 수도 있었다. 그런데도 굳이 구로공단을 꾸역꾸역 찾아가 공돌이가 되고자 자처하는 것이었다.

중동에 우리나라 근로자를 파견하기 전이니까 공단에 대한 매력이 상당히 있는 시대이기는 해도 그래도 고졸 이상의 학력 소지자가 공돌이가 되고자 직접 공단을 찾아가는 생각을 하는 사람은 거의 없는 시대였다. 공돌이에 대한 자존심보다는 기술자에 대한 자존감으로 꽉 차 있었다. 그 당시 구로공단에서는 주먹만 한 트랜지스터라디오의 부품을 만드는 것이 주 업무였다. 주로 가는 구리선을 연결하고 용접하고 납땜하는 일이었다.

이로써 구리선과 인연을 맺은 그 청년은 그 후 30년이 지나 구리 금속업계의 세계적 대기업가가 되어 있었다. 발전소의 발전용 터빈에 부착하고 감는 납작 구리선도 그 청년의 발명품이라는 것이다. 현대 전기문명의 이동통로 속 알맹이가 붉은 구리선이다. 영어도 매우 유창하게 구사하면서 무역업계는 물론이고 한국 경제계의 큰손이 되어 있었다. 여기서 그 사람의 입지전의 출발선에 대해서 다시 한 번 고찰해 보고자 하는 것이다.

조선 시대 신분제도에서 조선 말기 삼정 문란의 어지러운 세상을 틈타 돈으로 신분을 세탁하는 일이 유행했었다. 대부분 신분의 상향 여과가 일어나면서 씨족의 집성촌을 이루고 살았던 우리나라 사람들의 성씨는 거의 다 양반 집안이 되었다. 실학사상의 대두로 허상의 이론보다 물자 풍요의 중요성이 인식되면서 그나마 문란한 세상의 선방향의 역사가 되었다.

외세인 일본에 의해서 근대화되면서 서양의 하이칼라가 우리 전통의 선비사상과 접목되면서 양반으로 둔갑하였다. 산업사회가 발달한 서양에서는 하이칼라보다 블루칼라가 더 우대받는 세상이 된 지오래되었다. 그것은 기술자의 세상이다. 우리나라에서는 밀레니엄

21세기가 되어서야 아무튼 돈 잘 버는 사람이 각광 받는 시대가 되었다.

우리나라가 1988년 올림픽을 치를 때까지만 해도 재벌들에 대한 평판이 좋지 않았다. 재벌들을 옛날 양반의 잣대로 견주면 하이칼라가 되고 현시대의 장사꾼으로 하면 블루칼라가 된다. 재벌들은 스스로 장사꾼이며 블루칼라임을 선언한 일이 있었다. 이후로 우리나라 사람들의 신분은 블루칼라가 대세가 되었고 산업은 급속도로 발전하였다.

구리 청년의 시대 1960년대만 해도 고등학교 졸업의 학력만 있어도 공돌이가 되지 않는 것이 추세였다. 공돌이는 학교를 다니지 못하고 산업일선에 종사하는 사람들의 부류를 총칭하는 말이다. 보통 사람들은 공돌이가 되지 않기 위해서 학력을 열심히 쌓았다. 우골탑이라고 하여 소를 팔아 서울에 대학 보내는 것이 자식을 키우는 최선의 수단이었다.

공돌이 일이 지금은 3D 업종으로 지칭되면서 주로 동남아에서 온 외국인 노동자들이 맡아 한다. 그런 3D 업종을 자진해서 찾아가 일하는 심사는 무엇이었을까? 보통 사람들은 자존심이 상해서 도저히 그러지 못한다. 물론 일도 단순노동으로 고되지만 우선 남들의 눈 때문에 그러지를 못한다. 생계형 비전 없는 단순 노동자로 보는 세상 사람들의 눈을 견디지 못한다. 그보다는 지금까지 신분에 관한 역사를 논했지만 보통 사람들은 신분의 상향 여과를 위해서 일하고 직업을 선택한다는 것이다. 스스로 낮은 단계를 찾아가는 사람은 거의 없다.

그러나 그 사람은 달랐다. 미래 세상이 훤히 보였던 것이다. 기술자의 우대 세상을. 미래 세상이 빤히 보이는 이상 자존감으로 꽉 찰 수밖에 없다. 처음부터 자존감이 있어서 미래 세상이 보인 것이 아니었지만 어렴풋한 미래에 자존감을 가득 채워 강력한 의지로 추진했다. 가늘고 여린 붉은 구리선의 앞날의 대도가 훤히 열리고 보였던 것이다.

먼 미래에 대한 꿈은 있었겠지만 경제계의 큰손이 되리라는 꿈은 아니었을 것이고 단지 자존심을 버리고 자존감으로 무장된 인물이었다는 것이다. 공돌이에 대한 자신의 입지를 확립하는 것이 자존감이고 외부의 눈을 의식하여 주눅 드는 것이 자존심이다. 물론 구로공단에 대한 호기심과 어느 정도의 무언가 모르는 기대는 있었을 것이다. 구리선에 관한 일을 하다 보니까 그 일을 해서 돈을 버는 것도 있었겠지만 그보다는 구리선 자체가 산업발전이나 인류 문명의 발전에 공헌하는 미래 비전을 읽었던 것이다. 인류가 문명을 누리고 살기 위한 정신적인 것을 포함하여 소재나 자원이 중요하거나 소중하지 않은 것은 없겠지만 그것을 다루거나 취급하는 사람의 마음가짐에 따라서 자신이나 세상이 얼마나 발전하고 달라지는가 하는 것을 여실히 보여주는 사례라 할 수 있다.

제8장

자존감의 다양성

자존감의 고정성

인간은 육체에 감정이 포함된 존재다. 즉 인간은 감정으로 행동하는 동물이란 뜻이다. 이때 모든 인간 감정의 중심이 자존감이기 때문에 자존감이 빠진 감정은 인간으로서의 감정이 아니고 동물성의 감정이 될 수밖에 없다. 그러므로 인간이 공기 속에서 숨을 쉬면서 살아도 공기를 의식하지 않게 되듯 자존감으로 행동하면서 자존감을 의식하지 않는다.

생존을 위한 본능으로서의 감정과 존엄으로서의 인간적 감정이 포함된 것이 자존감이다. 앞의 감정의 틀에서 보듯 외부 환경의 영향으로 자존감이 가늘어지거나 납작하게 오그라들고 줄어들 수는 있어도 그 자체가 없어지거나 감정의 틀을 벗어날 수는 없다. 생존을 위한 존재의 감정으로서 어둠이나 물을 무서워하고 그 외의 공포감을 느끼는 것이나 위험을 감지하는 감정 등이 모두가 존재의 영속을 위한 본능으로서의 감정이다.

차차 자라면서 의지가 담긴 인간적 감정이 포함되고 늘어난다. 이때 자기 존중의 감정은 환경의 영향을 많이 받기 때문에 의도적이고 계획적인 교육의 환경이 마련되어야 할 필요성이 있다. 자기 의지를 외부에 잘 표출하지 못하므로 잠재된 자존감 발휘에 소극적이 됨으로써 인간관계나 사회생활에 애로를 느끼게 될 수도 있다.

이처럼 인간으로서의 삶 자체가 자존감이다. 그러므로 누구에게나 자존감은 고착되어 있으나 그것을 외부 세계에 나타내는 방법이나 자기의 자존감을 느끼는 정도는 다 다르다. 사람들은 대체로 인생관이나 주체성 또는 주관성으로 자존감이 포장되어 자리를 잡는다. 그래서 자존감의 힘으로 직장이나 집단 또는 외부와의 교감이나 상관관계에서의 비교심이나 경쟁심에서 자기의 존재를 버티게 하고 견디며 살아남게 되는 것이다. 자존감은 자기를 지키며 살게 하는 힘이며 천부인권으로서의 인격권으로 인간 고유성의 감정이다.

자존감의 변동성

인간은 독립적 존재라는 면에서는 자존감의 고정성이나 사회적 동물이라는 점에서는 자존감의 변동성이 적용된다. 사회적이라고 하는 것은 개인 간의 자존이 얽혀있는 집단이다. 큰 집단에서보다는 작은 집단일수록 자존감은 첨예하게 부딪친다. 가족관계나 친구, 특히 부부관계에서 자존감의 대립은 극에 달한다. 서로의 자존감은 자존심으로 부풀어 대립된다.

어느 사이 자기의 자존심을 위하여 상대방의 자존감을 훼손시킨다. 특히 제삼자와 비교하여 비방하거나 나무랄 때 비교를 당하는 쪽에서는 자존감에 큰 상처를 입게 된다. 부부 싸움이나 친구, 형제 간의 싸움은 서로 간의 자존심 싸움이 되겠으나 여기에 누구를 개입하여 비교시키게 되면 비교당하는 쪽은 자존심에서 자존감으로 전락하게 된다.

보통 사람들은 자존심에 상처를 입었을 경우는 잘 참고 견디나 자존감의 손상에는 견딜 수 없는 고통을 느끼며 비관한다. 가깝고 친한 사이일수록 상대방의 아킬레스건을 건드려서는 아니 될 것이다. 직접적은 말할 것도 없고 간접적이더라도 누구와 비교돼서 모멸을 당한다는 것은 견딜 수 없는 고통임을 명심해야 할 것이다. 아이들 키울 때나 누구에게 훈계할 때도 명사든 영웅이든 누구를 본받으라는 말은 함부로 해서는 안 될 것이다. 왜냐하면 인간은 독립된 존재로서 남에게 해를 끼치거나 위해를 가하지 않는 이상 누구나 우주에서 온 영웅이고 자존감으로 무장된 어엿한 생명체로서 역할을 다하기 때문이다.

자존심에 열등감을 접목시키면 자존감이 금방 추락한다. 자존감의 상층부 변형이 자존심이고 하층부 변형이 열등감이다. 자존감이 허약하고 가늘어졌을 때는 자존심과 열등감으로 왔다 갔다 하므로 인간의 심리가 매우 불안하게 된다. 즉 자존감의 줏대가 약한 것이다. 인생관이나 마음의 심지도 자존감의 줏대가 강할 때 만들어지고 확립되며 굳어진다.

자존감이라는 줏대의 영양소는 이성이라는 의지이다. 지구를 둘러싸고 있는 공기층이 있듯이 인간의 감정은 의지나 이성이라는 강물 속에 빠져있다. 공기층이 우주에서 오는 온갖 방사선을 차단하듯이 이성이라는 냉정한 강물은 활활 타는 인간의 감정의 불을 끄거나 축 처져 내려앉는 감정을 끌어올려 안정시킨다. 강물 속에 빠진 감정이 불탈 리는 없다.

자존감의 상층부 양의 방향의 변형이 자부심, 자긍심, 자신감 등이고 음의 방향의 변형이 자존심이며 자존심의 변형이 시기심, 질투심이다. 자존감의 하층부 양의 방향이 동정심, 아쉬움 등이며 음의 방향이 열등감이다. 이와 같이 자존감의 형질은 인간의 감정으로서 다양하고 변화무쌍하게 나타나고 부글부글 끓고 가라앉는다. 특히 '내로남불'이라 하여 나로서는 자존심으로 접근하나 상대방은 자존감으로 받아들이는 경우가 허다한 것이다. 예를 들어 후진들에게 훈시나 훈계를 하면서 경쟁심을 부추기기 위해서 누구를 본받으라고 할 때 그들은 자존심 좀 상하면 될 것을 자존감으로 받아들여 비관하고 자책한다.

인간은 사회적 동물로 여러 사람들과 관계를 맺고 살아간다. 이때 인간들의 관계에서는 윤리, 도덕이라는 사회적 규범이 생긴다. 윤리, 도덕이라는 공통의 규범이 실현되기 위해서 각 개인의 입장은 외형적 자존심으로 이루어진다. 어느 한쪽이 자존심을 상실하면 관계는 이루어질 수 없다. 관계라고 하는 것은 자존심의 경쟁이다. 자존심으로 관계를 견주고 경쟁을 하나 각자 내부적 감정은 철두철미 자존감이다. 이와 같이 자존감은 무한대로 변형하며 인간감정의 중심에서 사회생활과 동시에 일상을 꾸려 나간다.

자존감의 경직성

천부인권설에 의한 민권의 신장은 인간사회의 가장 공정하고 합리적인 민주주의 발전에 크게 기여했다. 인간의 자존이 그대로 사회에 투영되어 각자 나름의 가치를 발휘하면서 평화로운 세상을 만드는 것이 모든 인류의 공통된 목표다. 그러나 인류 역사는 과거에도 그랬고 현재도 공통된 목표에 도달하기에는 요원하다. 그 원인은 여러 가지가 있겠지만 무엇보다도 인간의 자존에 대한 평가 때문이다. 태생에서부터 성장하고 일생을 사는 동안 너무나 많은 환경의 영향을 받기 때문이다. 그 환경이 민족이라는 지구 가족에서부터 지역, 역사, 사회, 풍속, 가족, 개성에 이르기까지 너무나 많은 변수가 작용한다.

인간이 태어나서 무의식적 본능의 감정으로 자라면서 어느 시기부터는 자존이라는 이성의 감정이 개입되기 시작한다. 이기심, 시기심, 질투심을 앞세워 경쟁심을 발휘한다. 모유를 먹으며 젖꼭지에서부터 시작된 이들 무의식의 감정들은 점차 자라면서 가족, 형세라는 공동체에서 여지없이 경쟁심이라는 진가를 발휘한다. 그러다가 점차 사회적으로 확장된 경쟁심의 절정은 청소년 시기가 되겠지만 초등학교 시기에 이미 자존심으로 변질하여 자리를 굳힌다.

물론 의도적인 자존심이나 경쟁심은 아니다. 또래집단의 시기에 어울리고 휩쓸리다 보면 무의식의 상태에서 형성된 경쟁심은 어느 사이 자존심으로 바뀌고 곧이어 자존감으로 굳어진다. 상급 학년이 되면 자존감은 거의 굳어진다. 초등학교 시기에 자존감 형성이 거의 완성된다.

한 번 형성된 자존감은 경쟁심, 자존심이라는 허울을 쓰고 인간사회의 모든 것들과 부딪히며 미래의 삶을 개척해 나간다. 독립된 존재로서의 기본 감정이 초등학교 시절에 완성된다고 보는 것이다. 물론 10대 사춘기 때 제2차 성징이나 성격의 확실한 굳어짐도 있겠지만 초등학교 시기에 형성된 자존심이나 자존감은 한 인간의 일생을 좌우할 만큼 대단한 위력을 발휘하고 의지나 위신의 입지를 세운다. 이후 자존심이란 멍에를 둘러쓰고 일생 동안 자기 자신과 싸운다.

또래집단에서의 자존심이라고 하는 것은 결국은 작은 집단에서의 서열을 의미한다. 인간사회에서 생존경쟁이라고 하는 것은 자기가 속한 집단에서의 서열이다. 그 서열은 자존심이다. 그 서열이 뒤로 처졌을 때 자존심이 상한다. 자존심을 만회하기 위해서 어릴 때 형성된 자존감을 바탕으로 의지를 불태운다. 피나는 노력의 원동력이 어릴 때 형성된 자존심이다. 자신의 세상에 대한 존재감을 만회하기 위한 의지의 투쟁이다.

초등학교 시절에 공부를 잘했거나 운동, 각종 기능 또는 예능에 소질이 있었던 사람은 그때의 자부심을 잊지 못한다. 그 자부심은 사회에는 자존심이 되고 혼자 있을 때는 자존감이 되어 일생의 운명을 좌우할 만큼 굳어지고 의지의 기본 자산이 된다. 이렇게 해서 자존감의 입지를 곧게 굳힌 사람은 성공적인 삶을 살 수 있다고 보는 것이다.

옛말에 삼대 부자가 없다는 말, 젊은 날 고생을 사서 하라는 말이 생긴 것도 다 이 자존감과 연관이 있을 것이다. 빈곤한 삶을 모르고 그래서 고생을 해보지 않은 사람은 심도 있는 자존에 대해 고민해보지 않은 까닭으로 아무래도 인생을 건성으로 살게 된다. 그런 사람들은 생존경쟁의 치열함에 치이고 주변에 휘둘리다가 실패와 낭패를 맞게 되는 경우가 허다하다. 삶의 진실한 성찰은 확고한 자존감에서 비롯된다 할 수 있다.

또 하나의 자존감의 경직성은 인격의 품위가 외부에 비치는 카리스마다. 인간의 관계라고 하는 것은 인격 대 인격의 상충이고 그것은 결국 존재감의 과시로, 자존심으로 작용한다. 이때 어느 한쪽에서 일방적이고 범접할 수 없는 자존심이 작용한다면 그것이 카리스마다. 카리스마란 다른 사람들을 심리적으로 매료시키고 영향력을 끼치는 능력을 말하는데 이는 곧 존재감의 승리로 그 사람의 자존심의 범위라 할 수 있다. 이는 또한 자존감의 영향력이라 할 수 있다. 인간 됨됨이의 크기가 카리스마로 나타난다고도 할 수 있다.

문제는 이 카리스마가 공권력과 만났을 때다. 국가를 시탱하기 위해서 만들어진 인위적 사회적 조직체인 피라미드의 정점에 있는 사람의 카리스마를 따라 자존감의 경직성이 절정에 다다른다. 이들은 권력의 정점에서 내려왔을 때 무너지는 카리스마를 견디지 못한다. 민주주의가 오래된 서양보다는 동양이 심하고 이념적으로는 공산주의가 더 심하다. 사적이고 개인적인 자존심과 공적인 자존심을 구별하지 않는 탓이다. 그것은 대한민국 건국 후 우리나라의 정치사가 말해 준다. 북한은 이것을 아예 독재와 유일사상으로 묶어버렸다.

자존심이 유연하다고 해서 내부의 자존감에 별로 큰 타격을 주는 것도 아닌데 일반인들도 자존감을 의리와 지조로 혼동하고 좀처럼 세상과 타협하려 하지 않는 성향이 있는 것도 모두가 다 자존감의 경직성 때문이라고 할 수 있을 것이다.

경제력과 자존감

어릴 때는 부모의 경제력이, 어른이 되어서는 본인의 경제력이 자존감과 상관이 있다. 인간은 누구나 천부인권의 아주 공평한 자존감으로 태어난다. 그렇다고 공평한 감정이나 자존감으로 자라는 것은 절대 아니다. 성장환경에 따라서 유전적인 것도 있지만 감정의 주입이 다르고 자존감 형성이 달라진다. 성장환경에 따라서 감정이 형성되고 생활환경에 맞는 감정으로 살아간다. 그중에서 경제적 환경이 자존감 형성에 가장 큰 영향을 끼친다고 할 수 있을 것이다. 자라면서 주변의 환경에 의하여 경쟁하게 되고 경쟁심에 의해서 자존심이 형성된다.

자존심은 외부의 자극으로 형성되나 그 자극의 주된 것이 경쟁심이다. 경쟁심에 의하여 자존심이 들락거리나 자존심의 흔적이 쌓여서 자존감이 형성된다. 그러므로 자존감은 혼자 있을 때도 자리를 잡고 뇌를 스치거나 들어오는 감정들을 다스리고 중심을 잡아준다. 또한 마음의 평온을 유지하게 하는 데 큰 역할을 하는 것이 자존감이다. 자존감이 쌓여서 인생관이 되고 그것은 또한 경제수준과 연관이 있다고 할 수 있다.

사실 유년시절에 경험하는 경제수준은 부모의 경제력이기 때문에 경제력보다는 다른 감정들이 자존심에 더 많은 영향을 미치거나 자극을 준다. 주로 경쟁에 의한 칭찬이나 인정감 등이다. 차차 자라면서 일반적인 자존심의 근원이나 출발이 경제와 관련이 있음을 알게된다.

자존심은 곧 감정의 안정이나 정서와 밀접한 관련이 있으므로 왕년의 학교생활에서는 당국에서 공부를 제외한 다른 환경에 의한 자존심에 자극을 주는 정책을 극구 회피해 왔다. 가능한 한 공평한 처지에서 교육하자는 취지였다. 그래서 나온 것이 교복이나 유니폼, 두발 규제 등 여러 가지가 있었다. 그런데도 인간의 본성이 그런 것인지 또래들은 교묘히 학교생활과 관련이 없는 가정경제와 연관을 지어 파벌을 형성하기도 한다고 한다.

전통적 선진국 등에서는 사치스러운 필통의 지상 정도까지로도 차별한다고 했고 우리나라에서는 아파트 크기와 평수로 끼리끼리 파벌이 형성되는 경우도 있다고 했다. 한때 우리나라 중고등학교 남학생들 사이에서는 겨울 패딩이 유행했는데, 품질보다는 가격대에 따라 또래 친구들을 왕따시키기는 사례도 있었다. 학교에서는 가능한 한 학습 외의 것으로 차별하지 않지만 또래집단들은 어떻게 하든 감정적 우위를 점하기 위해서 모든 수단을 다 동원한다. 그중에서 현장에서 직접 해결할 수 없는 외부의 경제적 환경으로 자존심의 욕망을 채우려는 경우가 가장 흔하다는 것이다. 그것이 자존심 대결이며 그런 것들이 쌓여서 모르는 사이에 자존감이 형성된다고 할 수 있다. 문제는 우위에 있을 때는 긍정적 자존감이 형성된다고 할 수 있겠으나 하위에 있을 때나 패했을 때는 열등감에 사로잡힌다. 열등감은 부정적 자존감으로 성장하는 청소년들에게는 절대적 치유가 필요한 것이다.

그냥 두면 열등감을 바탕에 깔고 자존심만 형성되기 때문에 삶이나 사회생활에 도움이 되고 필요한 자존감의 상실을 초래하게 된다. 청소년기에는 학습에서의 열등감, 건강에서의 열등감, 경제력에서의 열등감이 열등의식이 형성되는 주 근원이라고 할 수 있을 것이다. 또 하나의 문제는 부유하게 자라고 경제력이 우위에 있다고 해서 자존감만 형성되느냐 하는 것이다. 아니다. 솔직히 말해서 자존심은 확실히 확보된다.

자존감이라는 것이 원천적으로 인간 본연의 감정이지만 극히 최근에 대두된 지식이거나 트렌드로 봤을 때, 왕년에 날리던 우리들의 스타나 꿈속 하늘의 별 같은 사람이 지거나 노쇠해졌을 때 비로소 자존감이 나타나는 현상이 더러 있었다. 그들에게 자존감은 없었고 자존심만으로 일생을 살았다는 것을 알게 되는 경우가 목도되는 것이다. 특히 일부 재벌 자제들이나 그 가족들의 횡포나 거만이 사회적으로 지탄받는 것도 다 그들에게 주입된 자존심과 자존감의 혼동 때문이리라 가늠해 보는 것이다.

그렇다면 경제력은 인간의 자존감 형성에 필요조건이라는 것이지 충분조건은 될 수 없다는 것을 알게 된다. 그러므로 자녀교육에서 문제 해결이나 욕구 충족을 돈으로 함부로 해결하려고 해서는 아니 됨을 명심해야 한다. 오히려 작은 칭찬이나 격려가 한 개인의 성장이나 발전에 더 큰 도움이 될지 모르는 일이기 때문이다.

자존감의 사회성

인간의 일생에서 어린 시절이 끝나면 폭풍 성장기가 오고 이어서 사춘기가 온다. 사춘기라고 하는 것은 신체적으로 큰 변화가 생기고 정신적으로는 변화라기보다는 사고의 확장기가 된다. 소년의 난동기에서 청년의 침잠기가 되고 그것은 또한 단세포적인 언행에서 포괄적 사고로 확장되며 언행이 신중해진다. 더 쉽게 말하면 성인의 입문에서 생각이 많아진다는 뜻이다. 감싸고 있던 자존심에서 자존감이라는 속 알맹이가 생기는 것을 의미한다.

옛날의 예의법도나 사회조직에서 오는 권력이라든지 하는 것은 인간의 관계에서 생기는 감정의 관계를 자존심만으로 규정한 것이라고 할 수 있다. 자존심의 우위를 규정한 것이다. 자존감으로 한다면 모두가 공평해져서 도덕윤리나 권력이 생기지 않는다. 민주주의의 꽃이라고 할 수 있는 선거는 천부인권을 바탕으로 한 물리적 자존감을 기준으로 한 것이라고 할 수 있다. 화학적 자존감은 자유를 위시한 인정, 동정, 사랑 등 인간애가 될 것이다.

인간세상은 물리적 자존감만으로는 유지될 수가 없고 화학적 자존감의 비중이 커져서 자존감의 변형을 가져온다. 그것이 자존심이다. 현대사회는 자존심으로 꽉 찬 세상이다. 사회는 인간들의 관계가 모여서 된 인간세상이다. 만인 대 만인의 투쟁 관계로 이루어진 초기의 사회에서는 자존감의 세상이었으나 점차 사회규범이라는 것이 확대되면서 자존심의 세상으로 바뀌었다. 천부인권의 존재는 자존감이고 규범 속의 존재는 자존심이다. 세상은 온통 자존심으로 꽉 차 있다. 그 말은 속 알맹이의 자존감은 숨기고 형식적인 감정의 껍데기인 자존심이 활개 치는 세상이라는 뜻이다.

사춘기가 오고 성인이 되었어도 누가 일러주거나 깨닫지 못한다면 자존심 속의 진실한 자존감을 발견하지 못한다. 세상에 당당히 나서거나 맞서기 위해서는 자존심 속에 숨겨진 자존감을 찾아내어 그것으로 세상 사람들의 자존감과 맞부딪쳐야 한다. 결국 빈부 격차나 지위 고하를 막론하고 인간 대 인간의 관계를 강조하는 것이다. 그것이 자존감의 사회성이다.

● 자존감의 사회성은 적응성이다

얼마만큼 세상과 잘 어울리면서 살아가느냐 하는 것이 적응성이다. 일생의 삶은 세상과의 적응이다. 자존감의 사회성은 자연에의 적응이라기보다는 인간사회 속의 적응이다. 사람들과의 관계를 원활히 하고 사람들에게 자기를 드러내는 일이다.

이때 얼마만큼 당당하고 자신 있게 집단이나 주변 속에 일원이 되고 자기를 드러내느냐 하는 것이 중요하다. 자존감이 부족하면 피동적이 되고 주변의 인간환경에 치이고 짓눌려서 자기를 잘 표현 못하게 된다. 흔히들 보게 되는 내성적인 사람이 대표적인 그 예가 될 것이다. 그리고 사람들과 잘 어울리지 못하고 관계를 맺는 데 애로를 느끼게 된다.

● 자존감의 사회성은 적극성이다

어떤 일을 하거나 행동을 할 때 남이 나를 어떻게 보느냐가 아니라 나를 남에게 어떻게 무엇을 보여줄 것인가가 적극성이다. 연예인들이 공연할 때 무대 위의 공연자들은 자존감의 적극성이 되고 관객들은 자존감의 소극성이라 할 수 있다. 그런데 대체로 사람들은 일생 동안 관객의 입장에서 자존감의 소극성으로 살아가도 무난하리라 생각한다.

그러나 그렇지 않다. 사람은 일생 동안 삶이라는 무대 위에서 공연하며 사는 것이라고 생각한다. 길거리에만 나가도 중인환시가 된다. 그럴 때 내가 남들의 눈에 어떻게 비칠 것인가를 염려하는 것이

자기 주도 인생의 길

아니라 나를 남들에게 어떻게 보여줄 것인가를 생각해야 한다. 사람들은 자기에게 무관심할 것이라고 생각하는 것이 아니라 사람들은 자기를 보기 위해서 연예인들처럼 기다리고 있다고 생각하는 것이다. 그리고 자기를 보고 반가워하고 즐거워할 것이라고 생각하는 것이다.

지금부터 60여 년 전 미국의 케네디 대통령은 취임연설에서 나라가 국민에게 무엇을 해 줄 것인가를 생각하지 말고 국민이 나라를 위해서 무엇을 할 것인가를 생각하라고 했다. 물론 국민들에게 애국심을 호소한 연설이기는 했지만 일반 개인들에게도 시사하는 바가 크다고 하지 않을 수 없다. 개인 생활에서 상대방이 나를 어떻게 대할 것인가를 생각하지 말고 내가 상대방을 위해서 어떻게 할 것인가를 생각하라는 것과 같은 이치다. 자존감이 확고하지 않으면 우유부단하고 소극적이 되며 신념을 가지고 행동하지 못한다.

● 자존감의 사회성은 협력성이다

사회적 동물인 인간은 어쩔 수 없이 공동생활할 수밖에 없다. 혼자 살아도 혼자 사는 것이 아니다. 국민으로, 주민으로, 가족이나 직장의 일원으로 살아야 하는 필연적 운명이면서 공동체의 일원으로 사는 것이 인간이다. 자존감은 독자적 삶을 위한 것이지만 공동체 사회의 규범을 지키는 것이 더 우선이다. 길거리에서 침을 함부로 뱉지 않고 휴짓조각 하나라도 함부로 버리지 않는 정신이 사회적 협력성이며 확고한 자존감에서 비롯된다 할 수 있다.

자존감의 주체성

독립된 존재라고 하지만 통상적으로 사람들은 어릴 때부터 성장하는 과정에서 자기 의지나 생각대로 하는 일이나 행동이 별로 없다. 보고 배우고 시키는 대로 하기에도 바쁘다는 말이다. 미성숙의 시기이므로 인간사회에 적응하는 훈련단계라 어쩔 수가 없다.

그렇다고 모든 언행이나 관습을 다 따라 하거나 시키는 대로 하는 것은 아니고 가다가 자기의 독단적 생각이나 의지로 행동하는 경우가 있게 된다. 인간사회라는 커다란 명제는 벗어날 수가 없고 벗어나서도 안 되지만 독립된 존재로서 자기 단독의 판단이나 결정으로 행동하는 경우가 생긴다. 자기 삶에 대한 확고한 신념이나 행동이 주체성이다.

대체로 자존감이라는 감정을 바탕으로 하여 주관성이 더 강조된 감정이 주체성일 것이다. 그러나 일상에서 자존감과 주체성이 혼동될 뿐 아니라 굳이 구별할 필요도 없다. 독립된 존재라는 자체가 자존이나 주체이기는 하지만 주체성이라고 한다면 혼자 있을 때보다는 또래집단에서 그 성향이 나타난다. 주관이 개입된 생각을 다른 사람에게나 단체행동을 할 때 관철시키는 경우다. 그러기 위해서는 판단이나 분별력에 대한 앞선 생각이 필요하다. 주체성은 또래들의 놀이나 모임 등 어떤 자유분방한 상황에서 나타난다. 엄격하게 짜진 군대생활이나 학교 교실, 가정생활에서는 잘 나타나지 않는다. 그리고 별 의미도 없다.

주체성이 잘 나타나는 시기는 청소년기나 청년기다. 몇몇 또래친구들이 어울려 여행하거나 모임을 가질 때이다. 자기의 주체성을 관철하기 위해서 음으로 양으로 치열하게 개진시킨다. 운동선수들의 합숙이나 공무원들의 연수모임 등에서는 주체성이 발휘될 수 없다.

결국은 리더십과 관련된 소양이기는 하나 그 출발 전제가 자존감이다. 자존감에 주관을 더하여 주체성이 되고 그 주관에는 합리적 사고가 포함된다. 주체성에 판단을 가미하여 리더십이 된다. 그 외에도 리더십에는 공감과 카리스마가 동반된다. 주체성이 단체생활에서는 리더십으로 귀결되나 개별생활에서는 창의력으로 확장될 수 있다. 창의력은 물질문명 발전의 원동력으로 인문사회 발전의 원류이며 토대가 된다.

그러나 주체성은 자존의 외연이며 형식이므로 속 알맹이의 자존이 숨을 못 쉬거나 고사할 수 있음을 염두에 두고 항상 자존과 소통하고 때로는 숨통을 열어주어야 한다. 주체성의 오남용은 개인에게는 옹고집이 되고 정치에서는 독재가 될 수 있다.

자존감의 유연성

사고의 전환이나 생각의 변화 등은 자존감의 변동성으로 이미 논한 바 있고 자존감의 유연성은 본질은 그대로 두면서 어떤 상황에 즉각 대처하는 순발력이다. 자존감의 또 다른 이름인 체면이나 주체성은 그대로 두면서 사고의 전환이나 생각의 변화 등을 얼마나 빨리 하느냐이다. 생활에서는 순간적 위기를 모면하는 유머나 위트, 재치, 농담 등의 언행이 해당할 것이다. 속생각을 숨기는 심리의 이중성도 해당한다.

자존감을 그대로 유지하면서 하는 심리의 이중성이 유연성이고 자존감이 왜곡되거나 감정의 틀을 벗어난 상태에서 이중성이 되면 사기나 범죄 등 위험한 사고가 되며 정상적이 아니다. 일반적으로 선의로 하는 유연성이라야만 한다. 사고의 유연성에 대치되는 표현으로 고지식하다거나 고식적이란 말을 쓴다. 자존감의 손상을 염려하거나 막기 위해서 함부로 감정의 표현을 억제하는 것이지 고식적인 것은 결코 나쁜 것은 아니고 단지 감정의 순발력이 조금 느린 것뿐이다.

자존감의 유연성은 감정의 유연성으로 일상에서 꼭 필요한 감정의 유희다. 유머, 위트 등은 서양의 외래어이고 농담, 해학, 풍자, 재치, 기지, 재간둥이 등의 말은 한자식 표현이다. 우스개, 장난, 눈치, 얄개, 개구쟁이 등의 말이 우리말 표현으로 모두 다 감정의 유연성이라 해도 무방할 것이다. 감정의 표현은 언행으로 하는 것이지만 유연성은 일종의 가식적 표현이다. 이것을 주안점이나 주제가 잘 나타나도록 해야지 서툴거나 잘못하다가는 자존감의 본질이 훼손되어 낭패를 볼 수도 있게 된다. 어릴 때부터 자존감이 충실히 몸에 밴 사람만이 자존감의 유연성을 잘 발휘할 것이라고 본다.

자존감의 동반자

 인간은 감정의 동물로 신체가 잠에서 깨어나면 감정도 따라 움직인다. 하루의 일을 끝내고 신체가 휴식의 잠으로 빠지면 감정도 휴식을 취하며 무의식으로 빠져든다. 감정은 인간의 정신세계라 할 수 있고 신체가 에너지 충전을 위해서 잠을 자듯이 충전을 위해서 휴식이 필요하다.

 잠에서 깬 인간의 활동은 의식의 세계이며 그것은 감정의 활동이다. 즉 인간의 활동은 단순한 신체의 움직임이 아니라 어떤 생각이나 감정을 가진 의미 있는 활동이 되는 것이다. 그것을 생활이라고 한다면 생활은 목적 있는 감정의 움직임이라고 할 수 있다. 감정의 활동에는 자존감이 동반자로서 반드시 동행하며 자존감의 동반자로는 이성이다. 물론 타인과의 관계라 할 수 있는 사회생활에서는 자존감이 자존심으로 바뀐다.

 이성은 냉철하고 줏대 있는 감정으로 인간의 희로애락의 감정을 자존감 안으로 끌어들이며 자존감이 끓어 넘치거나 아래로 가라앉아 밑으로 빠지면 냉철한 판단으로 불을 끄고 아래 구멍을 막아 자존감의 영역을 벗어나지 못하게 한다. 자존감의 영역이 인간의 감정이다. 자존감의 영역을 벗어나면 인간의 감정이긴 해도 불안정한 감정으로 자칫 동물성의 감정으로 치우쳐 인간의 탈을 쓴 늑대가 될 확률이 매우 높고 위험한 상황에 빠지기 쉽다.

 이성은 인간성의 울타리를 지키는 파수꾼으로 외부의 동물성 감정의 침입을 막아준다. 기쁨이나 슬픔의 정도도 인간으로서의 도리를 지키는 것이 자존감이고 그 자존감을 따라다니면서 파수꾼의 역할을 하는 것이 이성이다. 이성에 대치되는 말은 감성이나 인정이 될 것이다. 원시사회는 감성이 지배하는 사회였을 것이다. 감성은 이성과 인정의 중간 단계로 적절하게 인정에 이끌리고 가다가 적절하게 냉정한 판단으로 사고를 이끌어 가는 합리적 감정이다.

이성의 사고가 지배하는 인간이 로봇이고 인정만의 감정이 지배하는 인간이 피에로이다. 피에로는 울고 웃고 로봇은 근엄하고 그 사이 존재가 인간이며 감성이다. 가족사회나 향토사회는 아무래도 감성이 많이 작용하는 사회가 될 것이고 현대의 도시사회는 법치주의 사회로 냉정한 로봇 같은 이성이 지배하는 사회가 될 수밖에 없다.

감성은 열등감과 더불어 자존감의 하위 부분으로 자존감을 심약하게 할 우려가 있으므로 여기에도 이성이 항상 감시하고 지켜봐야 하는 감정이다. 열등감이 음의 방향이라면 감성은 양의 방향으로 이성이라는 딱딱한 감정을 부드럽게 하며 인간 감정의 윤활유 같은 역할을 하는 감정이라고 보면 될 것이다. 감성의 대표적 감정이 어머니의 자식에 대한 마음일 것이다. 정서를 풍부하게 하며 생존에 절대적인 것은 아니고 필요조건에 해당하는 감정이다.

자존감의 동반자로서 이성은 현대 인간사회를 지탱해 주는 중심축의 감정이다. 기계문명이 발달한 현대 대도시의 인간사회를 보라. 기계, 기술의 정밀함만큼이나 인간 감정의 냉철함과 정밀성 없이는 인간들의 생존이 가능하겠는가. 엄청난 합리적 사고의 산물이 도시다. 칼날 같은 이성의 감정 없이는 수많은 인파로 우글거리는 인간들의 자존감을 다스릴 수 있겠는가? 서로가 날뛰는 자존의 활동들을 일목요연하게 조율하고 통제하는 것이 법치라고 하는 인간 감정의 이성에서 만들어진 산물이다.

제9장

자존감의 훈련

자존감의 훈련

인간이 독립된 존재라는 것과 천부인권에서 자존감은 당연히 타고나고 개개인에 귀속된 정신세계의 하나이지만 그러나 이것을 의식하고 부각시키지 않으면 자칫 그 본연의 권능을 발휘 못 하고 사장시킬 우려가 있다. 인간은 성장 환경에 따라서 내부의 감정과 환경과의 교류와 인식과 학습이 너무나 천차만별이기 때문이다. 그런 면에서 수많은 자존감의 개념을 선별해서 자존감의 훈련을 통하여 도움이 되고 효과 있는 방법을 취할 필요가 있다.

배고픈 사람은 먹고 싶은 마음이 자존감이고 감옥에 있는 사람은 감옥을 벗어나고 싶은 마음이 자존감이다. 식민지 시대에는 독립정신이 민족의 자존감이었다. 손기정 선수가 마라톤에서 우승한 것은 민족의 자존감이라기보다는 민족의 자존심이 될 것이다. 운동선수의 훈련은 당사자의 본성에는 자존감 키우기에 다소 영향은 미치겠지만 그보다는 우승함으로써 자존심에 더 무게가 주어지는 훈련이라 할 수 있을 것이다.

그러므로 자존감 훈련은 경쟁의 관계보다는 생존의 관계에서 의미를 부여할 필요가 있다. 인생의 성공신화 밑바탕에는 항상 절실함과 처절함이 있다. 이때의 절실함이라고 하는 것이 생존의 문제이다. 속된 말로 죽기 아니면 살기로 하지 않으면 안 된다는 것을 말한다.

아무리 작은 사업을 하더라도 거대한 호랑이가 작은 토끼 한 마리를 잡기 위해서도 전력투구한다는 사실을 알아야 한다. 친구 따라 강남 가듯 남이 장에 가니까 따라가는 장날이 되어서는 되는 일이 아무것도 없다. 절실함과 처절함, 죽기 아니면 살기, 전력투구하는 말들은 모두 자존감을 의미한다. 친구 따라 강남 가는 것은 자존심이다. 남들이 성공하니까 나도 성공하리라 하는 것은 자존심이다. 자존심 속에는 시샘, 시기심, 질투심이 들어 있다.

시샘, 시기심, 질투심 등은 왜곡된 자존감의 변형인 자존심에서 또 변이한 자존감으로 감정의 틀 상층부를 두드리는 감정들이다. 이들이 감정의 틀 상층부를 뚫고 나가면 인간성을 상실한다. 사업이나 어떤 일을 할 때 제정신 아닌 상태에서 하게 되는 꼴이다. 절실함과 처절함은 냉정한 이성으로 자존감의 왜곡이나 변이를 막고 정상적 감정선을 유지하게 하는 역할을 한다. 즉 남의 성공신화를 보며 경쟁해서는 성공할 수 없다는 말이다.

극기 훈련

한때 청소년들의 극기 훈련이 시대의 트렌드가 된 시절이 있었다. 그 방법이 가지각색이었다. 호연지기나 담력을 키운다든지 적극성이나 긍정적 성격을 가진 인재를 양성하는 것을 목적으로 하는 훈련들이었다. 이때만 해도 자존감이란 말을 사용하지 않았지만 알고 보니까 자존감을 키우기 위한 훈련 방법이었고 제도들이었다. 취지나 제도, 목적, 방법 등이 너무나 좋았지만 언뜻 그 진정성보다 왜곡된 자존감인 자존심에 치중한 수련이 아니었나 싶다.

우선 단원으로 가입하는 것부터 어른들의 자존심, 아이들의 자존심, 의무적 학교 수련회라든지 할 때는, 업자들의 상술과 횡포 등으로 점차 그 취지와 목적이 왜곡되고 엉뚱한 방향으로 가고 있었던 것이다. 젊은 날 고생을 사서 하는 것을 자원해서 하는 호연지기의 대표적 수련인 국토순례도 결국은 타성에 젖고 무사안일에 치우쳐 실패하고 말았다. 모두가 단체라는 것 때문에 실패했을 것이다. 인간이 원래 독립된 존재인데 철두철미 단체훈련을 위해 협력, 협동이라는 이름으로 서로 의존적 존재로 훈련하기 때문이었을 것이다.

독립된 존재라는 것을 인식했는지 단체로 바닷물에 빠뜨려 놓고 각자도생 헤엄쳐 나오게 하다가 귀한 생명을 잃게 하더니 그다음부터는 그런 수련이 없어졌다. 뭐든지 그런 식이었다. 생명을 담보로 시행착오를 해야만 아는 그런 원시적 방법에만 익숙해 있었다.

담력을 키운답시고 초등학생들을 혼자 밤길의 공동묘지를 거쳐 찾

자기 주도 인생의 길

아오게 하는 방법도 좋지 않다. 둘이나 셋 정도 조를 짜서 밤길을 걸어보게 하는 것이 그나마 좋은 경험이 될 것이다. 담력보다는 자립심을 기르는 방법을 모색해 볼 필요가 있고 자존감에 관한 확실한 인식만 된다면 담력은 저절로 길러져 용기와 자신감이 생길 것이다.

솔직히 말해서 왕년에 했던 극기 훈련으로는 자존감이 길러지지 않는다. 자존감이 길러지지 않는 극기 훈련은 할 필요가 없다. 섣불리 하는 단체 수련이나 특수 회원의 단체 행사 등은 자칫 선민의식이나 자존심만 기르는 활동이 될 수 있다.

자존감이 부족하거나 없으면 심리적 안정이 되지 않으며 자존심은 심리적 불안 요인으로 항상 열등의식과 공존한다. 자기 존재의 기준이 항상 경쟁 심리와 비교우위에 초점이 맞추어져 있기 때문에 열등이 되었을 때는 금방 열등감에 시달리며 고민에 빠지게 된다.

극기라고 하는 것은 기를 넘어선다는 뜻으로 감정의 멈춤이 아니라 감정의 소통이 원활해야 함을 의미한다. 감정의 중심인 자존감에서 멈추고 출발하고 돌아와야 한다는 것이다. 인간이 살아 있다는 자체가 감정의 움직임이다. 독립된 존재로 끝없이 사회의 일원으로 살아가야 한다. 거기에는 끝없는 경쟁심이 작용한다. 경쟁심은 자존심을 유지하기 위함이다. 경쟁심의 근원은 시기심, 질투심이다. 시기심, 질투심에서 자존심으로 돌아오고 자존심은 자존감으로 돌아와서는 자부심이나 열등감으로 빠져나갔다가 하루의 일과가 끝나고 감정의 휴식을 위해 잠들기 전에는 자존감으로 돌아와야 한다. 즉 극기는 감정의 소통이다.

화가 났을 때는 화가 빨리 풀리고 잘못했을 때는 빨리 뉘우치거나 사과할 줄 알며 자존감의 변형인 시기심, 질투심, 자존심, 열등감, 자부심 등에서 빨리 자존감으로 돌아와 안정을 취해야 한다. 모든 극기 훈련도 일선의 감정들과 자존감으로 돌아오는 소통의 훈련이 되어야 한다. 자존감으로 회귀한 평정심은 여러 관계의 평정심으로 원만한 세상의 초석이 된다.

웅변학원

조선 시대 오일장을 중심으로 흰옷 입은 사람들이 운집한 곳에는 항상 말 잘하는 연사들이 있었다. 주로 광대나 약장수들이었지만 때로는 세상을 비판하는 선비들도 있었다.

구한말의 민란이나 동학란 등의 개혁세력들이 민중의 선동을 목적으로 흰옷 입은 백성들을 모아놓고 연설을 하였다. 일제 강점기에는 도산 안창호, 이승만 등의 유명한 웅변가들이 민족의 독립정신 고취를 위한 연설을 하였다. 해방 후 김구, 신익희 등의 한강 모래사장의 연설은 삼일 운동 이후 백의민족의 군중집회로서는 최후의 웅변이었다.

지금 제1한강교 용산구 쪽의 하얀 백사장과 히얀 옷을 입은 10만 군중의 집회에서 울려 퍼지는 웅변가들의 목소리는 확성기를 통하여 세상을 울렸다. 위대한 지도자는 유명한 웅변가들이었다. 물론

자기 주도 인생의 길

최근까지 군중집회는 있지만 흰옷 입은 군중이 아니라는 것이다.

위대한 지도자의 근본 자질이 말 잘하는 웅변가라고 믿었었는지 6070 시절에는 유별나게 웅변학원이 많았다. 유명한 웅변가를 키우기 위함이 아니라 위대한 지도자로서의 소양을 기르기 위함이었을 것이다. 더 확실한 것은 위대한 지도자도 좋지만 일반인으로서도 남들 앞이나 군중들 앞에서 자기 의사표현을 말로 잘하는 사람으로 키우기 위함이었을 것이다.

더 자세히 말하면 숫기 있는 아이로 키우기 위함이었다. 지금도 남들 앞에서 수줍거나 부끄럼을 많이 타는 아이들이 분명히 있지만 개발도상국 시대의 그 시절에는 그런 아이들이 유달리 많았다. 그 이유야 여러 가지가 있겠지만 아무튼 숫기 없는 아이들이 많았다. 숫기가 없거나 부끄럼을 너무 많이 타서 남들 앞에 잘 나서지 못한다는 것은 분명히 천부인권과 같은 의미의 자존감을 잘 발휘하지 못하고 있다는 말이 되는 것이다. 그런 아이들일수록 자존감은 없고 자존심만 가득 차 있다는 사실을 명심할 필요가 있다.

자존심과 자존감은 낱말 한끝의 차이지만 일생을 사는 동안 자존감 의미의 터득 여하에 따른 차이는 실로 엄청난 것일 수 있다. 웅변학원이 범람하던 시절에는 세상이 온통 자존심으로 가득 차 있었다. 위정자들도 선거라는 이름으로 자존심 대결, 연예인들도 인기라는 이름으로 자존심 대결 등, 가는 곳곳 어디든 세상의 생활철학이 자존심이었다.

그런 시절에 자녀를 웅변학원에 보내는 부모들은 당시에는 아이들의 자존심을 위한 것이었지만 그래도 어렴풋이 자존감의 의미를 터득하고 있었던 것이다. 숫기 좋게 여러 사람들 앞에서 당당히 자기 의견을 똑똑하게 말할 수 있다는 것이 대단한 자랑거리가 아닐 수 없었다. 당시에는 자존심을 위한 웅변학원이었지만 지금 와서 보면 순전히 자존감을 깨우치기 위한 학원이었음을 알 수 있다. 기계문명의 위대함과 첨단과학 문명의 정밀함에 인간은 날로 미미한 존재로 전락하고 있다. 이럴 때일수록 아이들에게 자기가 얼마나 귀중한 존재인가를 인식시킬 필요가 있다. 자기 존재에 대한 확신이 자존감이다.

태권도 훈련

인간은 사회적 동물이니만큼 자기 존재에 관한 확신도 혼자 있을 때보다 여러 사람과의 관계에서 일어난다. 가장 원초적 부모 형제의 가족관계에서부터 시작되는 사회적 관계가 차차 확대되면서 자기 존재에 대한 확신도 점차 소원해지고 엷어진다. 부모 자식의 관계에서는 자존감만 존재한다. 그러다 형제 관계에서부터 시작되는 자존심은 또래, 친구로 확대되면서 점차 짙어지고 자존감은 점차 약해지면서 종국에는 오직 자기 안에만 존재하게 된다. 가족을 떠나면 세상 사람들과의 관계에서는 오직 자존심만 판을 치게 된다는 의미와 같다.

복잡한 사회적 관계를 원활히 이어가는 수단의 하나가 자신감이다. 자신감은 마음을 굳게 먹는다는 뜻인데 그러기 위해서는 신체적 건강도 따라야 한다. 건전한 신체에 건전한 정신이 되어야 자신감이 생기는 법이다. 자신감은 자존감을 발휘할 때의 전제 조건이 된다. 사회적 관계에서 자존감을 바탕에 깔고 자신감을 통하여 자존심으로 대처하게 된다.

자존심은 경쟁관계에서 형성되는 자기 존재의 확신으로 특정 상대와 경쟁을 하는 관계는 말할 것도 없고 일반 사회적 관계에서도 자존심은 발현된다. 예를 들면 어떤 모임이나 장소에 갔을 때 그 환경에 맞는 복장이나 품위를 유지하는 것도 자존심의 발로이다.

실수나 잘못을 저질렀을 때 자존심이 상하고 열등감이 일어나 자존감을 확 낮춘다. 그러나 자존감이 열등감에 끌리기만 하면 자존감이 아니다. 자신감이나 자부심을 불러와 낮아진 자존감을 끌어올려 균형을 유지한다. 자신감은 자존감이 충만한 상태의 긍정적 감정이다. 자신감은 자존심이 상해도 열등감이 들어와 자존감을 끌어내리지 못하게 하는 힘이 있다.

예나 지금이나 여전히 번창하는 것이 아이들의 태권도 교실이다. 부모들이 자녀들에게 태권도를 배우게 하는 것은 만사에 자신감을 가지고 생활을 활력 있게 하기 위함이다. 그것이 자존감 교육이다. 자존감은 자신감으로 무장하여 상대를 의식할 때는 자존심으로 대처한다.

세상살이라고 하는 사회생활은 알게 모르게 상대가 있는 경쟁관계가 되며 그것은 자존심의 관계이다. 불안한 자존심에서 자신감으로 안정된 자존감을 얻기 위해서 태권도를 배운다. 건전한 신체에 깃드는 건전한 정신은 자만심이나 자존심이 아니고 바로 자존감이 터득된 감정이다. 굳이 태권도가 아니어도 대체로 운동부 아이들에게서 자존감의 충만함이 보인다.

간혹 왜곡된 자존심이나 과잉된 자존감의 발휘로 학교폭력이나 왕따 문제 등으로 인한 청소년의 사회적 문제는 올바른 자존감 교육의 필요성을 실감하게 한다.

친구 사귀기

부모 형제가 가족이라는 가장 기본 단위의 사회에서 천륜의 관계로 맺어진 인연이다. 부모와 자식 간의 관계는 완전한 자존감의 관계라 할 수 있고 또 그래야 마땅하고 형제간에는 자존심보다는 자존감이 훨씬 큰 비중을 차지하는 관계라 할 수 있을 것이다. 친구는 가정이라는 울타리를 벗어난 담장 밖의 세상에서 만난 가장 가까운 인연이다.

일반적으로 친구관계는 자존심의 관계라 할 수 있으나 오래되고 진정한 친구는 형제 관계와 마찬가지로 자존감의 비중이 큰 관계라 할수 있다. 친구의 발전과 성공을 진실로 기뻐하고 신뢰할 수 있는 정도가 되어야 진정한 친구로서의 자격이 있다고 할 수 있을 것이다.

가정이라는 가족사회, 일이라는 직장사회를 빼면 사회생활이라는 세상살이 대부분이 동료나 친구라는 이름의 세상이다. 그만큼 친구는 세상의 폭이고 한 인생이 노는 물이다. 그래서 어떤 사람을 알기 위해서는 그 사람의 친구들을 보면 안다고 한다. 넓은 세상의 바다에서 끼리끼리 만남이 있고 그 사람들이 놀고 헤엄치는 물이 따로 있기 때문이다.

친구는 가족 다음의 가장 끈끈한 인위적 관계로 일생을 통한 운명과 같은 존재다. 이와 같이 중요한 친구라는 인연의 관계를 만들기 위해서 부모들이 하는 일이 하나 있다. 어린 자녀들에게 또래 친구들을 초대해서 생일잔치를 해 주는 일이다. 부모가 자녀를 위한 것이나 아이들이 친구를 위한 것이나 모두 자존감의 잔치이지 여기에는 자존심이 개입할 여지가 없다. 생일잔치는 존재감의 확인이지 존재감의 과시가 되어서는 아니 될 것이다. 친구관계는 자존심의 관계이기는 하나 생일 초대 잔치만큼은 자녀에게 소속감을 심어주고 친구관계의 원활함과 안정감을 갖게 하는 것으로 자존감을 키우는 좋은 수단이라 할 수 있다.

인간이 독립된 존재라고 하는 것은 자존감이 깃드는 몸집으로서의 물질적 덩어리이기 때문이다. 인간은 세상이라는 막막한 황야에 홀로 우뚝 서서 걸어간다. 그 모습이 어째 딱딱하고 외롭다. 외로움은 전봇대 같은 딱딱한 삭막함에 정신이라는 감정을 불어넣었을 때에 나타나는 증상이다. 외로움은 기대고 의지하고 싶은 대상을 부른다. 그 대상이 바로 친구다.

의지한다고 해서 마구 기대도 되는 경우는 가족이지 친구가 함부

로 기대도 되는 대상은 아닐 것이다. 독립된 존재라는 자신의 자존
감과 친구라는 자존심이 적당히 균형을 이룰 때 진정한 친구관계가
오래갈 수 있다.

제10장

자존감의 유형

생리적 자존감

살기 위한 몸부림이 생리적 자존감이다. 이것은 자존감이라기보다는 본능적 감정이다. 먹고 자고 생리활동을 하는 것 등이다. 생리적 욕구 충족을 위한 몸부림일 수 있다.

욕구 충족에 인간성이 개입되지 않으면 동물적 본능이 된다. 인간 사회는 개별 생명유지를 위한 욕구와 집단 사회를 유지하기 위한 수단과의 사이에 괴리가 생긴다. 그 괴리를 메우는 작업이 자존감이다. 배가 고프면 먹을 것을 요구하고 아무리 중요하고 급한 일이 있어도 생리활동을 해결하는 것이 우선이다. 생리활동을 위해서 당당하게 요구하고 주장할 수 있는 것이 자존감이다. 자존감이 낮으면 생리적 활동도 제약을 받고 원활하지 못하게 된다.

현대사회에서 국가의 복지정책이라는 것도 국민 누구나의 생리적 자존감에 맞추어져 있다. 기본 생계 해결을 위한 복지가 그것이다. 더 나아가 공원이나 도시 곳곳에 화장실 문화의 꽃이 활짝 피어 있다. 생리적 자존감을 위한 대표적 사례다.

소속감

자존감이라 할 때 넓은 의미에는 생리적 본능도 포함되겠지만 대체로는 의지나 감성적 감정으로 표현되는 자기 존재의 확신이다. 혼자 사는 동물에게는 본능만 있을 뿐이지 자존감이나 자존심은 필요없다. 사회적 존재라는 인간은 가족이라는 한 구성원으로서의 소속감도 자존감이다. 사회 공동체를 유지하기 위한 계층별 조직체라든지 특정 모임이나 단체에 가입하거나 참가하는 구성원으로서의 소속감은 그 자체 내에서는 자존감이다. 그러나 그 집단을 벗어난다든지 다른 집단이나 개인과 비교되거나 할 때는 자존심이 된다.

천륜은 누가 뭐래도 자존감이다. 인륜지대사라고 하는 인륜은 자존심이다. 예를 들면 친할아버지에게 예의를 지키는 것은 자존감이 되겠으나 직장 상사에게 예의를 지키는 것은 자존심이다. 대체로 사람들은 자존심으로 산다. 이 세상의 가족이라는 소속감을 빼고는 어떤 조직체나 단체도 자존심으로 구성된다. 세상은 자존심의 조직체다.

자존심도 구성원으로서의 단체 내에서는 자존감으로 작용한다. 오랜 자존감의 생활로 몸에 밸 수 있으나 그 소속을 벗어나는 순간 자존심으로 바뀐다. 심지어 가족이라는 자존감도 다른 가족이나 다른 사람의 입장에서는 자존심으로 바라본다. 온 세상은 자존심의 세상이다.

인간들은 소속감의 자존감을 얻기 위해서 치열하게 심리적 전쟁을 한다. 시험, 승진 등이 그 대표적 예로 모두 다 어떤 집단에 속하는 소속감을 얻기 위한 몸짓들이다. 그것은 곧 자존감을 얻기 위한 경쟁이다. 자기 안의 자존감이 세상 사람들에게는 자존심으로 나타난다. 자존심은 순방향의 심리로 생활에 활력을 얻고 사회발전의 원동력으로 작용하기는 하나 안정된 감정이 아니다. 또한 역방향으로 자존심은 열등감, 시기심, 질투심 등을 불러들여 심리적 불안을 초래할 염려가 있다. 그러므로 자존심은 순방향의 심리가 쌓여 자존감이 되도록 해야 한다. 그것이 소속감의 자존감이다.

상대적 자존감

천륜의 관계가 절대적 자존감이라면 인륜의 관계는 상대적 자존감이고 그것은 또한 자존심이다. 가족관계를 빼면 인간사회의 거의 대부분이 인륜의 관계라 할 수 있다.

자존심은 일시적 감정으로 항상 상대가 있어 비교 평가되어 안정되지 못하고 불안한 상태의 감정이다. 혼자 있을 때는 자존감으로 돌아와 업되거나 다운된다. 비교 평가에서 패했을 때는 열등감이 작용해 자존감이 낮아지고 승리했을 때는 자부심이 일어 자존감이 높아진다. 인간의 감정은 호와 불호, 만족과 불만족, 승패, 희비 등 매우 다이내믹하기 때문에 자고 일어나 눈만 뜨면 자존감이 깨어나 자존심이 되어 활동하기 시작한다.

엄격히 말하면 자존감을 에워싼 외곽의 감정인 자존심, 열등감, 자부심, 동정심 등과 심지어 시기심, 질투심까지 상대적 자존감이라 할 수 있다. 눈만 뜨면 이 감정들이 활동하기 시작한다. 상대적 자존감들은 자존감에 스프링이나 고무줄이 연결되어 있는 것과 같아서 굳은 심지의 자존감이 언제든지 장축을 조절할 수 있다. 감정의 순발력이라 할 수 있을 것이다.

현대사회는 너무나 빠르게 급변하는 경쟁의 시대다. 그리고 수많은 정보의 홍수는 경쟁을 부추긴다. 심지어 달리는 자동차의 빠르기로도 경쟁을 하며 뒤처지면 자존심이 상한다. 일상의 경우 일진이 나쁜 날은 만사가 자존심에 상처를 준다. 그러다 보면 열등감이 쌓여 자존감이 낮아지고 그것은 존재의 미미함을 의미한다. 낮은 자존감은 우주에서 온 유아독존의 본래의 취지가 아니다.

민권사상은 자존감이라 할 수 있다. 왕년의 봉건 시대나 식민지 시대를 상기하면 민권의 자존감은 전연 작동하지 않았고 공권력의 자존심만 일방적으로 활개를 친 시대였다.

명예의 전당

스포츠, 예술인들의 뛰어난 업적을 기리기 위해서 설립된 기념관이 명예의 전당이다. 여기에 오르기 위해서는 뛰어난 업적이라 하지만 그것은 수많은 승리의 흔적이다. 승리의 자존심이 쌓여 자존감의 상층 부분으로 자부심이 된다. 이 자부심을 유지하기 위해서 명예의 전당이 생겼다. 명예의 전당은 스포츠, 예술인들의 자부심을 올려놓는 기념관이다. 한번 솟아오른 자부심이 다시는 내려오지 않고 영원히 기념되는 박물관이다.

　스포츠선수들이 시합이나 대회에 나가서 승부를 겨룬다는 것은 자존심의 대결이다. 경기에서 이기기 위해서 피나는 훈련과 노력도 하지만 정신적으로도 대단한 긴장감에 싸인다. 이겼을 때는 다행이지만 졌을 때의 기분은 이루 헤아릴 수 없을 만큼 난처해진다. 자존심이 상하기 때문이다. 계속 지면 자존감마저 떨어진다.

　반대로 계속 이기게 되면 자존심이 충만하여 자존감이 높아진다. 그러나 운동선수들의 높아진 자존감은 일시적이라 할 수 있다. 그이유는 나이가 들거나 시간이 지나면 반드시 패배의 쓴맛을 보게 되는 것이 스포츠계의 순리이기 때문이다. 그렇다면 여러 대회를 석권하여 1인자 자리에 올랐던 업적이 수포로 돌아간다. 동시에 자존심에 흠결이 생겨 자존감이 내려올 수밖에 없다.

　이런 폐단이라고 할까, 내지는 모순을 없애기 위해서 생긴 것이 명예의 전당이다. 1인자 자리에 올랐을 때의 명예나 영광을 명예의 전당에 올려놓음으로써 그 이후의 패배나 자존심에 관한 정신적 스트레스를 없애고 마음의 평온을 유지하게 된다. 결국은 명예의 전당은 유명인들의 높아진 자존감을 높은 곳에 올려 모시는 전당이 되는 셈이다. 국위를 빛낸 명사들의 업적은 역사가 되고 역사를 빛낸 그들의 자존감을 모셔 보관하는 박물관이 명예의 전당이다.

의지의 한국인

과거 식민지 시대에 의지의 한국인이라면 독립정신으로 우리나라의 독립을 위해서 변함없이 애를 썼던 사람일 것이다. 이민 가서 외국에 산다면 한국인의 억센 생활력을 보여주는 이가 의지의 한국인일 것이다. 일반 국민으로서 의지의 한국인이 되기 위해서는 단순히 사려 깊거나 의로운 생각을 가지는 정도로는 부족할 것이다. 성공신화를 이룬 사람일 것이다. 주로 경제적 성공이겠지만 그 외에도 어떤 한 분야에서 특히 성공한 사람일 것이다.

재벌 2세가 기업 혁신을 통해서 성공신화를 이룬 것도 의지의 한국인이기는 하지만 본연의 의미는 아니다. 왜냐하면 자기 존재를 드러내는 자존감의 변화가 없기 때문이다. 그들은 이미 명성이 자자한 고도의 자존감으로 살기 때문에 그 이상의 자존감은 필요가 없다. 선대들의 창업에 이어 2세의 중흥도 의지의 한국인이기는 해도 더 높은 자존감의 상승이 없기 때문에 진정한 의지의 한국인이라고는 말할 수 없다.

그렇다면 진정한 자존감이란 어떤 것인가? 바로 자존감을 드높인 사람이다. 보통 사람들이 낮은 자존감에서 성공하면 자존감이 높아진다. 자신이 성공했다고 해서 자존감을 더 높여도 남들의 눈에는 자존심으로 비친다. 그 정도로는 의지의 한국인이 아니라는 것이다. 낮은 자존감에서 탁월한 업적이나 신화를 이루면 높아진 자존감을 인정한다는 것이다. 보통 사람들이 전연 따라올 수 없는 성공신화를 이루어서 남들이 우러러볼 정도는 되어야 한다는 것이다. 그러므로 의지의 한국인은 자타 공인 자존감을 높인 사람이다.

오기의 발동

남에게 지기 싫어하는 마음의 사전적 의미의 오기는 너무 좁은 해석이다. 사실은 남보다도 자기 자신과의 싸움에서 오기를 발동하는 경우가 더 많기 때문이다. 자기에게 발동하는 오기도 결국은 남이라는 세상에 지기 싫어하는 마음이기는 하다.

'오기를 부리다', '오만하다', '오욕에 가득 차 있다' 등은 모두 지나친 감정의 나타냄이다. 오류, 오진 등 틀리고 잘못된 마음이 오기일 수 있다. 억지로 용기를 내거나 지나친 용기를 내는 것, 억지로 참고 견디는 것도 오기에 해당한다. 굳은 결심의 오류나 지나침이다.

남에게 지기 싫어하는 마음은 경쟁에서 이기고 싶은 마음이고 그 것은 결국 자존심이다. 자존심은 자존감의 사회적 발동이고 자존심에서 한 발 더 나가면 시기심, 질투심이다. 여기에서 한 발 더 나간 것이 오기일 수 있고 또는 오기는 시기심, 질투심과 동격일 수도 있다. 오기는 어디까지나 일시적 감정으로 자존심보다 더 심한 심리적 굴곡을 가져온다. 오기는 인생에서 그렇게 중요한 것은 아니지만 사회라는 세상에 적응하고 함께 얽혀 나가기 위해서는 필요한 경우도 흔하다. 사회발전의 원동력에 도움을 주기도 한다.

학교는 학생들의 자존심으로 운영된다고 할 수 있다. 일반적으로 자존심의 사회지만 개중에는 오기의 발동으로 학교를 다니는 학생도 있기 마련이다. 미래 훗날의 자존감을 위해서 억지로 참고 학교를 다니는 학생도 있기 때문이다. 학교는 성적이라는 이름으로 끝없이 경쟁을 시킨다. 학생 개개인의 자존심을 자극해서 학교를 다니게 한다. 그 결과 높은 자존감의 직업을 얻게 하기 위함이다. 사실은 극소수의 인재만 높은 자존감을 지닌 채 세상으로 나가게 되고 대부분은 패자로 자존심에 상처를 입는다. 자존심을 만회하기 위해서 오기로 버틴다.

그렇게 해서 상급학교에 가고 사회에 나와도 자존심은 회복되지 않고 오기만 남는다. 그래서 일생 동안 자존감을 갖지 못하고 열등의식으로 살게 되는 것이 우리나라의 학교교육의 현실이고 대부분의 직장인들이다. 오기로 버티다가 지치면 한이 된다.

학교교육과 자녀교육에서 큰 자존심이나 오기의 교육보다 작은 자존감의 교육이 필요한 이유가 여기에 있다. 자존감을 키워 주는 것은 유아독존의 존재임을 일러주는 것이다. 자기의 삶을 자기가 개척해 나가도록 하는 힘을 길러주는 것이다. 확실한 자존감이 확보되면 주변 세상의 수많은 자존심의 유혹에 자극되지 않고 황소의 걸음으로 무소의 뿔이 되어 묵묵히 미래의 희망으로 발걸음을 옮기게 된다.

자기 주도 인생의 길

가장 밑바닥의 기억에 6·25가 있는 세대와 우리나라는 거의 같이 출발해 성장했다고 할 수 있다. 그 수많은 사람들의 성공신화가 바로 우리나라의 발전 그 자체라 해도 과언이 아닐 것이다. 휴전 이후 국민들의 좌절감은 식민지 시절의 민족 수탈정책의 상흔과 더불어 참담함이 이를 데 없었다. 어떻게도 해 볼 수 없는 절망의 늪에 빠진 약소민족의 설움과 한을 고스란히 안고 살았다. 그 좌절감이 자존감이고 참담함과 한은 자존감이 바닥이라는 의미였다.

민족의 자존감이 바닥에 떨어진 상태에서 출발한 대한민국의 국민들은 국제무대에서 어떻게 하든 세계인들과 어깨를 당당히 겨루고자 국가를 발전시켜 왔다. 과거에는 식민지근성과 자기 비하, 서로를 헐뜯고 흉보는 자괴감의 자존심만 판을 치는 세상이었다. 자존감 높이기의 마라톤 경주를 하듯이 경제발전을 이루면서 여기까지 왔다.

스스로 돌아볼 때 자존심으로 평생을 살았고 인생 만년에 자존감이라는 것을 어렴풋이 알았다. 자존심과 자존감이 엄연히 다른데 전연 구별하지 못하고 평생을 산 셈이다. 식민지근성과 자괴감의 사회환경에서 자라면 또 그런 사람이 되는 것이다.

기아선상에서 헤매는 태생의 운명, 동네에서 어른들의 꾸지람이나 학교에서는 선생님들의 훈시, 감시 기관과 관공서들의 횡포 때문에 도저히 자존감의 어린싹이 자랄 여지가 없었다. 더 커서 나간 넓은 세상에서는 학연, 지연, 혈연, 금권 등 수많은 인연들이 얽히고설켜 있었다. 분명히 인간은 독립된 존재인데 그것이 무색하게 세상은 사회적 존재만을 강조하고 있었다.

이런저런 환경에서 자라고 적응하면서 살다 보면 자존심만 남게 된다. 자존심은 항상 열등감과 공존한다. 감정의 중심인 자존감의 줏대가 약하기 때문에 자존심을 부추겨 오기를 발동시키다가 안 되면 곧장 열등의식으로 가기 때문에 자존감은 자연히 패스 당하는 것이다. 자존감을 의식하지 못하면서 살았던 이유가 이 때문이었다.

자존감이 자존심을 억제하고 불안감을 약하게 해서 감정의 중심을 잡고 평온한 마음으로 조절하게 된다. 감정이 자존감의 중심에 자리를 잡아야 평정심이 된다. 그렇지 않으면 불안감이 상존한다. 지난 세월을 되돌아보면 감정의 중심에는 자존감이 아니라 항상 불안감이 자리를 차지하고 있었던 것 같다. 현대 도시민들이 안고 있는 특성이 노이로제라고 하는 이런 불안 증세다. 마음을 의탁하는 특정 산업이 번창하는 것도 다 이런 불안감 때문일 것이다.

학교라는 배움의 광장에는 자기 주도 학습이라는 것이 있다. 자기가 스스로 학습계획을 짜서 공부하다가 부족한 부분을 보충하기 위해서 학원 등의 외부 도움을 받는 학습방법이다. 자기 안의 학습 욕구를 스스로 찾아서 해결하는 방법이다. 우리네 인생의 길에서도 자기 주도로 삶의 길을 찾는 방법이 중요하다. 자기의 인생은 오직 자기만의 것이기 때문에 자기의 삶의 길을 자기가 찾아서 오직 그 길을 갈 수밖에 없는 것이 인생이다. 그런데 사람들은 그 길이 외부에 있다고 생각한다. 자기 주변을 돌아보면서 훤히 보이는 밝고 탄탄한 길을 택하기도 하고 권하기도 하고 몰려가기도 한다.

흔히들 인생의 길을 사막의 길에 비유하기도 한다. 외부에 있는 길은 신기루다. 멀리 지평선상에 찬란히 떠 있는 신기루, 사람들은 물주머니 하나 차고 그 신기루를 찾아 떠난다. 인생의 길, 사막의 길. 가다 보면 갈증이 난다. 물주머니의 물을 마신다. 갈증은 불안감이고 주머니의 물은 자존심이다. 자존심은 생존경쟁의 마음 자세다.

사람들은 자존심 하나만 가지고 불안감을 안고 사막의 길을 가는 것이다. 저 신기루라는 찬란히 빛나는 피안의 세계를 그리면서 가는 것이다. 어깨에 메고 가는 물주머니의 자존심은 클수록 무겁고 갈수록 무겁다. 그리고 무거울수록, 갈수록 갈증은 심해진다. 인생의 길에서 자존심이 클수록 열등감이 커지고 마음은 흔들리고 불안감이 굳어진다.

정작 진실한 인생의 길, 사막의 길은 인간의 내부에 있어 볼 수 없는 낙타의 물주머니다. 해답은 낙타의 등을 타고 사막을 걷는 것이다. 낙타는 일러주지 않아도 오아시스를 찾아간다. 낙타의 물주머니가 자존감이다. 낙타는 신기루를 보지 않는다. 낙타는 갈증이 없다. 인생은 자존감을 지니고 험한 길, 사막의 길을 가야 한다. 낙타의 물주머니는 든든하다.

자기 주도 삶의 길은 자존감을 갖는 것이다. 대체로 사람들은 자존감을 사흘 굶어서 넘는 담장이거나 장발장의 빵쯤으로 여긴다. 물론 그것도 생리적 자존감이기는 하나 그보다는 유아독존에서 찾아야 한다. 우주에서 온 유일한 존재의 생존을 책임지는 일이다.

자기 주도 인생의 길

초판 1쇄 인쇄 2022년 03월 16일
초판 1쇄 발행 2022년 03월 25일
지은이 김점식

펴낸이 김양수
책임편집 이정은
편집디자인 권수정
교정교열 이봄이

펴낸곳 도서출판 맑은샘
출판등록 제2012-000035
주소 경기도 고양시 일산서구 중앙로 1456(주엽동) 서현프라자 604호
전화 031) 906-5006
팩스 031) 906-5079
홈페이지 www.booksam.kr
블로그 http://blog.naver.com/okbook1234
이메일 okbook1234@naver.com

ISBN 979-11-5778-539-1 (03190)